Amour, amour, es tu là ?

Pierre de Boyard

Amour, amour, es-tu là ?

Le grand livre de la magie amoureuse

Plus de 1000 recettes
et prédictions pour
provoquer la passion
trouver l'âme sœur
vivre le grand amour...

De Vecchi

Sommaire

Deuxième partie :
Pour mettre toutes les chances de son côté

Avant-propos : Magie rouge

[001] Il est d'usage de donner des couleurs à la magie. La magie blanche est celle du bien, la magie noire est démoniaque, utilisée pour faire le mal, jeter un mauvais sort... ; quant à la magie amoureuse, elle est, selon ses pratiquants, rose ou rouge, rose comme la fleur que l'on offre à celle dont on veut être aimé (rappelez-vous la chanson « *À la claire fontaine* », où la belle regrette son ami Pierre, et le « *bouquet de roses* » qu'elle lui a refusé), rouge comme le sang, comme le vin, et comme la passion sexuelle.

En vérité, la magie amoureuse passe par toutes les couleurs ; elle peut être blanche, avec l'usage de pierres ou de métaux... ; elle peut être noire, quand celui/celle qui la pratique fait appel à des recettes de sorcellerie ou de vaudou pour garder ou répudier l'être aimé ; elle peut être verte, quand ses rituels font appel à des plantes et à des encens ; elle est rose lorsqu'elle utilise des philtres pour provoquer des sentiments mais vire au rouge quand il s'agit d'augmenter des capacités sexuelles, par exemple ; car le rouge, selon les occultistes, est chaud, positif, excite l'esprit et dilate les organes sexuels.

Que vous soyez ou non un adepte de la *« magie rouge »*, il y a, dans ce livre, une ou plusieurs recettes adaptées à votre cas personnel, à votre situation sentimentale.

Reprenant les recettes de magies brésiliennes, africaines, mais aussi celles des grimoires (Picatrix, Clavicule de Salomon, Grand et Petit Albert...) et celles, orales, des sorciers, héritées du Moyen Âge, cet ouvrage couvre l'essentiel des pratiques de magie amoureuse.

Certaines sont plaisantes, ludiques, d'autres sont presque irréalisables tant elles sont compliquées, mais elles ont pourtant fait autorité, en des temps pas si lointains... Toutes ont des bases empiriques. Elles ont été transmises par la tradition.

N'en déplaise aux rationalistes et aux sceptiques (auxquels il arrive, à eux aussi, en période de déprime de consulter en cachette leur horoscope ou de faire un loto) les jeux de l'amour sont aussi ceux du hasard, dixit Marivaux. Et sans en appeler à Pascal et à son célèbre pari, il ne coûte rien d'essayer une *« magie »* en rapport avec situation amoureuse, pour y remédier.

Car la magie amoureuse est, au-delà de la manipulation d'éléments (objets, plantes, animaux..), un état d'esprit, une volonté, une dimension astrale et, pour ceux qui feuilletteront ce vade-mecum riche de plus 500 recettes, une formidable espérance : celle de rencontrer l'âme sœur, et, si c'est déjà fait, de la garder...

Les recettes et rituels ci-après sont multiples. Vous pouvez, pour plus de réussite, les cumuler, en utiliser plusieurs à la fois (par exemple observer un rituel tout en portant un talisman). Certaines recettes alimentaires, notamment celles du Petit et Grand Albert, nécessitent une adaptation ; difficile de trouver, chez son boucher, de la moelle de jambe gauche de loup ! Et toujours faire cuire longuement les ingrédients qu'elles proposent d'absorber, si vous en avez le courage, et si vous ne voulez pas risquer une intoxication alimentaire.

Se méfier aussi des plantes entrant dans la composition des aphrodisiaques ; plutôt que de les cueillir et les préparer vous-mêmes, demandez l'équivalent à votre pharmacien-herboriste : vous éviterez d'éventuels troubles digestifs, circulatoires ou des complications cardiaques, si votre cœur est moins vigoureux que le sexe que vous voudriez avoir !

N'oubliez jamais que si vous voulez que la magie opère, vous devez la garder secrète !

Il est recommandé d'opérer dans le silence et la quiétude.

L'auteur et l'éditeur mettent en garde les lecteurs de cet ouvrage : les recettes et rituels y sont donnés à des fins informatives et encyclopédiques, et la réalisation de ces recettes et rituels n'engage que ceux qui s'y livrent. En aucun cas ils ne seraient être tenus responsables des résultats qui s'ensuivraient.

(Dans les recettes, les annotations en italique sont de la rédaction)

Aperçu historique en guise de préface

La magie amoureuse remonte à la préhistoire. Dès le début des religions, l'acte amoureux prend un caractère mystique. Les cultes de fécondité, où l'on symbolise l'acte sexuel (un bâton fiché en terre) quand le prêtre ou le chaman ne le mime pas, appellent à la prospérité sur les troupeaux et les champs ; dans d'autres rites, l'accouplement célèbre l'union du Ciel et de la Terre, et les officiants, par la magie, cherchent à obtenir un peu de la puissance divine pour contrecarrer la fatalité.

Les bacchanales

[002] Dans l'Égypte antique, pour symboliser Apis, le taureau-soleil, les prêtres choisissaient un bovin dont les parties sexuelles devaient être énormes ; lorsqu'il venait d'être choisi, il était exposé à Nicopolis pendant quarante jours au cours desquels les femmes, afin d'être fécondes, montraient à l'animal ce que leurs robes cachaient. En Égypte encore, les femmes stériles, selon Hérodote, s'accouplaient avec Mendès, le bouc sacré de la ville du même nom.

Chez les Grecs, les fêtes dionysiaques, au début du printemps, n'étaient rien d'autre que des manifestations publiques de magie rouge : de jeunes vierges choisies pour leur beauté marchaient en portant des corbeilles remplies de graines, de fleurs, de serpents (inoffensifs) et de symboles sexuels comme le sésame, le sel, le lierre, les pavots, ainsi que des gâteaux en forme de vulve. Elles étaient suivies d'éphèbes qui agitaient de longs bâtons au bout desquels cliquetaient des phallus de métal. Derrière des musiciens, puis des hommes déguisés en femmes qui mimaient l'acte sexuel de façon obscène. Puis venaient les bacchantes, échevelées, ivres, nues sous une peau de biche, qui mimaient elles aussi la copulation avec des accessoires aux formes phalliques... Le défilé dégénérait en débauche non pour le plaisir de ses participants, mais parce qu'on croyait que cet orgasme collectif provoquerait un printemps fécond, donc des moissons prospères.

Les Romains firent de même, jusqu'à l'interdiction de ces célébrations en l'honneur de Dionysos/Bacchus, en 186 avant Jésus-Christ : ces bacchanales étaient, l'ivresse aidant, l'occasion de régler les comptes et les orgies, d'obscènes, étaient devenues criminelles. *« Le vin, raconte Tite Live (59 av. J.-C.- an 17), la nuit, le mélange des sexes et des âges eurent bientôt éteint toute pudeur, et l'on se livra à des débauches de toute nature, chacun trouvant à satisfaire ses propres passions. Le commerce honteux des hommes et des femmes n'était pas le seul scandale ; de cet antre sortaient de faux témoignages, des testaments supposés, des délations ; en plus, des empoisonnements, des meurtres commis dans l'ombre. Si bien qu'on ne retrouvait pas les cadavres. Ces violences restaient cachées car des hurlements, les bruits des tambourins et des cymbales étouffaient les cris des victimes pendant qu'on attentait à leur honneur ou à leur vie. Cet affreux fléau se répandit, comme une épidémie, de l'Étrurie jusqu'à Rome. »*

Le dieu phallus

[003] Mais Bacchus, le 17 mars, garda quand même sa fête, à l'occasion de laquelle, sur un petit char, était promené un énorme phallus. À chaque carrefour, il faisait halte et une mère de famille, choisie parmi les plus

respectables, venait passer autour de la « *statue* » un collier de fleurs. Cérémonie qui indigne saint Augustin (354-430) : « *Ainsi, pour obtenir une récolte abondante, pour éloigner des champs les maléfices, une femme vénérable est obligée de faire, face à la multitude, ce qu'on ne devrait pas permettre sur le théâtre à une prostituée ! De quelle honte, de quelle confusion ne devait pas être saisi le mari de cette femme, si par hasard il est présent à ce couronnement !* »

Phallus partout présent dans la civilisation romaine : les empereurs, au timon de leur char de triomphe, font placer un phallus, symbole de leur immortalité. La jeune mariée romaine, lorsqu'elle prenait possession de la maison où elle allait vivre, devait, avant de s'allonger sur le lit conjugal, s'accroupir sur un tabouret muni, en son centre, d'un bout de bâton phallique, et mimer la défloraison. Le phallus, sous le nom de fascinum, est porté en amulette pour protéger des envieux. Parfois on le combine avec le mullos, qui représente une vulve féminine.

La prostitution sacrée

[004] À Babylone, selon Hérodote, toute citoyenne de la ville est obligée, une fois dans sa vie, de se rendre au temple de Vénus, pour s'y livrer à un étranger. Elle doit prendre place dans les allées du temple, et attendre qu'un étranger la choisisse parmi d'autres. L'étranger lui jette de l'argent sur les genoux en invoquant la déesse Mylitta (Vénus) ; même si la somme est modeste, elle ne peut se refuser à lui. Quand elle a eu commerce avec lui, elle fait offrande de l'argent ainsi gagné à la déesse et peut s'en retourner chez elle. Et, précise Hérodote, « *celle qui ont en partage de la beauté ne font pas un long séjour dans le temple ; mais les laides y restent davantage.* » Certaines y auraient même séjourné jusqu'à quatre ans !

Le prophète Ézéchiel fait allusion à des pratiques identiques chez les Hébreux (n'oublions pas qu'Abraham est né dans la cité babylonienne d'Ur). Les hiérodules sont des femmes parées qui s'offrent aux étrangers, et qui versent l'argent gagné aux prêtres. « *Vous avez pris vos riches vêtements et vous avez forniqué sur les hauts lieux d'une manière qui n'a jamais eu ni n'aura jamais d'exemple. Vous avez pris des objets de parure, des vases d'or et d'argent qui m'appartenaient, et vous en avez fabriqué des simulacres masculins (godemichés !) et vous avez forniqué avec ces simulacres. »*

Lilith la femme fatale

[005] Dans la tradition hébraïque il est aussi question de Lilith, à laquelle il est souvent fait allusion, dans les rituels de magie rouge. Lilith est créée par Yaweh en même temps qu'Adam, tirée comme lui de la boue terrestre (Ève, elle, « *sortira* » plus tard d'une côte d'Adam). Lilith est donnée à Adam pour être son épouse. Mais Lilith ne veut pas de cet être frustre et brutal, selon la version talmudique. Selon une seconde version, c'est Adam qui la rejette : elle est dotée d'un appétit sexuel insatiable, ce qui le fatigue, d'autant qu'elle déteste la position dite du « *missionnaire* », dans laquelle le mâle a une position supérieure à celle de la femme, et elle refuse de lui donner une descendance, de crainte d'avoir le corps déformé par les grossesses, pratiquant la contraception, voire l'avortement, ce que Yaweh a formellement interdit. Elle quitte donc le jardin d'Eden et est rattrapée par trois anges alors qu'elle est parvenue sur les rives de la mer Rouge. Ils ne parviennent pas à la convaincre de revenir vers son époux, préférant encourir la malédiction divine : Yaweh lui donne pour nouvel époux Satan lui-même, qu'elle trompera sous les océans ou sous la terre (elle a accès partout, sauf au ciel) avec tous les succubes de passage, mâles ou femelles, donnant naissance à une foultitude de démons, souvent aquatiques. Depuis, comme le suggère la Kabbale, il est opportun, au moment de l'acte sexuel, que l'homme et la femme, simultanément, récite cette conjuration, afin que Lilith ne s'empare pas du sperme :

« Dans un doux vêtement de velours, es-tu ici ?

Arrête ! Arrête !

N'entre et ne sors pas !

Rien de toi et rien en toi !

Retourne, retourne, la mer gronde
Ses vagues t'appellent
Mais je saisis le phallus
Je suis gardée par le Saint Roi ! »
(Cité par Pierre Mariel)

Les gnostiques

[006] Les gnostiques (du grec gnose, la connaissance) apparaissent en même temps que le christianisme ; plutôt qu'en un Dieu suprême, ils croient au Bien et au Mal, et ont une notion du péché très éloignée de celle des Pères de l'Église, qui les dénoncent violemment comme hérétiques et encouragent leurs persécutions. Voici la description qu'Eusèbe de Césarée, évêque en Palestine au IIIe siècle, fait d'eux :

« Ils mettent leurs femmes en commun... Ils font entre eux des banquets où il se servent des mets recherchés, mangent de la viande, boivent du vin. Quand ils sont repus, ils passent à la débauche. L'homme quitte sa place à côté de sa femme et lui dit : *« Lève-toi et accomplis l'union d'amour »*. Ils se mettent alors à forniquer tous ensemble. Une fois qu'ils se sont unis, comme si le crime de prostitution ne leur suffisait pas, ils élèvent vers le ciel leur propre ignominie, et recueillant dans leur mains le sperme de l'homme, l'offrent au Père puis le mangent et communient à leur propre sperme...ils font de même avec les menstrues de la femme... »

Selon saint Irénée, évêque de Lyon au IIe siècle, les gnostiques pratiquent la magie, les incantations, les philtres amoureux et l'évocation des esprits des morts. Ils s'arrogent le droit, ce qui irrite profondément le saint, de faire ce qui leur plaît, car c'est la loi humaine, donc eux, qui distingue ce qui est bon et ce qui est mal. Et leurs âmes, passant d'un corps à l'autre, épuisent ainsi toutes les expériences.

Saint Augustin, lui aussi, après avoir été en sa jeunesse un noceur effréné, dénonce les gnostiques, éparpillés en sectes : les Nicolaïtes pratiquent l'homosexualité collective ; les Carpocratiens refusent d'obéir aux lois et polygames, pratiquent la magie cérémonielle ; les Montanistes s'émasculent plutôt que de féconder des femmes, car le plus grand des péchés, selon eux, est de transmettre la vie, monopole divin ; les Priscillianistes s'adonnent à la magie et à l'astrologie...

Le sabbat

[007] Au Moyen Age, en Occident, c'est le sabbat qui prend le relais des orgies romaines et des pratiques magiques. Au cours de cérémonies qui ont enflammé l'imagination des moines inquisiteurs, le diable, sous la forme d'un bouc, distribue à ses fidèles, venus le rejoindre à travers les airs en chevauchant des manches à balai, des drogues et des onguents, puis se livre à des débats sexuels avec eux, au cours desquels il exhibe un membre tire-bouchonné ! De la magie rouge poussée à son paroxysme au point d'en devenir noire.

De cette époque nous sont parvenues la plupart des recettes encore utilisées de nos jours. Les alchimistes, sous la Renaissance, confondent érotisme et science des métaux, symbolisant leurs fusions par l'union des sexes pour obtenir l'or androgyne. Après les guerres de religion, les moines fous cessent de brûler les sorciers ; l'Église envoie ne traque plus l'hérésie dans les campagnes, mais dans les cours royales, les collèges et les cercles philosophiques. La magie n'en continue pas moins d'être pratiquée, dans le secret des caves.

Parfois un scandale rappelle sa présence, comme l'Affaire des poisons, sous Louis XIV, dont l'une des favorites, Mme de Montespan, offrait son corps dénudé comme autel d'une messe noire dite par un prêtre maudit (qui aurait égorgé un enfant sur son ventre) chez La Voisin, afin de garder les faveurs du roi ; et comme l'office satanique n'avait pas détourné Louis XIV de sa nouvelle conquête, Mlle de Fontanges, elle avait décidé de tuer le roi en lui tendant un papier imbibé de poison, lui aussi fourni par La Voisin... Le complot fut découvert, mais La Voisin, même sous les tortures, n'avoua jamais le nom de ses clientes et clients venus lui demander *« la mort et les moyens de faire mourir beaucoup de personnes, et dont la débauche était le mobile de tous ces désordres »*, au grand soulagement de la cour.

Au début du règne de Louis XVI, il se murmure, comme il n'a toujours pas eu d'enfants, avec Marie-Antoinette, qu'il a été victime d'un sorcier et qu'il a l'aiguillette nouée. Une opération du phimosis suffit à lui rendre l'usage de ses parties viriles, à moins qu'un autre sorcier ait procédé au dénouement de la royale aiguillette...

Encore au XIXe siècle, on organise des messes noires ; le romancier J.K. Huysmans s'en fait le narrateur, dans *Là-Bas*. Mais la magie rose et la magie rouge est moins le fait des sorciers et des rebouteux que des voyantes et devineresses qui, depuis que Mlle Lenormand s'est autoproclamée voyante personnelle de Napoléon Ier (en fait elle tire les tarots à l'impératrice Joséphine) ont pignon sur rue. Cela dure encore. Au cabinet saturé de fumées d'encens et au reflet de la bougie sur la boule de cristal, certains préfèrent l'anonymat d'internet, ou l'exotisme d'une consultation chez un marabout.

Mais pourquoi ne pas pratiquer la magie d'amour soi-même ?

C'est le but de ce livre.

Place à la pratique, et que chacun ou chacune soit son propre sorcier, sa propre magicienne !

Avertissement et mode d'emploi

[008] Les recettes et rituels présentés ci-après sont, pour la plupart, issues de grimoires et de manuscrits anciens, ou ont été transmises par la tradition orale ; sans doute ont-ils fait leurs preuves, puisqu'ils sont toujours préconisés. Les rationalistes et les sceptiques en trouveront certains pour le moins folkloriques, voire cocasses, notamment lorsqu'ils faut se munir, sur les conseils du Grand Albert, de pierres ou de produits dont on ignore, de nos jours, l'équivalent.

Nous les avons néanmoins cités, car la magie est, au-delà de la manipulation d'éléments (objets, plantes, animaux..), un état d'esprit, une volonté, une dimension astrale, et ces recettes et rituels, même difficilement réalisables (à moins de les transposer avec des produits « *modernes* ») aident le mage/officiant à se préparer, à s'imprégner de sa divination et l'orientent dans sa concentration occulte.

Le but de la magie, quelle que soit sa couleur, c'est l'envoûtement. L'envoûtement, selon les occultistes, s'opère au moyen de la volonté s'appliquant à commander aux fluides du plan astral ou plutôt aux éléments qui y vivent, et à les lancer dans une direction donnée afin de les faire pénétrer dans le corps astral de l'être visé. Cela, c'est de la haute magie. En sorcellerie, on s'aide, pour opérer, d'une image d'argile et de cire de la personne à envoûter. En métapsychie, on extériorise la sensibilité du sujet en le plongeant en sommeil hypnotique profond, et l'on agit sur elle après l'avoir emmagasinée dans ou sur une substance molle.

L'Antiquité pratiquait l'envoûtement, qu'elle appliquait à l'amour ou à la haine, pour les faire naître au gré des désirs des intéressés. Divers poèmes rappellent les cérémonies en usage à ce sujet. Le Moyen Âge envoûtait grâce à ses sorciers et même à certains mauvais prêtres. De curieux procès nous en ont rapporté l'écho.

Aujourd'hui, on abandonne volontiers les poupées de cire pour les photographies. Dans les écrits laissés par Paracelse, médecin/mage du XVIe siècle, on retrouve déjà des formules d'envoûtement au moyen d'un portrait.

Envoûtements d'amour

[009] Ils se rattachent soit au rite gréco-romain (usage de poupées de cire), soit à l'emploi de philtres et recettes « *alimentaires* », soit à l'emploi de talismans.

Philtres

[010] Les philtres sont des mixtures que l'on fait boire ; ils sont connus depuis l'Antiquité, étaient souvent des boissons aphrodisiaques que

les sorciers médiévaux « *perfectionnèrent* » en y incorporant du sperme, du sang menstruel, des rognures d'ongles, des viscères, et même des reliques de saints et des fragments d'ornements d'Église. Tristan et Yseult sont unis à la vie à la mort pour avoir absorbés par erreur un philtre d'amour. Moins connu est le philtre d'Apulée, écrivain latin accusé d'avoir envoûté une veuve carthaginoise en lui faisant absorber un philtre magique où entraient du poisson, de l'huile et de l'écrevisse. Les parents de la veuve lui firent un procès car ils doutaient de la bonne foi amoureuse d'Apulée : la veuve, très riche, était sexagénaire, et lui n'avait pas 30 ans. Mais il se défendit brillamment en arguant que la veuve ne s'était jamais plainte de ses transports amoureux, bien au contraire, puisqu'elle les avait même récompensés par de larges cadeaux. Les juges, convaincus par son éloquence, acquittèrent le gigolo...

Charmes

[011] Les charmes, eux, ne sont que des paroles ; les sirènes cherchent à charmer Ulysse de leurs chants... Un enchantement est, étymologiquement, un charme par le chant.

Amulettes et Talismans

[012] Amulettes et talismans sont, eux aussi, de tous les temps et de tous les pays. On a retrouvé des porte-bonheur en forme de phallus maladroitement modelé remontant aux périodes préhistoriques. Les hétaïres grecques portaient un bijou en forme de phallus au cou, comme les patriciennes de Rome, ou les courtisanes d'Inde. Au Moyen Âge, pour la confection des talismans, on faisait intervenir l'astrologie, la kabbale, on mélangeait les traditions venues de l'Antiquité et de l'Orient, les dieux de l'Olympe, les démons de l'Enfer, les anges célestes et les génies arabes.

Les talismans sont composés d'une seule ou de plusieurs substances. Tantôt c'est une petite plaque de métal unique, une gemme, un collier fait de même pierre, une bague d'or ou d'argent, en correspondance astrologique avec celle ou celui qui les porte... Tantôt c'est un assemblage complexe de pièces métalliques, une union de divers minéraux, végétaux, fragments d'animaux...

Les talismans peuvent être kabbalistes, astrologiques, mathématiques, sacrilèges, ils peuvent actifs ou passifs, c'est-à-dire agir sur l'âme ou les sens de la personne désirée, ou repousser l'action magique d'un autre talisman, d'un autre vouloir humain.

Le talisman correspond au support de la figure pantaculaire et à son expression concrète. Souvent, la puissance opérative du symbole s'en trouve accrue, soit dans un sens bénéfique, soit dans un sens maléfique. À la force du pantacle, s'ajoute celle du support, celle du signe choisi et le souhait du mage. Le mot « *talisman* » vient du grec tardif « *télesme* », qui signifie d'abord désir, ou feu, puis rite religieux. Ici se noue le lien avec la magie. La particularité vibratoire de tout pantacle est d'être totalement neutre au départ. Chacun est libre d'en charger le contenu et d'en faire l'usage qu'il entend.

L'amulette aussi appartient à la catégorie des talismans, mais à la différence de celui-ci, elle n'est pas nécessairement gravée de lettres ou de nombres. Une dent perforée, une perle, une patte de lapin sont des amulettes et elles sont censées protéger celui qui les porte. Si l'amulette agit de manière passive, le talisman a une grande force de concrétisation. Nous avons regroupé, dans les rubriques intitulées « *talismans* », davantage d'amulettes que de talismans.

Confection d'un talisman

[013] Pour rendre opératif un talisman, tout doit être parfaitement défini, depuis la matière sur laquelle il va être gravé, le jour et l'heure en relation avec le but à atteindre, la forme et les signes choisis, en fonction de l'influence qu'ils vont devoir exercer. Parmi les matériaux habituellement utilisés, les plaques de plomb - ou d'autre métal -, la peau d'animal ou le parchemin. En choisissant le métal, on établit une relation avec la planète qui gouverne ce métal. Ainsi, le plomb fait

référence à Saturne, la planète sombre qui régit le temps. L'or renvoie au Soleil et l'argent à la Lune. La peau d'animal ou le parchemin mettent le concepteur en relation avec le monde animal. D'une manière analogue, on peut envisager le végétal (papyrus) comme support talismanique.

Une fois le support prêt, il faut savoir ce que l'on grave et comment on le fait. Pour les parchemins, la couleur de l'encre peut avoir son intérêt. Mais plus significatif, se révèle le choix des mots ou des signes, car c'est dans leur valeur symbolique que se situe la puissance initiale effective de la magie. Le support, quel qu'il soit, doit être « *vierge* », pour ne receler aucune charge intempestive.

La lettre, le nombre, le mot, le signe symbolique constituent une signature ou un sceau. Selon Paracelse, les talismans sont « *des boites où l'on enferme des influences* ».

Pour le jour et l'heure de confection du talisman (ou de l'amulette) on peut se référer aux conseils de maître Albert, ci-après.

D'une façon générale, le pouvoir des talismans et amulettes étant en relation avec les aspects planétaires, il est important, pour une bonne réussite, qu'ils soient fabriqués et consacrés à des heures déterminées et selon certaines conditions astrologiques, c'est-à- dire à l'aube des dix derniers jours du mois.

Il est préférable de se trouver à l'air libre, avec un ciel dégagé. En outre, il faut, de la part de l'opérateur, la plus grande sérénité et beaucoup de concentration.

Sur nombre de talismans sont inscrits des mots et des signes magiques : ces opérations doivent, elles aussi, être exécutées avec les instruments adéquats.

En ce qui concerne le « *choc en retour* » qui peut « *répondre* » à certains rituels (envoûtements de magie noire), il sera, dans ce livre, pratiquement inexistant si le mage/officiant respecte la marche indiquée, le « *mode d'emploi* » proposé.

Calendrier planétaire du grand Albert

[014] Voici, tirés des *Secrets du Grand et du Petit Albert*, quelques conseils à lire, et à éventuellement respecter, avant de vous lancer dans la magie.

— Pour se servir avec succès des pierres dont on parle dans ce livre, il faut que celui qui les portera ait le corps propre, net et sans tache.

— Ceux qui veulent se servir utilement des herbes ne doivent les cueillir que depuis le vingt-troisième jour de la Lune jusqu'au trentième en commençant par Mercure ; on peut les amasser pendant toutes les heures du jour ; mais on doit savoir, qu'en l'arrachant, on nommera les vertus de l'herbe, et l'usage que l'on veut en faire. Ensuite, prenez cette herbe, et mettez-la sur du froment ou de l'orge, jusqu'à ce que vous vous en voudrez servir à quelque chose.

— La manière de se servir utilement de tous les secrets dont je parle est d'en faire l'expérience sous une planète favorable et propre, comme sous celle de Jupiter et de Vénus ; et quand on veut servir à faire du mal, sous celles de Saturne et de Mars, et chacune de ces planètes domine à certains jours et à certaines heures. On en voit plusieurs qui se trompent, pour ne pas connaître les signes ni le temps auquel les planètes dominent ; parce que s'ils les connaissaient, ils viendraient à bout de ce qu'ils entreprendraient, et se serviraient utilement des vertus des pierres et des autres choses dont je vais parler.

On saura que le *dimanche* a son signe ou son astre sous le *Soleil* ; le *lundi* sous la *Lune* ; le *mardi* sous *Mars* ; le *mercredi* sous *Mercure* ; le *jeudi* sous *Jupiter* ; le *vendredi* sous *Vénus* ; le *samedi* sous *Saturne*.

Il faut remarquer que chaque chose veut être faite sous sa planète ; et il est même meilleur et plus à propos de le faire le jour et à l'heure sur laquelle elle domine, comme par exemple :

Saturne domine sur la vie, les édifices, la science et les changements.

Jupiter domine sur l'honneur, les souhaits, les richesses et la propreté aux habits.

Mars préside à la guerre, dans les prisons, aux mariages et dans la haine.

Le *Soleil* donne bonne espérance de profit, le bonheur et les héritages.

Vénus domine sur les amis, les amoureux, les amants et les voyageurs.

Mercure préside aux maladies, aux pertes, aux dettes et à la crainte.

La *Lune* domine sur les plaies, les songes, le négoce et les larcins.

On doit toujours commencer par les *heures du jour du* ***dimanche*** : à la première domine le *Soleil* ; à la seconde *Vénus* ; à la troisième *Mercure* ; à la quatrième la *Lune* ; à la cinquième *Saturne* ; à la sixième *Jupiter* ; à la septième *Mars* ; à la huitième le *Soleil* ; à la neuvième *Vénus* ; à la dixième *Mercure* ; à la onzième la *Lune* ; à la douzième *Saturne*. *Heures de nuit du dimanche* : à la première domine *Jupiter* ; à la seconde *Mars* ; à la troisième le *Soleil* ; à la quatrième *Vénus* ; à la cinquième *Mercure* ; à la sixième la *Lune* ; à la septième *Saturne* ; à la huitième *Jupiter* ; à la neuvième *Mars* ; à la dixième le *Soleil* ; à la onzième *Vénus* ; à la douzième *Mercure*.

Heures du jour du ***lundi*** : à la première domine la *Lune* ; à la seconde *Saturne* ; à la troisième *Jupiter* ; à la quatrième *Mars* ; à la cinquième le *Soleil* ; à la sixième *Vénus* ; à la septième *Mercure* ; à la huitième la *Lune* ; à la neuvième *Saturne* ; à la dixième *Jupiter* ; à la onzième *Mars* ; à la douzième le *Soleil*. *Heures de nuit du lundi* : à la première domine *Vénus* ; à la seconde *Mercure* ; à la troisième la *Lune* ; à la quatrième *Saturne* ; à la cinquième *Jupiter* ; à la sixième *Mars* ; à la septième le *Soleil* ; à la huitième *Vénus* ; à la neuvième *Mercure* ; à la dixième la *Lune* ; à la onzième *Vénus* ; à la douzième *Jupiter*.

Heures du jour du ***mardi*** : à la première domine *Mars* ; à la seconde le *Soleil* ; à la troisième *Vénus* ; à la quatrième *Mercure* ; à la cinquième la *Lune* ; à la sixième *Saturne* ; à la septième *Jupiter* ; à la huitième *Mars* ; à la neuvième le *Soleil* ; à la dixième *Vénus* ; à la onzième *Mercure* ; à la douzième la *Lune*. *Heures de nuit du mardi* : à la première domine *Saturne* ; à la seconde *Jupiter* ; à la troisième *Mars* ; à la quatrième le *Soleil* ; à la cinquième *Vénus* ; à la sixième *Mercure* ; à la septième la *Lune* ; à la huitième *Saturne* ; à la neuvième *Jupiter* ; à la dixième *Mars* ; à la onzième le *Soleil* ; à la douzième *Vénus*.

Heures du jour du **mercredi** : à la première domine *Mercure* ; à la seconde la *Lune* ; à la troisième *Saturne* ; à la quatrième *Jupiter* ; à la cinquième *Mars* ; à la sixième le *Soleil* ; à la septième *Vénus* ; à la huitième *Mercure* ; à la neuvième la *Lune* ; à la dixième *Saturne* ; à la onzième *Jupiter* ; à la douzième *Mars*. *Heures de nuit du mercredi* : à la première domine le *Soleil* ; à la seconde *Vénus* ; à la troisième *Mercure* ; à la quatrième la *Lune* ; à la cinquième *Saturne* ; à la sixième *Jupiter* ; à la septième *Mars* ; à la huitième le *Soleil* ; à la neuvième *Vénus* ; à la dixième *Mercure* ; à la onzième la *Lune* ; à la douzième *Saturne*.

Heures du jour du **jeudi** : à la première domine *Jupiter* ; à la seconde *Mars* ; à la troisième le *Soleil* ; à la quatrième *Vénus* ; à la cinquième *Mercure* ; à la sixième la *Lune* ; à la septième *Saturne* ; à la huitième *Jupiter* ; à la neuvième *Mars* ; à la dixième le *Soleil* ; à la onzième *Vénus* ; à la douzième *Mercure*. *Heures de nuit du jeudi* : à la première domine la *Lune* ; à la seconde *Saturne* ; à la troisième *Jupiter* ; à la quatrième *Mars* ; à la cinquième le *Soleil* ; à la sixième *Vénus* ; à la septième *Mercure* ; à la huitième la *Lune* ; à la neuvième *Saturne* ; à la dixième *Jupiter* ; à la onzième *Mars* ; à la douzième le *Soleil*.

Heures du jour du **vendredi** : à la première domine *Vénus* ; à la seconde *Mercure* ; à la troisième la *Lune* ; à la quatrième *Saturne* ; à la cinquième *Jupiter* ; à la sixième *Mars* ; à la septième le *Soleil* ; à la huitième *Vénus* ; à la neuvième *Mercure* ; à la dixième la *Lune* ; à la onzième *Saturne* ; à la douzième *Jupiter*. *Heures de nuit du vendredi* : à la première domine *Mars* ; à la seconde le *Soleil* ; à la troisième *Vénus* ; à la quatrième *Mercure* ; à la cinquième la *Lune* ; à la sixième *Saturne* ; à la septième *Jupiter* ; à la huitième *Mars* ; à la neuvième le *Soleil* ; à la dixième *Vénus* ; à la onzième *Mercure* ; à la douzième la *Lune*.

Heures du jour du **samedi** : à la première domine *Saturne* ; à la seconde *Jupiter* ; à la troisième *Mars* ; à la quatrième le *Soleil* ; à la cinquième *Vénus* ; à la sixième *Mercure* ; à la septième la *Lune* ; à la huitième *Saturne* ; à la neuvième *Jupiter* ; à la dixième *Mars* ; à la onzième le *Soleil* ; à la douzième *Vénus*. *Heures de nuit du samedi* : à la première domine *Mercure* ; à la seconde la *Lune* ; à la troisième *Saturne* ; à la quatrième

Jupiter ; à la cinquième *Mars* ; à la sixième le *Soleil* ; à la septième *Vénus* ; à la huitième *Vénus* ; à la neuvième la *Lune* ; à la dixième *Saturne* ; à la onzième *Jupiter* ; à la douzième *Mars*.

Zodiaque humain

[015] Tous les membres du corps dépendent des douze signes du Zodiaque.

La tête de l'homme est attribuée au *bélier*, car de même que la tête est la plus noble partie du corps, le bélier dans le ciel est le plus noble de tous les signes.

Le *taureau* domine sur le col ;

les *gémeaux* sur les épaules ;

le *cancer* sur les mains et sur les bras ;

le *lion* sur la poitrine, le cœur et le diaphragme ;

la *vierge* sur l'estomac, les intestins, les côtes, et sur les muscles.

Tous ces signes partageant le ciel ne régissent et ne gouvernent que la moitié du corps.

La *balance* regarde dans la seconde partie les reins, et est à l'origine des autres membres ;

le *scorpion*, les endroits propres à la concupiscence, tant à l'égard de l'homme qu'à l'égard de la femme ;

le *sagittaire*, le nez et les excréments ;

le *capricorne* les genoux, et ce qui est en dessous ;

le *verseau* les cuisses ;

le *poisson*, qui est le dernier de tous, communique ses influences sur les pieds.

(Secrets du Grand et du Petit Albert)

Calendrier lunaire

[016] Voici, plus simple à utiliser, le calendrier lunaire. Les cycles lunaires sont de 28 jours. Pour connaître le 1er jour, celui de la Nouvelle Lune, il suffit de se reporter au calendrier des postes ou à celui des pompiers : il est indiqué en marge par un rond noir, en opposition à la Pleine Lune, quatorze jours plus tard, symbolisée par un rond blanc ; le croissant orienté à droite le 7e jour symbolise le premier quartier, lune montante, le croissant orienté à gauche le 21e jour symbolise le dernier quartier, lune descendante.

Si les actions magiques, selon certains occultistes, sont plus favorables pour les hommes en lune montante, et pour les femmes en lune descendante, en général, il est admis que la lune montante est favorable aux rituels de magie blanche et de magie rouge positifs, ceux qui veulent provoquer et accroître l'amour, la richesse, le désir. Par lune décroissante, on conjure le mauvais sort et l'on écarte ceux dont l'influence est négative.

Et lorsqu'il s'agit d'amour, les meilleurs moments pour entreprendre des divinations sont lorsque la Lune est en contact avec le Soleil (1, 8, 15, 22), et avec Vénus (7, 14, 21, 28).

Tableau des correspondances entre la Lune et les planètes au cours d'un mois lunaire :

Jours	Planètes	Propices à
1 8 15 22	**Soleil**	déclaration
2 9 16 23	**Mars**	action
3 10 17 24	**Jupiter**	réflexion
4 11 18 25	**Saturne**	méditation
5 12 19 26	**Lune**	hésitation
6 13 20 27	**Mercure**	explication
7 14 21 28	**Vénus**	passion

Première partie :

Recettes magiques

Avant d'exercer la magie

Tirés d'ouvrages datant du début du XVIIe siècle, voici les dispositions prises par ceux qui s'adonnaient aux arts magiques.

La chambre du magicien

[017] *« Il faut que le maître qui a dessein de se servir de ce livre ait une ferme foi de réussir. Qu'il bannisse de lui toute incrédulité. Qu'il fasse ses conjurations avec une forte résolution, tellement qu'il soit capable de lui donner de la frayeur, qu'il n'en prenne pas pour cela aucune épouvante. Qu'il se garde surtout de sortir de son cercle, soit que les esprits ne lui soient point apparus, dans auparavant les avoir congédiés, parce qu'il y a de péril, et s'il désire être un sage magicien, qui se donne de garde de la surprise des esprits et de faire aucun pacte illicite avec eux, et finalement l'on doit toujours commander hardiment, et absolument sans aucune crainte ni appréhension. »*

« On aura une toute petite chambre ou un cabinet secret, dans lequel personne ne fréquente. Il faut que le lieu choisi soit autant propre qu'on pourra, sans somptuosité ni aucuns ornements superflus qui pourraient distraire ou égarer l'esprit et l'imagination. Il suffira d'y tenir une table, quelques chaises et une armoire, pour y fermer sous clef ce qui est nécessaire au travail de l'art. Il sera bien à propos que tout ce petit mobilier soit neuf,

au moins bien net et purifié par l'odeur des parfums et aspergé avec de l'eau lustrale. »

Le vêtement du magicien

[018] « Il faut un vêtement de toile de fil de lin blanc, en forme de grand chemise qui n'ait aucune ouverture que celle pour passer la tête, et longue jusqu'aux pieds, un peu vaste par en bas, ayant deux manches de même toile en étrécissant vers le poignet, qui soient bien justes. Il faut qu'elle soit extrêmement blanche. Il faut aussi avoir une culotte de la même toile, lequel vêtement tu exorciseras en disant : *O Pater conditor, alme siderum, sapeinta summa, per omnes fortitudines tuas et virtutes tuas, sanctifare digneris vestem hanc tuo honore preparam. Exorciso te, vestis, per Deum verum, Deum vivum et aeternum qui cuncta fecit ex nihilo, et nihil sit in hoc meo opere quod impurum sed virtute plenum.*

Accessoires de magie amoureuse

Encens

[019] L'encens était employé lors des sacrifices. Ceux qui le recueillaient devaient observer une chasteté absolue pendant sa récolte. En magie, l'encens est bénéfique : il attire les entités protectrices. C'est pourquoi on le retrouve dans l'élaboration de certains talismans, et qu'il est conseillé d'en faire brûler lorsqu'on confectionne des amulettes ou des porte-bonheur.

Pour ses propriétés apaisantes et purificatrices, préférer de l'encens de santal. Lorsqu'on procède à la fabrication d'un talisman, il est bon de laisser brûler de l'encens dans trois brasiers, disposés aux pointes d'un triangle idéal au centre duquel se trouve l'opérateur.

Eau lustrale

[020] Pour confectionner de l'eau lustrale, verser de l'eau de source dans une coupe (ou de la rosée recueillie au petit matin), y jeter quelques grains de gros sel, et y plonger (en se protégeant les doigts) un morceau de charbon incandescent. Cette opération est à faire trois jours après la nouvelle lune. L'eau lustrale ne peut être gardée plus de 28 jours, temps d'une lunaison. Laisser s'évaporer ce qui reste dans la coupe. Pour les aspersions d'eau lustrale, on utilise ne branche de laurier.

Cornes du diable

[021] Pour conjurer le mauvais sort, on peut : faire les cornes du Diable, en plaçant derrière son dos sa main fermée, avec l'index et l'auriculaire dressés. Faire le signe du Diable, en fermant la main, le pouce sortant entre l'index et le majeur. On peut aussi ramasser, au hasard, quatre cailloux, en jeter un devant soi, puis le second derrière, le troisième à sa gauche et le dernier à sa droite.

Philtres amoureux

[022] Attention ! « *Les gens de bien ne se servent point de ces philtres amoureux à mauvais usage, car ce serait contraire à la bonne intention des sages cabalistes, qui ne les ont laissés dans leurs écrits que pour contribuer au bien de la société et non pas pour les troubler. De sorte que l'on ne doit s'en servir qu'entre mari et femme pour rendre le mariage heureux par l'amour mutuel des deux parties.* »

Encres

[023] Pour écrire des messages ou confectionner des talismans, les « *encres* » les plus utilisées sont l'encre sympathique, dite encore encre d'amour, composée de cendres de lettres d'amour, de poudre d'aimant et de lait de femme. On peut aussi écrire avec son propre sang (en se perçant le bout du doigt avec une épingle ; inutile de s'ouvrir les veines). Mais

on peut, sans dommage, remplacer son sang par de l'encre rouge, pour stylo ou stylo-bille.

Papiers et parchemins

[024] Autrefois, il fallait écrire ses messages sur du parchemin vierge, c'est-à-dire une peau tannée d'animal n'ayant pas encore copulé. Puis l'usage du papier s'est généralisé. La couleur du papier dépend de la couleur de l'encre, afin qu'elle soit visible. On peut utiliser aussi des morceaux d'étoffe.

Plume d'oie

[025] On arrache une grosse plume de l'aile droite d'un jars, en prononçant mentalement les mots *Abrachy, Abatoy, Samatoy, Scaver, Adonay*. Le fait que l'oie doive être de sexe masculin et que la plume soit arrachée de l'aile droite est en relation avec les caractéristiques de force et de puissance que cette plume devra transmettre au talisman lorsque seront inscrites les formules magiques.

On taille l'extrémité de la plume en diagonale. Il faut souligner que, pour conserver son efficacité dans la préparation des talismans, cette plume est et doit rester un objet strictement personnel. C'est pourquoi elle doit être gardée et protégée des regards et de l'intérêt des curieux, même s'ils sont de bonne foi.

Mesures

[026] Les préparations, dans les vieux manuels, étaient données dans les mesures de l'époque.

500 grammes	= 1 livre ancienne
31 grammes	= 1 once
4 grammes	= 1 gros
1 gramme	= 18 grains
1 décigramme	= 2 grains

Les pouvoirs de l'esprit

[027] Issus des magies traditionnelles hébraïque, chaldéenne, égyptienne, brésilienne et occidentale..., les sortilèges amoureux consistent en actes magiques accomplis, par la voie de pratiques et de cérémonies particulières, afin de se procurer ce qu'il est impossible d'obtenir par des moyens naturels.

L'utilisation correcte et entraînée des pouvoirs de l'esprit est une condition nécessaire à la réussite de toute pratique de magie. Pour une bonne finalité de ces actes, outre une exécution disciplinée des instructions, il faut une bonne concentration mentale. En d'autres termes, celui ou celle qui veut obtenir les meilleurs résultats de ces envoûtements d'amour doit s'exercer chaque matin, pendant au moins une demi-heure, en état de méditation et de concentration des énergies psychiques.

La pratique de la méditation, soit dit en passant, est également très utile pour obtenir un bon équilibre psycho-physique, indispensable à la bonne réussite de toutes les actions que l'on entreprend, pas seulement dans le domaine de la magie.

En ce qui concerne la méditation, le yoga (qui a sa propre magie, pas obligatoirement amoureuse) est une excellente discipline.

Concentration sur le souffle

[028] Assis, les jambes croisées, le dos droit et les yeux mi-clos, inspirer lentement par le nez et expirer par la bouche, en imposant un rythme régulier à votre respiration. Suivre lentement le flux de l'air, en imaginant que l'on pénètre avec lui jusqu'à l'abdomen lorsque l'on inspire, puis que l'on s'envole hors de la bouche lorsque l'on expire. Se concentrer sur la fraîcheur de l'air qui s'introduit et sur le renouvellement énergétique de chaque respiration.

Concentration sur le regard

[029] Assis, les jambes croisées et le dos droit, dans une pièce sombre, fixer la flamme d'une bougie pendant dix secondes ; garder les yeux fermés durant dix autres secondes ; fixer ensuite la flamme avec seulement l'œil gauche, en comptant toujours jusqu'à dix, puis avec le droit. Répéter cette séquence plusieurs fois en veillant à arrêter cet exercice dès que les yeux commencent à piquer.

Concentration sur le regard dans le miroir

[030] Assis, jambes croisées et dos droit, dans une pièce sombre où ne brille qu'une lampe placée derrière la tête, de façon qu'elle ne soit pas visible, mais projette une lueur sur le miroir, fixer ses yeux en comptant jusqu'à dix.

Ensuite, commencer à rouler lentement le regard comme s'il suivait le vol d'une mouche. Reporter son attention sur son regard dans le miroir, en imaginant que l'on observe une autre personne. Revenir ensuite à soi et essayer de se voir au maximum de sa force expressive. Fermer les yeux pendant dix secondes ; les rouvrir et répéter cette séquence.

Provoquer l'amour, susciter la passion

Qui aime voudrait bien être aimé en retour ! Et souvent il/elle ne l'est pas. La magie rouge devient nécessaire... On peut agir de trois façons :

1. en faisant avaler à la personne convoitée une préparation plus ou moins appétissante,
2. en utilisant des talismans,
3. ou en l'envoûtant.

Ondes magnétiques

[031] Les techniques d'attirance amoureuse ont évoluées, depuis les talismans concoctés par les prêtres antiques et les sorciers médiévaux. Dès la fin du XVIIIe siècle, on s'interroge, comme Messmer et son baquet, sur le magnétisme.

Chacun peut s'entraîner à maîtriser sa puissance magnétique. Sur une période d'environ quinze jours, on prête attention aux sensations de chaleur dans ses mains, en prenant note des heures où elles sont les plus chaudes et d'une coloration plus intense (sans confondre ces heures avec des moments de tension émotive particulière, au cours desquels la température des mains et du visage change sensiblement).

Lorsqu'on aura dégagé une échelle de valeurs suffisamment constante, de manière à pouvoir déterminer dans quelle tranche horaire les mains dégagent le maximum de magnétisme, il sera temps de passer à l'action.

On fera en sorte d'obtenir une rencontre avec la personne désirée, et ce dans les heures de rayonnement personnel maximal. En conservant une attitude spontanée et naturelle (sans laquelle cette influence, bien que très puissante, manquerait son but), on continue à être attentif à la chaleur de ses propres mains. De cette manière, on se rendra immédiatement compte du moment où les deux champs magnétiques, le sien et celui de la personne désirée, s'entrecoupent, car l'on ressentira soit une augmentation de la chaleur, ce qui est un signal positif, soit un courant froid qui, à l'inverse, indique que la personne désirée a une attitude de défiance.

Dans ce cas, il faudra tout faire pour la mettre à l'aise : en effet, on ne peut exploiter le pouvoir des ondes que lorsque les deux champs magnétiques sont compatibles. Lorsque l'on a établi la réciprocité de rayonnement, repérable par l'augmentation de chaleur, on rapproche ses mains de l'autre, en particulier vers la nuque, les épaules et le haut de la poitrine, zones les plus réceptives au magnétisme. On se concentre sur sa propre chaleur rayonnante, en guidant, avec l'esprit, les ondes d'énergie vers le cœur de la personne désirée, en répétant mentalement son nom et le mot *« oui »*.

Cette méthode déploie son maximum d'efficacité si elle est accompagnée du don d'un petit objet que l'on a longuement tenu en mains avant la rencontre.

Préparations alimentaires à base animale

Abats d'animaux ardents aux petits oignons

[032] Si l'on veut mettre une personne en amour, prendre d'un animal ardent (hirondelle, colombe, pigeon, taureau, loup, cerf) les testicules ou la matrice et les lui faire manger. Attention ! L'organe mâle doit être donné à une femme, l'organe femelle à un homme.

On apprête ces abats avec la recette la plus appétissante de son choix. Il n'est pas obligatoire d'en révéler les ingrédients après dégustation.

(Secrets du Grand et du Petit Albert)

Galette à la grenouille

[033] Pour envoûter celle/celui que l'on aime en secret : mélanger de la poudre d'os de grenouille à de la farine ; cuire le mélange en galette et faire consommer le tout à celui/celle que l'on cherche à séduire.

Pâté d'hirondelle

[034] Comme l'hirondelle a beaucoup de chaleur naturelle, les Anciens disent que cet oiseau est fort propre à exciter à l'amour. La tourterelle, le pigeon et le moineau ont la même vertu, surtout si on les prend dans le temps qu'ils sont en amour, parce que pour lors ils donnent immanquablement de l'amour à ceux qui en mangent.

On peut les rôtir à la broche, ou les consommer en pâté...

(Secrets du Grand et du Petit Albert)

Sel d'amour aux couilles de lièvre

[035] Un vendredi de printemps, tirez de votre sang, mettez-le sécher au four dans un petit pot, avec deux couilles de lièvre et le foie d'une colombe. Réduisez en poudre. Faites-en avaler à la personne sur qui vous aurez quelque dessein, environ la quantité d'une demi-dragme (2 gr environ), et, si l'effet ne suit pas à la première fois, réitérez jusqu'à trois fois, et vous serez aimé.

Pour qu'elle l'avale sans méfiance, faites-lui croire que c'est un assaisonnement de votre invention ; vous pouvez ajouter à cette poudre d'amour du sel et des aromates pour la rendre plus digeste.

(Secrets du Grand et du Petit Albert)

Œuf à la cendre rouge

[036] Prenez le germe d'un œuf fait du vendredi saint et trois gouttes de sang de votre petit doigt gauche, et mettez cela sur de la cendre rouge. Réduirez cela en poudre et faites-en boire ou manger à la fille ou à la femme que vous désirez en disant trois fois : « *Tenta sortem ovis.* » Elle sera vôtre.

Cette recette, issue d'un vieil almanach, facile en apparence, exige cependant d'avoir dans ses relations un éleveur de poules pondeuses actives un vendredi saint, d'être un homme et de ne pas avoir été amputé de la main gauche.

Confiture à l'hippomane séché

[037] L'on trouve assez souvent au front du poulain de la cavale un morceau de chair, qui est d'un merveilleux usage en fait d'amour ; ce morceau de chair, que les Anciens ont appelé hippomane, on le fera sécher dans un pot de terre neuf vernissé, dans un four à pain (quand le pain en est tiré), et en le portant sur soi, et le faisant toucher à la personne dont on voudra être aimé, on réussira. Si l'on peut avoir la commodité d'en faire avaler seulement la grosseur de deux pois dans quelque liqueur, confiture ou ragoût, l'effet sera encore infaillible ; et comme le vendredi est le jour consacré à Vénus, qui président aux mystères d'amour, il sera bon de faire l'expérience ce jour-là.

Cet hippomane, dont maître Albert fait grand cas, et qu'Aristote, Pline et Virgile ont cité, n'est pas une excroissance poussée in utero sur le front du poulain et que la jument fait disparaitre en le léchant, mais une concrétion flottante, de 10 à 15 cm qui se trouve parfois dans le liquide amniotique des vaches et des juments. Quelques laboratoires vétérinaires en ont un ou deux exemplaires, conservés dans du formol. Très difficile à trouver dans le commerce !

(Secrets du Grand et du Petit Albert)

Vers de terre au sperme sec

[038] Ayez deux couteaux neufs, et un vendredi matin, allez dans un endroit où il y a des vers de terre. Prenez-en deux, et ayant bien joint les deux couteaux ensemble, coupez les deux têtes et les queues. Vous prendrez les corps et reviendrez chez vous, les enduirez de sperme, et les ferez sécher. Mis en poudre, vous les ferez manger par la personne dont vous voulez être aimé, et le serez immanquablement.

Une recette certes ancienne, mais à l'hygiène contestable ! Il n'est pas certain que la pulsion amoureuse qu'elle a éventuellement pu provoquer survive quand celle qui y aura goûté aura la révélation de sa composition.

(Secrets du Grand et du Petit Albert)

Cœur de colombe au sang séché

[039] Prendre un cœur de colombe, un foie de passereau, une matrice d'hirondelle, un rognon de lièvre ; faire sécher ; réduire en poudre ; ajouter un poids égal de votre sang ; faire sécher de nouveau et mêler cette cendre (après l'avoir portée sur votre cœur, dans un sachet, pendant neuf jours) aux aliments de celle (ou celui) que vous désirez : elle/il succombera bientôt entre vos bras.

(Secrets du Grand et du Petit Albert)

Abats de volailles au jus de verveine

[040] Le premier vendredi de la nouvelle lune, il faut avoir un couteau neuf et aller dans un lieu où il y aura de la verveine. Vous vous mettrez à genoux, la face tournée vers le soleil levant, et, coupant ladite herbe avec le couteau, vous direz ces paroles : « *Je te cueille, herbe puissante, afin que tu me serves à ce que je voudrais.* » Puis vous vous lèverez sans regarder derrière vous. Étant dans votre chambre vous la ferez sécher.

Il faut avoir un cœur de moineau, un cœur de poulet, un cœur de pigeon et du sang de lièvre, le tout dans un vase propre et net, et faire sécher le tout. Et étant bien sec vous le réduirez en poudre, et à la personne dont vous souhaitez l'amour, faites boire ou manger cette poudre. Observez que si c'est un homme, il faut donner des cœurs mâles, et à une femme des femelles.

Cette recette est proche de la précédente, quoique plus précise dans sa réalisation, ce qui est sensé en améliorer l'efficacité.

Gâteau de séduction à la sueur de son corps

[041] Cette recette de gâteau n'est pas des plus appétissantes mais la personne qui la réalise n'est pas obligée d'en révéler le secret de fabrication à la personne à qui ce gâteau est destiné !

Prendre un bain très chaud afin de provoquer une abondante sudation. Se saupoudrer ensuite de farine afin, qu'imprégnée de sueur, elle colle à la peau. La racler ensuite avec un linge de lin.

Après avoir déposé cette pâte sur une plaque de marbre, y ajouter les cendres de poils prélevés sur toutes les parties du corps (aisselles, pubis), de cheveux ainsi que d'ongles des mains et des pieds.

Pétrir le tout en incorporant des œufs, du sucre en proportions égales et servir ce gâteau à l'être dont on veut être aimé(e), accompagné d'un verre de bon vin rouge, bien charpenté !

Préparations alimentaires à base végétale

Adragante en poudre pour rendre collant(e)

[042] Pour se faire suivre d'une personne, prenez pour deux sous d'adragante en poudre, que l'on trouve chez les apothicaires (tirée d'un arbrisseau de Perse). Après que vous aurez eu cette poudre, vous ferez sortir du petit doigt de votre main gauche trois gouttes de sang, de façon que la poudre soit trempée dudit sang. Et il faut que cela se fasse à jeun, le premier vendredi de la lune croissante.

Vous mettrez la poudre ainsi préparée dans la main de la personne dont vous voulez être suivi(e). Et si l'on peut faire boire ou manger cette drogue à la personne à jeun, ce n'en sera que mieux. Pour vous en défaire, mettez de la salive dans votre main.

La recette parle de « sous » inconvertibles en euros ; quoiqu'il en soit, ce n'est pas cher pour être aimé(e) ! La gomme adragante est depuis l'Antiquité utilisée comme aphrodisiaque et comme... laxatif. Et aussi contre la toux ! Utilisée par l'industrie alimentaire, on la trouve aussi comme épaississant et gélifiant dans les vinaigrettes et mayonnaises, les liqueurs et les glaces, sous le code alimentaire E413.

Pain d'épice à l'amarante

[043] Vous achetez un pot d'amarante (plante réputée immortelle car ne se fanant pas), vous le mettez sur votre fenêtre, et le premier vendredi de la lune du mois, avant le soleil levé, vous le mettrez sécher dans un four de boulanger dans du papier brouillard. Quand il sera séché, vous le mettrez dans du taffetas sur votre cœur pendant neuf jours. Puis vous en ferez de la poudre que vous mêlerez à du pain d'épice. Vous l'offrirez à la personne désirée en disant pour vous-même : *« Toi, aimable, range-toi de mon côté et demeure en moi. »*

Pain au sang

[044] Pour qu'une fille se fasse aimer d'un homme, il faut, quand elle a ses règles, avoir un petit pain tout chaud. En ôter la calotte de dessus, faire un trou avec le doigt, pas trop profond, y faire tomber neuf gouttes du sang menstruel dans le milieu du pain, se faire saigner du nez et en recevoir, toujours dans le trou du pain, neuf gouttes.

Remettre la calotte dessus, et le faire sécher dans un four. Ensuite, le réduire en poudre et en faire prendre, dans du café ou du bouillon ou une autre boisson, quatre ou cinq prises à la personne désirée, afin de connaître son baiser sexuel.

Sel de pervenche

[045] De la pervenche (cueillie du vingt-troisième jour de la lune au trentième, en commençant par Mercure) réduite en poudre avec des vers de terre donne de l'amour aux hommes et aux femmes, s'ils la mangent parmi leurs viandes.

Mais si on jette ce composé avec un peu de soufre dans un étang, tous les poissons qui y seront mourront. Si on le donne à un buffle, il crèvera incontinent par le milieu.

(Secrets du Grand et du Petit Albert)

Potage de séduction à la pervenche

[046] Pour que la personne que vous convoitez cesse de vous résister, il suffit de lui faire absorber un potage de légumes de saison dans lequel vous aurez dilué la poudre suivante :

faire sécher une quantité égale de pervenche et de poireau. Les réduire en poudre dans un mortier et les incorporer, le moment venu, au potage.

Granulés de cyclamen

[047] Brûler et réduire en poudre des racines de cyclamen, puis les porter au bain-marie durant trois jours. Les pétrir jusqu'à obtenir des granulés qui seront ajoutés par trois dans les boissons que l'on offrira à la personne que l'on veut séduire.

Pomme de concorde

[048] Si l'on convoite une personne avec laquelle on mange, lui tendre une pomme (le fruit défendu biblique) et tandis qu'elle la croque, dire mentalement en la regardant : « *Démons qui avez la puissance de bouleverser l'homme et la femme, agissez et influencez ce fruit sans retard pour que celui/celle qui mange cette pomme dès cette nuit se rende à mon amour.* »

On peut aussi « *préparer* » la pomme en la cueillant tout en disant : « *Ô Dieu qui avez fait Adam et Ève à partir des quatre éléments, de même qu'Ève communiqua vraiment à Adam le mal et l'a fait pécher, de même vraiment qui mangera ce fruit fera toujours ma volonté.* »

Pomme à veuf

[049] A l'aube d'un vendredi, cueillir une pomme sur un pommier éclairé par la lune. Avec, si possible, un instrument à pointe d'or ou d'argent, graver sur le fruit les mots *Aniel, Ariel, Vehnel, Rehael, Umabel,* qui sont des prénoms d'anges.

Envelopper la pomme dans un mouchoir de soie verte et l'exposer, sept jours et sept nuits durant, aux rayons du soleil et de la lune. La dernière nuit, à minuit, invoquer les noms de *Scheva* et *d'Amapoylfac* en pensant intensément à la réalisation de son désir.

Attention ! Cet envoûtement s'adresse uniquement aux femmes qui veulent séduire un veuf !

Sucre d'homme

[050] Pour se faire aimer d'un homme, une femme l'envoûtera ainsi : elle lui fera boire du café dans lequel elle a fait fondre un sucre sur lequel elle a déposé, un vendredi, neuf gouttes de son sang menstruel (selon d'autres sources, du sang obtenu en se piquant le bout du doigt ou le lobe de l'oreille suffira).

Talismans

Magie photographique mode d'emploi

[051] Pour certaines recettes, on utilise des photographies.

En entrant en contact avec un objet, quel qu'il soit, chaque individu y imprime, pour ainsi dire, ses propres radiations. Cette persistance des ondes sur un objet s'appelle *rémanence*. Ce phénomène permet certaines opérations occultes, surtout si l'on exploite une découverte très récente de la magie, la photographie, qui présente des facultés visuelles, mais aussi magnétiques.

Les plaques et les pellicules photographiques enregistrent et conservent les ondes lumineuses (l'aura, que possède chaque individu et qu'il diffuse continuellement autour de lui. En utilisant l'aura émise par une photo, qui est identique à celle du sujet représenté, il est possible d'agir magiquement par rapport à ce sujet.

Conditions nécessaires :

• il est préférable de disposer d'une photo en noir et blanc.

• la photo doit être récente.

• la pose doit être naturelle, non étudiée ; l'idéal sera un instantané pris à l'insu du sujet.

• sur la photo ne doivent pas apparaître d'autres personnes que celle dont il est question.

• la photo doit avoir été prise sans l'aide de flash ou de réflecteurs.

Talisman de Vénus

[052] C'est le plus puissant pour les questions d'amour, surtout si l'on souhaite susciter la passion chez une personne désirée depuis longtemps ou reconquérir un amour perdu.

Une autre caractéristique de ce talisman est de provoquer le retour d'une personne aimée qui se trouve au loin. Il doit impérativement être fabriqué le vendredi, jour consacré à la déesse de *l'amour, et exige l'utilisation de métaux nobles et forts*, c'est-à-dire l'argent, le cuivre et le laiton. Il a la forme d'une roue à six rayons : cinq d'entre eux se terminent par une pointe de flèche, tandis que le

sixième, orienté vers le haut, est en forme de bâton. Il faut se procurer trois feuilles des métaux décrits ci-dessus, les souder ensemble et les graver avec un canif exposé, au préalable, aux fumées d'encens.

Pour être soigné, ce travail doit être exécuté avec patience : ne jamais se laisser emporter par la hâte ! Les précautions et la constance exigées seront largement récompensées par les effets prodigieux de ce talisman, que l'on doit porter au cou nuit et jour, sans jamais l'enlever. Si la personne désirée a l'occasion de le remarquer, il faudra taire la force et la beauté de cet objet magique : entreprise difficile étant donné son potentiel ! Nous ne pouvons donc que conseiller de le cacher, éventuellement à l'aide d'un foulard.

Tire tire l'aiguille ma fille...

[053] Si une jeune fille casse son aiguille en cousant, c'est qu'un jeune homme pense à elle. Qu'elle pique sur son corsage, à hauteur du cœur, les deux morceaux d'aiguille.

Chaussette à l'envers

[054] Si quelqu'un met involontairement son bas ou sa chaussette à l'envers, c'est qu'il va recevoir une marque ou un souvenir d'amour.

Cheveux aux cerises

[055] Munissez-vous de quelques cheveux (assez longs) de la personne dont vous êtes amoureux. Nouez ces cheveux, au printemps, à la branche d'un cerisier en fleurs. Lorsque les fleurs de la branche seront tombées, la personne dont vous êtes amoureux devra avoir répondu favorablement à votre amour.

(Magie japonaise)

Clou au doigt

[056] Une bague faite avec un clou de fer à cheval (qui a déjà servi, neuf, ça ne compte pas) et portée à un doigt de la main gauche est un porte-bonheur efficace en amour et au jeu.

Sabots à clous

[057] Sous des sabots de bois, planter des clous en forme de croix protège des maléfices, en forme de cœur provoque de bonnes fortunes amoureuses, en forme de triangle appelle la prospérité.

Gants de mariage

[058] Trouver une paire de gants porte bonheur aux célibataires désireux de ne pas le rester.

Breuvage aux poils !

[059] Prendre une « *poignée* » de ses propres poils pubiens et les faire griller jusqu'à ce qu'ils soient réduits en poudre, puis les mélanger à une boisson qui sera offerte à la personne que l'on veut conquérir, afin de provoquer sa passion.

(Magie brésilienne)

Miroir, mon beau miroir...

[060] Acheter un petit miroir, sans regarder à la dépense (au contraire, plus il sera coûteux, plus il garantira l'efficacité de cet envoûtement). En ôter l'encadrement et graver sur le verso, avec la pointe d'une aiguille neuve, trois fois le prénom de l'être aimé.

Chercher ensuite deux chiens ou chats en train de s'accoupler et les faire se refléter dans le miroir. Cacher ce dernier dans un lieu où l'aimé(e) se rend fréquemment et le laisser là pendant neuf jours.

Le reprendre alors et le porter sur soi ; on notera rapidement, de la part de la personne désirée, une attitude favorable et soumise.

Mouchoir de séduction

[061] Se procurer un mouchoir (ou une cravate, un foulard...) souvent porté par la personne aimée. En se couchant, le poser sur votre poitrine en pensant intensément à la personne, jusqu'à ce que vous vous endormiez en voyant son image, ceci sept soirs de suite. A l'aube du vendredi suivant, brûler un coin de cette pièce de tissu, conserver les cendres et jeter la partie intacte dans un cours d'eau vive. A la prochaine rencontre, faire en sorte que la personne touche les cendres. Elle comprendra les sentiments que vous avez pour elle, et y répondra favorablement.

Papier flottant

[062] Lorsque l'on hésite entre plusieurs soupirants ou plusieurs amoureuses, écrire leurs prénoms sur un morceau de papier (une feuille par prénom) et les mettre dans une terrine, sans les plier. Verser de l'eau doucement. On choisira le prénom inscrit sur le premier des papiers qui remontera à la surface de l'eau.

Papier d'extase

[063] Mettre sous son oreiller un papier sur lequel on aura écrit le nom de la personne aimée. À l'heure où l'on voudrait s'ébattre amoureusement avec cette personne, serrer le papier sur son cœur avec une grande ardeur amoureuse. La personne ainsi envoûtée ressentira, où qu'elle soit, du plaisir à ce moment-là.

Psaume 86 de David

[064] Pour être aimé d'une personne, prendre une Bible et écrire, au jour et heure de Vénus (vendredi) avec du sang de pigeon et une plume de pigeon sur une bande de parchemin de chevreau le Psaume 86 de David,

et y ajouter le mot « *PODUD* » en guise de signature. Lier ce parchemin à son bras droit et de la main droite toucher la personne dont on veut être aimé(e).

(Magie de Picatrix)

Psaume 62 de David

[065] Pour se faire aimer d'une femme, réciter 7 fois 7 matins de suite, au lever du jour, le Psaume 62 de David, le regard fixe, debout devant une fenêtre ou une porte ouverte, après avoir écrit « *MIZEL* » sur sa main gauche.

(Magie de Picatrix)

Le supplice de saint Valentin

[066] Si l'on a échoué dans plusieurs tentatives de séduction auprès de la même personne, prendre une image de saint Valentin, la renverser, en prononçant le nom et prénom de la personne qui résiste à vos charmes, et en expliquant à saint Valentin qu'il restera la tête en bas jusqu'à ce que la personne désirée cède enfin...

Recette (à la réussite non garantie) empruntée à la magie brésilienne...

Rendez-vous de minuit

[067] A minuit, un lundi ou un vendredi de pleine lune, se rendre à un carrefour en forme de T (embranchement auquel une route s'arrête sur une route perpendiculaire). Étendre à terre un drap rouge et, sur celui-ci, un drap noir. Y déposer en demi-cercle sept roses rouges et, à côté de celles-ci, placer une flûte de champagne ou un verre de pastis.

Placer sur le drap magique une boîte d'allumettes ouverte sur laquelle on déposera une cigarette allumée après en avoir tiré trois bouffées, en prononçant à chaque fois le nom de la femme désirée.

Écrire le nom de la personne à conquérir sur une feuille blanche, que l'on met ensuite dans le verre ou au centre du demi- cercle de roses.

Répéter à trois reprises la formule suivante : *« Quelle belle nuit, quelle belle lune ! Pomba Gira, s'il te plaît, réalise mon vœu ! »*

(Magie brésilienne)

Pomba Gira est, dans la magie brésilienne, une entité qui ensorcelle les hommes mais aussi les assiste dans leurs aventures galantes, si on lui fait des dons « de séduction » comme du parfum ou du champagne, une cigarette... Le carrefour peut n'être qu'un simple croisement de sentiers. La magie brésilienne ignore les nationales et les autoroutes, et l'éclairage urbain nocturne...

Bougie rouge baiser

[068] Il faut, pour réaliser cet envoûtement, une bougie rouge, une gousse d'ail et une craie blanche, ainsi qu'une photo ou une pièce de vêtement de la personne désirée.

Se placer en un endroit sombre, sur un tapis devant lequel on pose la photo ou le vêtement. S'agenouiller sur le tapis, allumer la bougie et, en la tenant dans la main gauche, la porter à hauteur de son cœur, en tenant l'ail et la craie dans la main droite.

En fixant intensément la photo ou le vêtement, se pencher pour tracer un cercle autour avec la craie. Se concentrer sur ce cercle et ce qu'il entoure, en oubliant le reste du monde, et sentir que, peu à peu, s'établit un courant énergétique entre son cœur et le cercle.

Réciter alors plusieurs fois : *« Allume le feu, brille la flamme, rouge est la couleur du désir »*.

(Magie brésilienne)

Cœur de cire

[069] Pour faire venir à soi une personne désirée, modeler deux cœurs de cire ; sur l'un, graver son propre prénom, et sur l'autre, celui de la personne aimée. Les unir ensuite en les transperçant de trois épingles et les

envelopper dans un mouchoir de soie. Avec une épingle de nourrice, fixer ce paquet sous les vêtements, à hauteur du cœur.

(Magie brésilienne)

Chapeau de cire

[070] Dans de la cire, modeler une statuette à laquelle on donne les traits de la personne aimée.

Se la mettre sur la tête, en la maintenant si possible à l'aide d'un bonnet de laine. Au fur et à mesure qu'elle fondra à cause de la chaleur du corps, le cœur de l'être aimé fondra lui aussi, mais de désir...

Recette de magie brésilienne, peu recommandée dans les pays nordiques, hors la période estivale...

En rouge et noir

[071] Pour la fabrication de ce talisman « *stendhalien* », un des plus puissants au point de vue de l'attirance érotique, il faut disposer d'encre magique rouge et noire.

Après avoir découpé dans du parchemin vierge un cercle de 40 à 45 cm de diamètre, on y trace quatre cercles concentriques.

La force particulière de ce talisman découle des nombreux termes hermétiques que l'on inscrit à l'encre noire sur l'avers, chaque terme étant séparé du suivant par une croix rouge : lors de cette opération, il est important de maintenir une concentration maximale introvertie (force passive) quand on écrit les termes magiques, pour faire refluer l'énergie vers l'extérieur, sous forme de concentration active quand on trace les croix.

Il faut souligner l'importance du principe de l'alternance de l'énergie psychique, active et passive, symbolisées dans ce talisman par les deux couleurs, le rouge et le noir.

On sait combien l'attirance érotique se base sur le double instinct de prendre et de se laisser prendre. Les mots magiques (en procédant en spirale, dans le sens des aiguilles d'une montre, de l'extérieur vers l'intérieur), sont : *Enam, Binah, Saîor, Arepo, Tenet, Opéra, Rotas, Hod, Ketner, Chuckmoe, Tedulah, Teburha, Tipheret, Jesod, Sardach, Io*. Le dernier mot, qui doit être inscrit au centre à l'encre rouge, est le mot mystique *Scheva*.

Sur le revers du talisman, on trace un seul cercle, à l'intérieur duquel seront inscrits les noms cabalistiques de Vénus qui sont : *Ahea, Haghiel, Kedemel, Seraphim, Bne*, séparés par les signes magiques correspondants.

Au centre, deux lignes, parallèles délimitent l'espace dans lequel sera inscrit le prénom de la personne désirée. Après sa consécration, le talisman doit être conservé pendant une semaine à l'intérieur d'un sachet de soie verte parfumé avec le parfum de Vénus.

Il faut le porter sur soi, en contact permanent avec la peau. Étant donné la puissance de cet objet magique, il est possible que, chez les sujets les plus sensibles ou souffrant à cause d'un amour malheureux, la peau s'irrite et rougisse au contact du talisman : dans ce cas, il vaut mieux enlever le talisman et le replacer dans son sachet, en attendant la nouvelle lune suivante pour le porter à nouveau. Il faut se rappeler que tout signal négatif est en réalité un avertissement du destin ; lorsque celui-ci nous invite à renoncer à une entreprise, mieux vaut attendre plutôt que lui forcer la main.

Au pied tout de suite !

[072] Sur une feuille blanche, inscrire le prénom des deux personnes à unir (le sien et celui de la personne désirée), un du bas vers le haut et de gauche à droite, l'autre, également de gauche à droite, du haut vers le bas, de manière à former deux diagonales.

Enrouler cette feuille de façon à obtenir une boulette compacte, que l'on fixe ensuite sous la voûte plantaire du pied gauche, au moyen d'un sparadrap. Trois matins de suite, au réveil, frapper fortement le sol avec le pied (nu), à trois reprises, en prononçant la formule suivante :

« X (nom de la personne), tu m'appartiendras ! Même contre ton gré, je te dominerai et tu tomberas en ma possession ! Tu seras mon esclave, soumis(e) à chacune de mes volontés ».

(Magie brésilienne)

Pouvoirs des plantes

Oracles de la claquette

[073] Les bergers de l'Antiquité et du Moyen Âge avaient un procédé immédiat pour savoir si leurs sentiments étaient payés de retour : ils étalaient une feuille d'anémone ou un pétale de rose sur le cercle formé par leur index replié dans le creux du pouce de la main gauche ; puis ils la frappaient avec la paume droite. Plus le déchirement de la feuille, sous la claque, était sonore, plus l'amour de la bien-aimée était violent.

Avec la fleur d'un lis double, les pastoureaux procédaient selon le même principe. Ils gonflaient la fleur avant de se la faire éclater sur le front. Cette pratique de la claquette pouvait aussi s'exercer avec des feuilles de rosier, ou de figuier, dans le creux de l'épaule, ou sur le pli du coude, tenu à l'horizontale. Afin que l'oracle soit le plus sonore possible, on peut être tenté de claquer fort. Mais si l'on se blesse ou s'égratigne, le présage n'est pas valable.

Amour parfumé à l'aurone

[074] Une femme/un homme voulant savoir si son amour est partagé cueillera une branche fleurie d'aurone (généralement en août) en prononçant le nom de l'aimé(e). La posant sur la paume de sa main gauche elle/il l'écrasera avec sa main droite.

Si la plante exhale une bouffée de parfum odorant cela signifie que l'amour est partagé.

Si, au contraire, le parfum est léger et se volatilise très vite, cela voudra dire que les pensées de l'être aimé sont, hélas, ailleurs...

Herbe de Vénus et photo

[075] Pour obtenir la tendresse d'une personne, durant une semaine, cueillir chaque jour plusieurs brins d'herbe de Vénus en sept endroits différents, en récitant mentalement : « *pendant que je vous cueille, que X (nom de la personne dont on désire l'amour) se lie à moi* ».

Les déposer sur la photo (prise avec son accord ou à son insu) de la personne désirée et placer le tout dans un endroit sombre et silencieux, pendant vingt-huit jours, au terme desquels l'herbe, désormais sèche, doit être jetée sur l'aimé(e), à son insu.

Dans le cas, très rare, où l'herbe serait encore verte à la fin du mois lunaire, il faut, sans hésiter, rencontrer la personne et lui déclarer ouvertement son amour car cette herbe encore verte indique l'activité d'énergies amoureuses extrêmement vives et bénéfiques pour le couple qui va se former.

L'herbe de Vénus est l'un des noms de la Verveine officinale, appelée aussi verveine commune ou des champs, herbe aux sorciers, herbe sacrée, larmes d'Isis, larmes de Junon, Sang de Mercure....

Selon Nostradamus, « pour ranimer l'amour qui s'échappe, il suffit de se frotter les mains avec des feuilles de verveine et de toucher, ainsi parfumée, la main de l'être cher. L'élu sera définitivement captif ».

Ce sont les Romains qui l'ont dédiée à Vénus et en faisaient des bouquets pour rallumer les passions amoureuses risquant de s'éteindre... Selon les herboristes, l'herbe de Vénus est digestive, aphrodisiaque ; elle stimule l'estomac et calme les migraines, notamment lorsqu'on lui adjoint des pétales de rose ou du basilic.

A ne pas confondre avec la Verveine odorante.

Inhalation au parfum de Vénus

[076] Pour séduire une personne, on lui fera respira de la fumée du Parfum de Vénus que l'on obtiendra en exposant à une source de chaleur des boulettes que l'on aura ainsi confectionnées : piler dans un mortier en

marbre de l'ambre gris, de l'écorce de genévrier préalablement moulue, des pétales de rose secs, et des feuilles de verveine. Lorsque la poudre est bien fine, on ajoute quelques gouttes d'alcool, de l'eau de rose, et on délaye jusqu'à obtenir une pâte dont on fait des boulettes que l'on fait sécher au soleil.

Parfum de Vénus

[077] *Cette recette du parfum de Vénus diffère légèrement de celle-ci-avant.*

Ingrédients : musc, ambre gris, bois de pin, roses séchées, feuilles de verveine, corail rouge. Réduire tous ces éléments en poudre et les amalgamer à de l'eau de rose, jusqu'à obtenir une pâte.

Former des granules d'environ cinq millimètres de diamètre et les laisser sécher. Ils doivent être brûlés à trois reprises dans un petit brasero de terre cuite, sur un feu alimenté en bois de laurier et de noyer.

Masque mental au mimosa

[078] Pour entrer en relation « *énergétique* » avec une personne dont on désire l'amour, cueillir, lors d'une nuit de nouvelle lune, du mimosa frais.

Avec du parfum de Vénus (voir recette ci-dessus), purifier la photo de l'être aimé (prise avec son accord ou à son insu) ainsi que le mimosa, puis placer la photo au centre d'une étoile à cinq branches découpée dans du papier blanc.

Recouvrir le tout de mimosa, à l'exception des yeux : les regarder intensément jusqu'à avoir l'impression qu'ils bougent légèrement et que le regard photographié prend vie. A ce stade, la communication énergétique s'est établie et l'opérateur doit, sans attendre, exprimer mentalement ses désirs.

Figue (à offrir avec précaution)

[079] C'est sous un figuier, arbre de la Connaissance, que Bouddha reçut l'illumination. Et selon certains exégètes bibliques, ce n'est pas une

pomme qu'Ève aurait tendue à Adam, mais une figue. À Rome, le figuier était associé à Priape, et la figue figurait le sexe féminin. Et le bois de figuier était utilisé pour brûler les monstres et les impies. Toutes ces références n'en font pas un porte-bonheur, au contraire : il ne faut pas s'endormir sous son feuillage en été, car on risque de ne pas se réveiller.

Et à cause de ce que la figue symbolise, il est malvenu qu'une femme offre, en toute innocence, une figue à un homme : car en agissant ainsi, elle lui signifie qu'elle se donne à lui ; inversement, si un homme offre une figue à une femme, c'est signe qu'il entend, en toute impudeur, partager avec elle des plaisirs licencieux.

Chêne en salade

[080] Mettre dans sa bouche une tendre feuille de chêne et, en se tournant vers l'est, puis vers l'ouest, prononcer la formule suivante : « *A chaque lever du soleil, mon grand amour sera près de moi. A chaque coucher du soleil, je serai à côté de mon amour* ».

Après, à l'aide de ciseaux neufs, couper la feuille en petits morceaux et l'ajouter à une salade qui sera proposée à la personne aimée.

Recette adaptée de la magie brésilienne.

Le chemin des haricots

[081] La nuit d'un vendredi, la femme qui veut faire la conquête d'un homme qui se montre indifférent dispose en cercle sept haricots sur le chemin que l'homme doit prendre le lendemain matin.

Elle doit prendre la précaution de les dissimuler à la vue de l'aimé sous une fine couche de terre ou de feuilles. Elle vérifiera ensuite que les haricots ont été piétinés : plus il y en a d'écrasés, plus fort et plus rapide sera l'effet de ce sortilège.

On peut, au printemps, remplacer les haricots par des mimosas.

Lettre à la lavande

[082] Si l'on envoie une lettre pour déclarer son amour, ne pas omettre de frotter le papier et l'enveloppe avec le jus obtenu en pilant des fleurs de lavande.

Rendez-vous sous la nouvelle lune

[083] Cette magie sert à obtenir l'amour d'une personne. Il faut une photo de soi-même et une de la personne désirée.

Une nuit de nouvelle lune, préparer, dans la pénombre, à la seule lueur de bougies, une encre magique selon la formule suivante :

— réduire en poudre, ensemble, une cuiller à café de sel fin, une cuiller de menthe et une cuiller de cannelle ;

— verser ensuite la moitié de cette poudre dans un récipient en verre, en y ajoutant une cuiller à café de gomme arabique, quatorze cuillers d'alcool pur et sept gouttes de son propre sang.

— Mélanger longuement. Avec cette encre magique, écrire le prénom des deux personnes au verso de leur photographie respective.

— Saupoudrer les deux photographies avec le restant de poudre magique, et accoler les deux photographies face à face, de façon à ce que les visages se joignent. Enrouler les photographies dans un fil de soie verte, puis jeter le tout dans un cours d'eau vive avant le lever du jour.

L'effet de cet envoûtement se fera sentir après vingt-huit jours, à la nouvelle lune suivante.

Désir contenu

[084] Cette recette se pratique dans le cas d'une attirance fortement passionnelle. En commençant un vendredi de nouvelle lune, l'opérateur/opératrice devra pratiquer une chasteté absolue durant neuf jours. Chaque fois que le désir montera en lui/elle, il/elle devra regarder intensément la photo de la personne désirée. Le dixième jour, il/elle fera en sorte de la rencontrer et, la fixant dans les yeux, lui exprimera

mentalement ses propres pensées et ses désirs contenus. L'intensité de son regard ne pourra pas la laisser insensible.

Onguent capillaire à la marguerite

[085] Pour se faire aimer, piler dans un mortier quelques marguerites séchées et les réduire en poudre. Ajouter le jus d'un demi-citron et mélanger. Frictionner ses mains avec cette préparation de manière à ce qu'elles soient légèrement poisseuses. Toucher ensuite les cheveux de l'élu(e) de son cœur. Il/elle ne vous résistera pas.

Menthe pour une amante

[086] Si un homme se frotte les mains avec des feuilles de menthe pour toucher celle qu'il aime (ou qu'il convoite) ses paumes encore imprégnées du parfum de la plante, elle sera sienne.

Muguet messager

[087] Ajouter, dans un bouquet, du muguet en fleurs, rend celui qui reçoit le bouquet amoureux de celui qui le lui offre, à condition qu'il surmonte sa timidité et se fasse connaître.

Myosotis en règles...

[088] Si une jeune fille veut rendre un homme amoureux d'elle, elle doit, pendant ses règles, se tenir au-dessus d'un pied de myosotis en pensant à cet homme jusqu'à ce qu'une goutte de sang tombe sur la plante.

Oignon de Noël

[089] La cromniomancie est la divination par l'oignon.

On écrivait sur des oignons, la veille de Noël, ses questions, puis on les déposait sur l'autel d'une église (en demandant au curé de ne pas les balayer au cours de la messe de minuit). L'oignon qui germait le plus tôt apportait une réponse positive.

Les jeunes filles, en Allemagne, inscrivaient ainsi le nom de tous leurs soupirants : celui de leur futur mari était donné par l'oignon premier germé !

Parfum d'amour

[090] Préparer un onguent composé d'écorces d'arachides, d'un verre d'eau minérale, de quelques gouttes de sa sueur, d'essence d'œillet. Ce mélange a une odeur relativement agréable ; l'utiliser comme parfum lorsque l'on rend visite à celui/celle que l'on aime, pour qu'il/elle, envoûté par l'odeur, s'amourache de celui/celle qui en est imprégné(e).

Pensées sur ses lèvres

[091] On exprime le suc d'un petit bouquet de pensées, puis on le verse lentement sur les lèvres de l'être désiré, pendant son sommeil et en prenant soin de ne pas le réveiller.

Il faut rester près de lui car il tombera amoureux de la première personne qu'il verra à son réveil.

Cet envoûtement a été repris par Shakespeare dans le Songe d'une nuit d'été. Pas facile à réaliser si l'être désiré ne vous connaît pas : il risque de vous prendre, à son réveil, pour un cambrioleur ou un pervers sexuel !

Pervenche porte-bonheur

[092] Un amoureux offrira à celle qu'il aime un porte-bonheur consistant en un bouquet de sept pervenches.

Peuplier « huppé »

[093] Les filles ou veuves sauront avec qui elles s'uniront en liant une branche de peuplier avec leurs chausses sous leur chevet, et en se frottant les tempes, avant de s'endormir, d'un peu de sang de huppe.

Plantain de séduction

[094] Vous cueillerez le jour de la fête de saint Jean-Baptiste (24 juin), avant le soleil levé, de la graine de plantain que vous pulvériserez et mettrez dans un tuyau de plume d'oie avec deux gouttes d'eau bénite, et étouperez le tout de cire vierge d'un cierge bénit.

Qui le portera sur soi sera aimé de toutes, et ce qu'il leur demandera, même le plus intime, lui sera accordé.

Pomme boomerang

[095] Avant de manger une pomme, jetez-la vers celui ou celle dont vous voulez être aimé(e). S'il (si elle) l'attrape et vous la renvoie, c'est qu'il y a du répondant à vos sentiments.

Pépin obus

[096] Prenez un pépin de pomme, encore humide du suc du fruit, entre pouce et index, et tentez de le faire jaillir en pressant les doigts. Si vous y parvenez, c'est qu'un être vous aime d'amour ! Sa passion sera proportionnelle à la violence du jaillissement du pépin.

Pomme consacrée

[097] Une fille en mal de mari doit, avant de se coucher, croquer la moitié d'une pomme, placer l'autre moitié sous leur oreiller, et faire une prière à saint André. Le saint, pendant son sommeil, lui indiquera le moyen de séduire leur futur mari.

Onguent à la verveine

[098] Si on veut se faire aimer d'un homme ou d'une femme, on se frottera les mains avec du jus de verveine, et ensuite on touchera celui qu'on voudra amouracher : elle restera attirée durant toute la journée ; ce secret a été souvent éprouvé.

(Secrets du Grand et du Petit Albert)

Voir Herbe à Vénus.

Violettes arrosées...

[099] Celui qui offrira à celle qu'il désire le bouquet indiqué ci-après en sera immédiatement aimé : uriner, neuf vendredis de suite, sur un massif de violettes, puis déposer sur les fleurs trois gouttes de sang et trois larmes. Cueillir les fleurs et en faire un bouquet que l'on envoie à la belle avant qu'il ne se fane...

(Secrets du Grand et du Petit Albert)

Pouvoirs des pierres

Des ronds dans l'eau

[100] Si on veut savoir si une personne vous aime, on se pose la question en jetant un caillou dans l'eau, et l'on compte les cercles concentriques qui se forment. Si les rides sont en nombre impair, la réponse est favorable, si les rides sont en nombre pair, c'est non !

Calcédoine

[101] La chrysoprase, variété de calcédoine verte, donne confiance en soi et provoque les rencontres amoureuses. En porter une en pendentif.

Perle au vinaigre

[102] Dédiée à la Lune, la perle, qui symbolise la perfection, attire les énergies lunaires bénéfiques. Elle serait née d'une goutte de rosée (ou de sperme) tombée de la Lune dans la coquille d'une huître. Elle a des propriétés aphrodisiaques et suscite la passion aux indifférents.

À chaque pleine lune, Cléopâtre faisait fondre sept perles dans du citron et du vinaigre, et buvait trois gorgées de la potion pour garder un teint frais ; et pour séduire Antoine, elle fit dissoudre la plus belle perle de sa collection dans du vinaigre et partagea avec lui le breuvage obtenu.

Rubis

[103] Oxyde d'aluminium rouge, le rubis donne de la persévérance aux indécis, chasse la mélancolie et les chagrins d'amour. Il est conseillé de l'offrir au mois de juillet et d'éviter de le porter en bague le jeudi.

Le rubis a une influence conciliatrice dans le domaine de l'amour et, en général, protège des tempêtes. Sa couleur rouge est celle de la passion. Offrir un rubis est l'un des plus beaux cadeaux que peuvent se faire deux personnes partageant un amour dans sa maturité.

Sardoine

[104] Calcédoine brune ou rouge, la sardoine était l'amulette préférée des guerriers, qui la portaient pour se donner du courage et se protéger des coups ennemis. On peut toujours renforcer son pouvoir en y gravant un aigle. Mais la sardoine suscite aussi l'attirance entre deux êtres, amour ou amitié, et donne de la vivacité d'esprit, notamment pour résoudre des problèmes chiffrés, surtout si elle est offerte pendant le mois d'août.

Pouvoirs des animaux

Araignée à la noix

[105] Que l'homme prenne une araignée alors qu'elle est en train de tisser sa toile, et l'enferme dans la coque évidée d'une noix. Qu'il mette de sa semence dans une cuillère d'argent, et la sèche avec la toile de l'araignée. Qu'il le donne à boire à celle qu'il veut posséder. Elle l'aimera aussi longtemps que l'araignée demeurera enfermée dans la noix.

(Recette de Corneille Agrippa, XVIe siècle)

Dans de la chauve-souris

[106] Pour faire danser une fille, il faut mettre sous le seuil de sa porte ce qui suit, écrit avec du sang de chauve-souris.

S A T O R
A R E P O
T E N E T
O P E R A
R O T A S

Au chant du coucou

[107] Dès qu'on entend chanter le coucou, au printemps, se saisir d'une pièce de monnaie au fond de sa poche, en disant : « *Coucou, aurais-je avant l'été un amoureux (ou une amoureuse) ?* » Si le coucou chante deux fois de suite, la réponse est favorable. S'il chante plusieurs fois, le doute est permis. S'il ne chante qu'une fois, la réponse est négative.

Fleur de crapaud

[108] Avoir un crapaud en vie. Le vendredi, avant le soleil levant, à l'heure de Vénus, l'attacher par les pattes de derrière dans votre cheminée. Le laisser sécher, le pulvériser, l'envelopper dans une feuille de papier, le mettre derrière un autel (sur lequel on dit la messe) pendant trois jours et l'en aller retirer le troisième. Quand vous l'aurez retiré, vous en mettrez sur quelque fleur, que vous mettrez à votre veste ou à votre chapeau, et aurez autant de filles ou de femmes que vous voudrez, et elles vous suivront partout.

Os de grenouille

[109] Recette pour se faire aimer : allez dans une prairie avant le soleil levé. Vous attrapez une grenouille avec un linge bien blanc, vous la mettez dans une petite boite où vous avez fait neuf trous.

Puis vous allez au pied d'un arbre où il y a de grosses fourmis ; vous faites un trou et y mettez votre boite ; vous la recouvrez avec votre pied gauche en disant : « *Que tu sois confondue selon mes désirs.* » Au bout de neuf jours, à la même heure, vous allez chercher votre boite. Vous y trouverez dedans deux os : un comme une fourche et l'autre comme une petite jambe.

Celui qui est comme jambe est pour se faire aimer en touchant la personne ; et la fourche c'est pour la renvoyer.

Attention, quand vous poserez la boite et la retirerez, veillez à ne pas vous retourner !

Milan en pendentif

[110] Si on prend une tête de milan et qu'on la porte devant son estomac, on se fait aimer de tout le monde, et surtout des femmes.

(Secrets du Grand et du Petit Albert)

Coffret-moineau

[111] Vous vous ferez immanquablement aimer de qui vous voudrez si vous pouvez avoir de la personne dont vous souhaitez être aimé quelque chose qui sorte de son corps : cheveux, salive, sang, linge où elle a sué...

Mettez ce quelque chose avec pareille chose de vous, et entortillez-le dans un ruban rouge où vous écrirez, avec votre propre sang, son nom et le vôtre. Roulez le ruban de sorte que son nom et le vôtre se touchent. Enfermez le tout dans le corps d'un moineau, et portez cela sous votre aisselle gauche jusqu'à ce qu'il pue ; ensuite, mettez-le dans la cheminée, faisant dessous un bon feu pour dessécher le tout.

Pendant que cela desséchera, allez trouver la personne dont vous voulez être aimé(e). Vous la trouverez dans une ardeur sans pareille pour vous. Si sage qu'elle ait été auparavant, vous en ferez ce que vous voudrez.

Œuf de poule

[112] Fabriquer une boite en carton au format d'œuf, de façon à ce qu'elle contienne un œuf debout sans qu'il puisse basculer. Peindre en noir l'intérieur de la boite.

À la lune montante, prendre un œuf entre ses mains et le réchauffer en pensant fortement à la personne que vous voulez séduire. Quand l'œuf vous semble à la température de vos mains, écrivez le prénom de la personne (si c'est une femme au sommet de l'œuf, si c'est un homme à la base) et écrivez votre nom à l'extrémité restée libre.

Réchauffez à nouveau l'œuf entre vos mains, toujours en pensant à la personne que vous voulez séduire, puis mettez l'œuf dans la boite. Coller le couvercle. Placer la boite dans un endroit sec, sombre, bien à l'abri des courants d'air.

Attention, personne, sauf vous, ne doit toucher la boite, et vous-même veillez à ne la déplacer qu'en cas d'extrême nécessité. La magie doit opérer au bout d'un mois environ.

Si, au bout d'un an, vous n'avez toujours pas séduit la personne désirée, c'est que la magie a échoué. Faites brûler l'œuf, avec sa boite, sans l'ouvrir, en déposant la boite sur des braises de charbon de bois.

Si la magie a réussi, laissez l'œuf dans sa boite, toujours caché ; il continuera à émettre des ondes positives sur votre amour.

Cendres de maquillage

[113] Des fards composés avec le résidu de la combustion d'os de chameaux, de chouettes, de vautours et de paons donnent un pouvoir illimité de séduction.

(Recette hindoue)

Figue au pigeon

[114] Vous prendrez une figue grasse ; ensuite vous prendrez un pigeon blanc en vie, que vous saignerez un vendredi à jeun. Vous tirerez une plume

dudit pigeon avec laquelle vous écrirez sur un morceau de papier, avec le sang du pigeon, les trois lettres V.C.E. puis vous roulerez votre papier que vous mettrez dans ladite figue.

Par-dessus le papier, vous mettrez du corail de la grosseur d'une noisette. Puis vous mettrez la figue sécher au soleil jusqu'à ce qu'elle soit bien sèche. Vous l'envelopperez dans un morceau de taffetas bleu ; puis vous le porterez neuf jours sur votre cœur. Vous l'ôterez le vendredi, puis le mettrez dans votre poche.

Quand vous aurez à parler à quelque fille ou femme, faites-lui toucher, et même faites en sorte –sous prétexte que c'est une relique qui vient de bien loin et dont on vous a fait cadeau – qu'elle la baise. Les filles qui la baiseront auront pour vous une amitié si forte que l'on aura du mal à les arracher de vous.

Cœurs d'oiseaux

[115] Réduire en poudre, avec le propre sang de la personne qui veut se faire aimer, et de l'ambre gris, et le cœur d'une hirondelle, d'une colombe ou d'un passereau, et porter cette poudre dans une bourse durant neuf jours sur le cœur. Puis tâcher d'en faire avaler à la personne dont on désire être aimé, et l'effet suivra.

Tabac aux rognons de rat

[116] Prenez un rat mâle vivant, fendez-le vivant par le milieu du corps, prenez-lui ses deux rognons et portez-les sous votre aisselle gauche pendant vingt-quatre heures. Ensuite, faites-les sécher sur une pelle, réduisez en poudre bien passée et mettez le tout dans du tabac. Celle ou celui qui en fumera ou en prisera s'éprendra de vous.

A nos amours !

[117] Pour cet enchantement, il faut une bouteille de bon vin, symbole d'esprit et de chaleur.

Si l'on désire une relation érotique, on utilisera du vin rouge, si l'on se contente d'une relation sentimentale, mais chaste, on retiendra le vin blanc.

Avec un ruban de soie verte, on attache autour de la bouteille sa propre photo et celle de la personne désirée. On invite cette personne à venir prendre un verre chez soi....

La nuit qui précède cette rencontre, on dort avec la bouteille au pied de son lit. Au réveil, on ôte les deux photos que l'on jette dans un cours d'eau vive. Et lorsque la personne désirée est arrivée au rendez-vous, après les politesses d'usage, on trinque à ses amours, et aux siennes, en espérant que ce soient les mêmes, si la magie a bien opéré...

Vaincre sa timidité

Agate noire

[118] Si quelqu'un souhaite ne rien craindre dans le monde, il prendra de l'agate, qui est noire et a des veines blanches ; il y en a de la même sorte, qui est blanche. On en trouve encore une troisième dans une certaine île, qui a des veines noires. Elle rend l'homme qui la porte puissant, agréable, de bonne humeur, et bien reçu partout où il se rencontre.

(Secrets du Grand et du Petit Albert)

Albâtre nichomar

[119] Pour se faire aimer, la pierre nichomar est admirable ; c'est presque la même chose que l'albâtre, elle est blanche et luisante ; on en fait des onguents pour embaumer les bières des morts.

(Secrets du Grand et du Petit Albert)

Chélidoine

[120] Si quelqu'un veut plaire, et être agréable à tout le monde, qu'il prenne la pierre nommée chélidoine ; elle est noire et jaune, et se trouve dans le ventre des hirondelles. La jaune étant pilée dans une toile de lin, ou dans la peau d'un veau, et attachée sous l'aisselle gauche, guérit la frénésie et toutes les maladies anciennes et invétérées. Elle est bonne aussi pour la léthargie et l'épidémie. On prétend que cette pierre rend l'homme savant, de bonne humeur, agréable. La noire préserve des bêtes malignes, apaise les querelles, et fait venir à bout de ce que l'on entreprend. On doit les tirer toutes deux au mois d'août. On en trouve ordinairement deux dans chaque hirondelle.

(Secrets du Grand et du Petit Albert)

Vin d'éloquence à l'œuf de croco

[121] Piler quelques coquilles d'œuf de crocodile et les laisser infuser dans un litre de vin, en y ajoutant quelques petites feuilles de rue, de marjolaine, de verveine et d'absinthe. Laisser reposer durant un mois dans un endroit frais et sombre. Filtrer cette liqueur qui donne à celui qui en boit d'admirables capacités oratoires dont on peut profiter pour se déclarer à la personne aimée.

Cervelle de lièvre

[122] Pour se délivrer de frayeurs chroniques et imaginaires, il faut manger souvent de la cervelle de lièvre.

(Secrets du Grand et du Petit Albert)

Onyx à faire peur

[123] Si on veut faire peur ou effrayer, on prendra la pierre onyx, dont la couleur est noire ; la meilleure est celle qui est pleine de petites veines blanches, on la trouve dans l'Arabie. Si on la pend au cou, ou qu'on la mette au doigt de quelqu'un, il deviendra, peu de temps après, triste et

prendra facilement peur ; il aura pendant la nuit des songes horribles, et aura des différends avec ses amis.

(Secrets du Grand et du Petit Albert)

Bouquet d'orties

[124] Qui tient dans sa main des orties avec du millefeuille n'aura point de peur, et ne sera pas effrayé par la vue de quelque fantôme.

(Secrets du Grand et du Petit Albert)

Quintefeuille de toutes les audaces

[125] Porter sur soi l'herbe appelée quintefeuille, si on veut demander quelque chose à un roi ou à un prince, rend savant et fait obtenir ce que l'on souhaite.

(Secrets du Grand et du Petit Albert)

Serpent d'épouvante

[126] Pour faire peur à quelqu'un en allumant une chandelle : on prend un linge blanc et neuf de toile de lin, en on enveloppe dedans l'oreille d'un serpent. On en fait une mèche, que l'on met dans une lampe avec de l'huile d'olive ; celui à qui on la donnera aura peur aussitôt qu'il l'aura éclairée.

(Secrets du Grand et du Petit Albert)

Verveine de banquet

[127] Si on veut donner de la joie et du divertissement à une compagnie dans un repas, on prendra quatre feuilles de verveine, que l'on fera tremper dans du vin, dont on arrosera ensuite l'endroit où le repas se fera ; tous ceux qui y seront conviés paraîtront contents et joyeux.

(Secrets du Grand et du Petit Albert)

Langue de vautour

[128] Pour obtenir ce que l'on voudra, on prendra une langue de vautour, qu'on lui arrachera sans utiliser ni fer ni couteau. On l'enveloppera dans du drap neuf, et on le portera au cou.

(Secrets du Grand et du Petit Albert)

Encres d'amour pour messages secrets

Encre au lait de femme

[129] Cette encre est réputée infaillible, mais difficile à élaborer. Pour la confectionner, écrire sur une feuille de papier, en sorte qu'elle en soit toute couverte, tant d'un côté que de l'autre, les mots suivants : « *Daama et Eva, Adam et Eve. Ainsy que Dieu vous conjoignit dans le Paradis terrestre, d'un lien saint et mutuel et indissoluble, ainsy le cœur de ceux à qui j'écriray ne puisse me rien refuser. Heli, Heli, Heli.* »

Cela fait, il faut brûler la feuille de papier et prendre garde de rien perdre des cendres. Ensuite, vous aurez de l'encre neuve qui n'ait point servi, dans laquelle il faudra mettre la cendre, en y ajoutant du lait de femme qui allaite son premier enfant mâle, avec un peu d'aimant de celui qui attire le fer ; le mettre en poudre.

Prenez une plume d'oie neuve. Le message d'amour, qui ne doit être vu de personne, sauf de la/du destinataire, doit être écrit sur un parchemin vierge, c'est-à-dire fait de la peau d'un animal mort sans avoir jamais accompli l'œuvre de chair.

C'est une recette très ancienne, d'où l'usage de la plume d'oie et de l'orthographe (à respecter!) avec des mots en « y ».

Encre aux noyaux de cerise et à la fougère de mars

[130] On prend plusieurs noyaux de pêches et de cerises. Après les avoir brûlés, on les réduit en une poudre que l'on amalgame à une égale quantité de suie, en ajoutant de la gomme arabique et des noix de galle.

Cette composition doit devenir aussi fine que possible, être filtrée et versée dans de l'eau puisée dans le cours d'une rivière. Cette opération est suivie d'une deuxième phase qui va conférer à cette encre sa puissance spécifique. Il s'agit d'ajouter à la composition des cendres de feuilles, de branches et de racines de fougère, cueillies à la pleine lune de mars.

Le tout sera mis à bouillir durant une demi-heure, pendant trois nuits consécutives, puis exposé durant une semaine aux rayons de la lune décroissante. Enfin, il convient de conserver cette encre dans des flacons de verre, dans un lieu sombre et frais.

Divinations et présages

Bague-pendule

[131] Asseyez-vous devant une table sur laquelle vous aurez posé un verre vide. Attachez une bague à un cheveu. Tenez ce cheveu entre le pouce et l'index. Suspendez la bague au-dessus du verre, puis descendez-la dedans. La bague oscillera.

Si elle heurte d'abord le côté gauche du verre méfiez-vous des élans de votre cœur.

Si elle heurte d'abord le côté droit : l'intérêt domine votre cœur.

Si elle heurte le bord qui vous est opposé : succès d'amour.

Si elle heurte le bord qui est de votre côté : insuccès et déboires amoureux.

Des ronds dans l'eau

[132] Si l'on veut savoir si oui ou non une personne vous aime, formulez la question en jetant un caillou dans une bassine remplie d'eau. Comptez les cercles concentriques qui se sont formés aussitôt. Si les rides sont en nombre impair : réponse favorable. Si les rides sont en nombre pair : réponse défavorable.

Le cercle de pierres

[133] Se munir de pierres brillantes de différentes couleurs. Dans une pièce obscure, disposer les pierres en cercle autour d'une bougie large et courte. Allumer la bougie. Surveiller la première pierre qui reflétera un rayon lumineux. Si c'est une pierre bleue, bonheur prochain ; si c'est une pierre verte, un espoir va se concrétiser ; si c'est une pierre rouge, passion amoureuse prochaine ; si c'est une pierre violette, s'attendre à un deuil ; si c'est une pierre jaune, attention, infidélité ! Si c'est une pierre grise, des larmes vont être versées ; si c'est une pierre grenat, s'attendre à un mariage.

Bonnes bêtes

[134] *Araignée du soir* : il (ou elle) passera bientôt la nuit avec vous.

Écureuil : plaisir sensuel à venir prochainement.

Colombe : une femme pense à vous.

Furet : une femme galante ou un gigolo vous donneront des satisfactions.

Méchantes bêtes

[135] *Araignée du matin ou de midi* : chagrin ou tracas amoureux.

Coucou chantant : tromperie, cocuage.

Oiseau de proie : jalousie amoureuse.

Fouine : ennuis conjugaux.

Serpent : trahison.

Lézard : déception.

Coq chantant le jour d'un mariage : querelles entre les mariés.

Envoûtements et Conjurations

Poudre d'aunée de la Saint-Jean

[136] Pour rendre amoureux : à l'aube du 24 juin (jour de la Saint-Jean, solstice d'été), cueillir de l'aunée (Enula Campana) ; la faire sécher, la réduire en poudre, puis la mélanger à de la poudre d'ambre gris.

Verser cette composition dans un sachet de soie verte qu'il faut ensuite porter sur le cœur durant neuf jours. Dissoudre ensuite cette poudre dans un aliment ou une boisson que l'on sert à l'être dont on veut être aimé.

Cœur bagué d'or

[137] Ayez une bague d'or garnie d'un petit diamant, qui n'a point été portée depuis qu'elle est sortie des mains de l'ouvrier. Enveloppez-la d'un petit morceau d'étoffe de soie, et portez-la durant neuf jours et neuf nuits, entre chemise et chair à l'opposition de votre cœur. Le neuvième jour, avant soleil levé, vous graverez avec un poinçon neuf en dedans de la bague ce mot : *Scheva*. Puis vous tâcherez par quelque moyen d'avoir trois cheveux de la personne dont vous voulez être aimé(e), et vous les accouplerez avec trois des vôtres dans le creux de votre main gauche, en disant :

Ô corps, puisses-tu m'aimer, et que ton dessein réussisse aussi ardemment que le mien, par la vertu efficace de Scheva ! C'est mon ardent désir que, comme les cheveux de X... (prénom et nom de la personne) sont noués aux miens, nos corps et nos âmes soient unis durant notre vie terrestre. Ainsi soit-il par les vertus de Scheva. Ainsi soit-il.

Il faudra nouer ces cheveux en lacs d'amour en sorte que la bague soit à peu près enlacée dans le milieu du lac ; et, l'ayant enveloppée dans l'étoffe de soie verte, vous la porterez sur votre cœur six jours de plus, et le septième jour vous dégagerez la bague du lac d'amour, et ferez en sorte de la faire recevoir par la personne aimée : toute cette opération doit se faire avec le soleil levé et à jeun.

Veiller à ce que l'anneau, après avoir été offert, soit toujours porté par celui ou celle à qui il a été destiné.

(Secrets du Grand et du Petit Albert

Chemise déchirée

[138] La fille qui désire un époux (ou un amant) coupera dans sa chemise une lanière d'étoffe de sa taille, la coupera en sept morceaux, enfermera dans chacun de la poudre des sept épices mâles *(? – probablement gingembre, clous de girofle, noix de muscade, aristoloche, thym, ail, céleri)* pilés ensemble, et les disposera la nuit dans une veilleuse allumée au seuil de la porte, en répétant sept fois : « *Ô mon amour, vient chez moi !* ». Et elle ne tardera pas à être exaucée.

(Recette publiée en 1925 dans le Maroc médical)

Nuit agitée

[139] Si vous pouvez coller derrière le panneau de bois en tête du lit de celle ou celui que vous convoitez le billet ci-après, il ou elle ne pourra s'endormir sans penser à vous : « *Michel, Gabriel, Raphaël ! Saints archanges, faites que X... m'aime ardemment.* »

Moineau mort messager

[140] Prendre une parcelle du corps de la personne à envoûter (linge usagé, cheveux, rognures d'ongles...), y ajouter une parcelle identique de la personne qui désire se faire aimer. Entortiller le tout dans un ruban rouge en inscrivant dessus leurs prénoms avec le sang de la personne qui désire se faire aimer. Lier le ruban de façon à ce que les prénoms se touchent. Enfermer le tout dans le corps d'un moineau. Donner ce

moineau à la personne qui désire se faire aimer afin qu'elle le mette sous son aisselle, le garde un certain temps, puis le jette au feu. Pendant qu'il brûlera, que cette personne aille trouver celle qu'elle convoite, et celle-ci ne lui résistera pas.

(Livre des Secrets de la Magie)

Breuvage au poil

[141] A l'aube d'un vendredi, prélever sur son propre corps un cheveu, un poil de l'aisselle et un autre du pubis. Les imprégner de parfum de Vénus *(voir recette)*, puis les incinérer dans un petit récipient de terre cuite.

Verser les cendres dans un flacon de liqueur sucrée et laisser reposer une semaine.

On offre alors un verre de ce breuvage, particulièrement puissant et érotique, à la personne aimée...

Bouton chevelu

[142] A l'insu de la personne désirée, enrouler prestement un de vos cheveux autour d'un des boutons de son vêtement, en le nouant et en serrant bien. Tant que votre cheveu restera enroulé autour du bouton, la personne se sentira liée à vous de manière inexplicable.

Coït de cire

[143] Pour envoûter une personne dont on est épris : confectionner deux statuettes de cire, l'une femelle, et l'autre mâle, avec les sexes fortement accentués. L'officiant, dans celle qui le(la) représente, mettra de ses cheveux, rognures d'ongle, salive, sang menstruel ou sperme. Dans l'autre, il(elle) mettra ce qu'il a pu recueillir ayant appartenu à l'envoûté(e) : cheveux, bout de mouchoir en papier, filtre de cigarette... Aux environs de minuit, pendant neuf jours, sans interruption, en commençant un vendredi soir, l'officiant simulera le coït entre les deux figurines de cire. Et l'étreinte se réalisera tôt ou tard...

Cire virginale

[144] Si un homme veut envoûter une femme, qu'il fasse une figurine en cire vierge si elle est pucelle, en cire commune si elle ne l'est plus. Qu'il prononce la formule « *Veni de sancta sede Adonaï timor qui omnia ad voluntatem nostram coarctabit.* »

L'aimée viendra à lui, tôt ou tard.

(Clavicule de Salomon)

Sous la protection d'Adonaï

[145] Modeler une statuette de cire en la dédiant à la personne désirée, puis terminer en récitant la formule suivante : « *Noga, les, Astropolim, Asmo, Kovav, Bermona, Tentateur, Rêveur et vous tous, ministres du plaisir et de l'amour, je vous prie, au nom de Celui qui est votre seigneur et souverain. Consacrez cette cire comme il convient pour qu'elle acquière les vertus désirées, grâce à la protection du tout- puissant Adonaï qui vit et règne dans les siècles des siècles.* »

Avec une plume d'oie et de l'encre d'amour (voir recette), inscrire le nom de la personne sur la poitrine et le ventre de la statuette, puis réciter cette invocation :

« *Ô tout-puissant roi Paymon, maître de l'Occident ! Ô Egim, puissant roi du Septentrion par les glaces duquel tu portes le froid sur la terre ! Ô Aymenon qui exerce le commandement absolu sur le Midi ! Ô Amodeo, souverain de l'Orient, qui régnera jusqu'à la fin des siècles !*

Éminents esprits, je vous invoque, je vous prie et vous conjure de verser dans cette statuette tous les envoûtements, tous les charmes et les sortilèges qui puissent soumettre (nom de la personne) *à mes volontés ; pour le restant de ma vie, il (elle) ne désirera que moi et, vaincu(e) par votre influence, se présentera à moi l'esprit soumis.* »

Placer la statuette sous son lit et attendre l'évolution des événements qui ne tarderont pas à prendre le sens désiré.

Cire et rubans

[146] Il faut deux figurines de cire, l'une masculine et l'autre féminine; un pot en terre cuite, haut d'au moins quarante centimètres ; cinquante centimètres de ruban noir et cinquante centimètres de ruban rouge ; deux kilos de terre ; un litre de miel ; deux bougies hautes de quarante centimètres.

On donne aux deux statuettes, d'abord la masculine, puis la féminine, les noms et prénoms des deux personnes représentées par la formule suivante : « *Je te baptise du nom de X..., au nom du père, du fils et du Saint-Esprit* ».

Après ce « *baptême* », on place les figurines face à face, en les liant à l'aide des deux rubans, noir et rouge. On les dépose ensuite dans le pot en versant dessus tout le miel avant de le combler avec la terre, afin de recouvrir complètement les figurines.

Enfin, on allume les deux bougies, que l'on plante en terre l'une à côté de l'autre en récitant la formule suivante: « *Comme ces deux statuettes, ... (nom) et ... (nom), ceux qu'elles représentent resteront unies pour le reste de leur vie sur cette terre. C'est ce que je demande, confiant dans le haut pouvoir de la magie* ».

Les bougies une fois consumées, on conservera le pot en terre cuite dans un abri sûr, et on le considérera avec le respect dû à une relique de prix. On pourra aussi, à l'emplacement de l'invocation, planter une petite plante que l'on entretiendra avec attention, afin ne pas la laisser s'étioler.

(D'après une recette de Magie brésilienne)

Citron épinglé

[147] Enfoncer jusqu'à la tête trente-deux épingles pour former une croix sur un petit citron (huit épingles par branche). Tout en faisant un nœud à un ruban rouge, réciter un vendredi soir, à minuit : « *Toi, X (nom et*

prénom de la personne à envoûter) qui m'a percé le cœur comme ces épingles ont percé ce citron, je t'attends pour te lier à moi par amour. »

Recommencer six fois. Quand il y a sept nœuds sur le ruban, y fixer le citron au moyen de trois épingles dans la pointe et trois autres à l'autre extrémité. Porter ce citron sur son cœur pendant sept jours sans jamais l'enlever. S'il se détache, le charme sera rompu.

Citron dur et ruban blanc

[148] Il faut un petit citron vert très dur, trois mètres de ruban de soie blanche et cinquante épingles neuves. Enfoncer une épingle dans la pointe du citron et deux dans l'autre extrémité, puis disposer les autres de façon à former une croix.

Pendant neuf jours, réciter, à midi et à minuit, la formule suivante : *« (Nom de la personne), je ne te laisserai ni vivre, ni reposer jusqu'au moment où tu viendras chez moi. Je veux que tu ne puisses ni vivre, ni te reposer, ni rester en aucun lieu tranquille jusqu'au moment où tu viendras me chercher. »*

Répéter cette prière à sept reprises en faisant, à chaque fois, un nœud au centre du ruban. Pour finir, attacher le citron, puis porter le tout sur son cœur durant neuf jours, à l'insu de tous. Le dixième jour, jeter le citron, toujours attaché au ruban, dans un cours d'eau vive.

Cœur de mouton au Nom des Trois Princes des Enfers

[149] Pour forcer une personne à venir vous satisfaire, il faut acheter un cœur de mouton sans le marchander, et dire : *« Cœur, je t'achète au Nom des Trois Princes des Enfers ! Et ce n'est pas toi que j'achète, c'est le cœur d'une telle » (donner, si on les connaît, ses nom et prénom ; si on les ignore, on dit : c'est cœur de celui ou celle dont je veux telle chose).*

Après, acheter un pot à trois pieds vernis, toujours au Nom des Trois Princes des Enfers, et un quarteron de sel sans le marchander. Au Nom des Trois Princes des Enfers, acheter pour deux liards d'aiguilles, et si on veut vous en donner six, n'en prenez que cinq ; acheter un demilitron de farine au Nom des Trois Princes des Enfers et une pinte de vinaigre, sans les marchander. Larder le cœur avec la première aiguille en disant : « *Cœur, je te larde au Nom des Trois Princes des Enfers, et ce n'est pas toi que je larde, c'est celui de X... afin que tu le tourmentes jour et nuit, et qu'il ne puisse avoir aucun repos, non plus que l'eau qui passe dessous la roue, qu'il n'ait satisfait ma volonté.* » Et à chaque aiguille vous dites la même chose ; et à la cinquième, vous l'enfoncez à moitié, et vous la cassez dans le cœur avec votre main gauche, et vous jetez ce que vous tenez dans vos doigts par-dessus votre épaule gauche sans regarder derrière vous.

Et quand le cœur sera dans le pot, vous y mettrez le vinaigre, et vous ferez un pâté. Vous boucherez bien le pot, afin qu'il n'y ait point de jour, et vous mettrez le couvercle dessus. A neuf heures, vous allumerez votre feu et mettrez votre pot dessus, qui aille grand train, et le laisserez bien bouillir jusqu'à une heure et un quart, sans vous coucher. Et à minuit, ne vous étonnez pas d'entendre sauter le pot en l'air. Mais il ne se cassera pas pour cela. A une heure et un quart, vous le mettrez dans un coin de la cheminée jusqu'à tant que la personne soit venue vous satisfaire. Et après, vous le jetterez aux ordures. Ne vous avisez pas de le découvrir dans votre chambre.

Échelle d'épingles

[150] Se munir d'une bougie rouge. Sur toute sa longueur, avec un fil de cuivre, en commençant par le bas, graver le prénom et nom de la personne que vous voulez séduire. Sur chaque lettre, plantez une épingle.

À la même heure, tous les soirs, allumez la chandelle et pensez fortement à cette personne en psalmodiant : « *Que cette flamme devienne tienne et te consume d'amour pour moi, ô X (prénom et nom de la personne) comme moi je me consume d'amour pour toi.* » Cesser dès la chute d'une épingle. Moucher la bougie. Recommencer le lendemain de façon identique jusqu'à ce que vous soyez parvenu(e) à vos fins. Si toutes les épingles sont tombées et que rien ne s'est passé, c'est que votre désir manquait d'intensité, et de sincérité.

Ardoise d'étain

[151] Écrivez sur une pièce d'étain ces mots : « *Abas Elm Abratoï Agebat procha.* » Mettez cette pièce sous le chevet du lit de la personne dont vous voulez être aimé(e). A son réveil, elle sera vôtre.

Fagot de la Brinvilliers

[152] Formule d'envoûtement employée par la marquise de Brinvilliers, célèbre empoisonneuse sous le règne de Louis XIV, rapportée par les archives de son procès :

Jetez dans le feu un fagot avec de l'encens et de l'alun et prononcez ces paroles : « *Fagot, je te brûle, c'est le cœur, le corps, le sang, l'entendement, le mouvement, l'esprit de X (homme ou femme). Qu'il ne puisse demeurer en repos jusqu'en la moelle de ses os, rester en place, parler, monter à cheval, boire et manger avant qu'il ne soit venu accomplir mon désir.* »

Pour la bonne réussite de l'envoûtement, il fallait placer parmi les brindilles du fagot des cheveux et/ou des parcelles de vêtements de l'intéressé(e).

Horoscope d'obéissance

[153] Pour avoir l'amour d'une fille ou d'une femme, il faut faire semblant de tirer son horoscope pour savoir si elle sera bientôt mariée et l'obliger de vous regarder en face et même entre les deux yeux. Quand vous serez tous deux en pareille posture, vous réciterez ces paroles : « *Kafé, Kasita, non Kafeta et Pubica Filii Omnibus Suis.* » Ces paroles dites, vous pouvez demander à la personne tout ce que vous voudrez ; elle vous obéira.

Poudre de lis blanc et d'ambre gris

[154] Pour qu'une personne réponde à votre amour : vingt-huit jours avant la saint-Jean d'été (24 juin) se munir d'une fleur de lis blanc. La faire décher. Neuf jours avant la saint-Jean, la réduire en poudre et la mélanger, en quantité égale, à de l'ambre gris. Mettre cette poudre dans

un petit sac que vous aurez confectionné avec un carré de tissu vert, et garder ce sac sur votre cœur pendant neuf jours. Le soir de la saint-Jean, mettre discrètement de cette poudre sur la peau de la personne que vous voulez séduire ou mieux, la lui faire avaler.

Main gauche/main gauche

[155] Il faut prendre la main gauche de la personne dont vous désirez l'amour avec votre propre main gauche, et en la regardant, et en la nommant par ses nom, prénom et surnom, dire : « *X..., je te charme par l'âme que je porte ! Et que tu aies à m'aimer aussi tendrement que la vierge Marie aima son fils, d'un amour aussi ardent que le feu du ciel est embrasant.* » Symboliquement, elle ne lâchera plus votre main...

Miroir au voile noir

[156] Se munir d'un miroir neuf et l'occulter d'un voile noir. Un soir de nouvelle lune, par exemple à 21 heures, ôter le voile et, tout en récitant l'incantation suivante, mimer des gestes amoureux : « *Assiste-moi, ô très vénérable Aphrodite, toi qui protèges les amants, toi qui aime l'amour, toi qui est douce et agréable aux femmes comme aux hommes, toi qui présides les noces et inities les vierges, aide-moi et fais que X (prénom et nom de la personne désirée) me fasse les gestes d'amour que je confie à ce miroir.* »

L'incantation terminée, recouvrir aussitôt le miroir. Procéder ainsi tous les soirs, à la même heure, jusqu'à la pleine lune. Ensuite offrir le miroir, à 21 heures, enveloppé dans son voile noire, à la personne désirée, et l'inciter à l'utiliser sans tarder...

Parchemin de passion

[157] Mettre sous votre oreiller un parchemin (de nos jours remplacé par du papier de bonne qualité) sur lequel vous aurez écrit le nom de celui (ou celle) que vous aimez. À l'heure où vous désireriez tenir cette personne entre vos bras, prenez ce billet et serrez-le fortement sur votre cœur

avec une grande ardeur amoureuse. La personne ainsi envoûtée ressentira du plaisir à ce moment-là.

Photo à saliver...

[158] Autre envoûtement : l'officiant enduira de sa salive et de sa sueur la photo (ou une statuette en cire à son effigie) de la personne dont il est épris. Il cachera cette représentation près de la personne à envoûter (le meilleur endroit, mais difficilement accessible, étant le chevet de son lit), et patientera au moins neuf jours avant de se livrer à des tentatives d'approche, à moins que ce ne soit l'envoûté(e) qui ne vienne spontanément à lui.

Boite de Vénus

[159] Se munir de quatre chandelles rouges, et de quatre bâtonnets d'encens de rose. Trois jours avant la pleine lune, prendre la photographie de celle/celui que l'on veut séduire, la disposer, recto vers le haut, dans une boite en forme de cœur (au verso, inscrire le nom et l'âge de la personne à séduire). Envelopper cette boite de papier noir, la recouvrir de pétales de rose rouge. Faire brûler, à minuit, une bougie rouge et un bâtonnet d'encens, dans le silence le plus total possible. Recommencer le lendemain, et le surlendemain. Le quatrième soir, celui de la pleine lune, toujours à minuit, allumer la dernière bougie et le quatrième bâtonnet d'encens, prendre la boite entre ses mains et la présenter en tendant les bras vers la lune tout en disant lentement : *« Vénus, étoile de la nuit, reine des amours, maîtresse des passions, j'implore ton aide pour faire venir à moi X... (nom et prénom) afin qu'elle/il s'unisse à moi et partage cet amour dont j'ai rêvé pour elle/lui et moi. »*

La bougie consumée, enterrer ou cacher la boite près de la porte d'entrée. Il ne faudra l'ôter de sa cachette et la brûler, sans la montrer à quiconque, que dans la nuit qui aura suivi le jour ou le soir où la personne de la photographie aura franchi le seuil de la maison. Si la boite était oubliée dans sa cachette, la magie pourrait cesser d'opérer, et l'amour se défaire...

Pomme d'Ève (1)

[160] La pomme, objet de convoitise depuis Ève, est un interprète, un conducteur d'amour. Avant de la cueillir, et de la présenter à la personne dont on veut obtenir l'amour, on doit faire l'invocation suivante : *« O Dieu qui avez fait Adam et Ève des quatre éléments, de même qu'Ève communiqua vraiment à Adam le mal et l'a fait pécher, de même vraiment qui mangera ce fruit fera toujours ma volonté. »*

Pomme d'Ève (2)

[161] Autre invocation, plus païenne, à murmurer alors qu'on offre la pomme à l'être désiré : *« Démons qui avaient la puissance de bouleverser l'homme et la femme, influencez ce fruit sans retard pour que celui (ou celle) qui le mangera, dès cette nuit, se rende à mon amour. »*

Pomme fourrée au parchemin

[162] Vous irez un vendredi matin avant soleil levé dans un verger fruitier et cueillerez sur un arbre la plus belle pomme que vous pourrez. Puis vous écrirez avec votre sang sur un petit morceau de papier blanc votre nom et prénom, et en une autre ligne suivante le nom et prénom de la personne dont vous voulez être aimé, et vous tâcherez d'avoir trois de ses cheveux, que vous joindrez avec trois des vôtres qui vous serviront à lier le petit billet que vous aurez écrit avec un autre, sur lequel il n'y aura que le mot de *Scheva*, écrit aussi de votre sang.

Puis vous fendrez la pomme en deux, vous en ôterez les pépins, et en leur place vous y mettrez vos billets liés des cheveux, et avec deux petites brochettes pointues de branche de myrte vert, vous rejoindrez proprement les deux moitiés de pomme et la ferez sécher au four, en sorte qu'elle devienne dure et sans humidité comme les pommes sèches de carême. Vous l'envelopperez ensuite dans des feuilles de laurier et de myrte, et tâcherez de la mettre sous le chevet du lit où couche par personne aimée sans qu'elle s'en aperçoive, et en peu de temps elle vous donnera des marques de son amour.

(Secrets du Grand et du Petit Albert)

Repas démoniaque

[163] Si l'on a invité chez soi à partager un repas une personne dont on veut obtenir l'amour, il faut, la veille, faire l'invocation suivante : « *En quelque partie du monde que vous soyez et de quelque nom que vous vous appeliez, je vous conjure, Démons qui avez la puissance de bouleverser le cœur des hommes et des femmes, par celui qui vous créa et qui peut vous détruire, cette nuit venez sur ces nourritures et sans retard influencez-les autant qu'il convient afin qu'elles aient la vertu de forcer l'amour et la femme(l'homme) que je voudrai à mon amour.* »

Bougie au romarin

[164] Au crépuscule, un vendredi soir, se doucher, mettre un vêtement propre, s'asseoir en tailleur sur le sol après avoir allumé un bâtonnet d'encens et une bougie rouge. Se concentrer et penser fortement à celui ou celle dont on veut obtenir les faveurs.

Réciter trois fois, en saupoudrant la flamme de la bougie de romarin séché : « *Toi seul(e) peux me donner l'amour fort, vrai, pur que je recherche. Viens, je t'en conjure, le partager avec moi* ».

Souffler la bougie et la moucher de la main gauche.

Pour cette conjuration, veiller à éloigner de la bougie les objets inflammables.

Nœuds d'amour

[165] Étant en la présence de la personne de laquelle vous voulez être aimé, la regardant fixement, ayant un ruban de fil, chanvre, ficelle ou cordonnet entre vos mains, sans qu'on vous voit, vous formerez un nœud en lacs

d'amour, tout en disant lors de la ligature : « *Ut duo te video non quinque te alligo. Cor tibi manduco, sanguinem tibi bibo. Aly Aly camitales baptisan et patri filio. Dei nom... (nom et prénom). Tibi impero ut quoedam qua voluero et velim adimpleas et facias.* »

Prise de sang

[166] Pour se faire aimer d'une fille, il faut tirer du sang de son petit doigt de la main gauche et le faire toucher à la main ou au bras de la fille, en disant : « *Sang, je t'applique au nom de Satan, de Belzébuth et de Lucifer. Mère de tous les diables, je t'en prie, je t'en prie, je t'en prie, de me faire avoir comme verdurette et errante et comme la fleur Dacunos, Tenus, Agihe, Agios, Agiothet.* » Dansant avec elle au bal, elle vous suivra ensuite partout où vous irez.

Pansement de Belzebuth

[167] Pour attirer à soi une personne, homme ou femme, et la rendre soumise à ses volontés, afin qu'elle n'ait aucun repos tant qu'elle n'aura pas satisfait au désir de son tourmenteur, il faut acheter, un vendredi matin, une aiguillée de soie verte, et la payer avec une pièce d'argent blanc, sans prendre garde à ce que l'on rend de cette pièce. Cette soie verte servira à faire trois tours autour de votre petit doigt de la main gauche. Ce qui restera, vous le couperez et n'aurez par conséquent que les trois tours déjà faits, et les garder jusqu'à ce que vous ayez trouvé une personne qui vous convienne.

Vous aurez une épingle de laiton jaune ; lorsque vous serez auprès de la personne que vous voulez, vous vous piquerez le petit doigt lié et vous appliquerez votre sang sur la personne, dans telle place du corps que vous pourrez, soit main, col ou visage, ou autre partie du corps que vous pourrez en disant : « *Sang, je t'applique au nom de Belzébuth et de Domon, à X... (nom et prénom de la personne). – Si c'est une fille : Que tu sois plus à moi qu'à ton père et à ta mère ! – Si c'est une femme : Que tu sois plus à moi qu'à ton mari ! Que mon sang, X..., te soit aussi profitable au corps que le lait de la mère de Notre Seigneur Jésus-Christ était. Va, pars, Satan ! Frappe Rudamont ! Fais mon contentement à l'heure que je voudrai ! »*

Et taxez l'heure que vous voudrez ; car à l'heure que vous aurez dit, elle ne manquera pas.

Et quand votre désir aura été satisfait, vous ôterez la soie de votre doigt, et l'entortillerez autour de l'épingle, en disant ces mots : *« Deliatus – Demariatus – Amortitus. »* Ces paroles dites, vous toucherez la personne à la main seulement, et lui direz : *« Allez-vous-en ! »* Et si vous voulez la revoir, il ne sera pas nécessaire de la toucher de votre sang. Il suffira d'entortiller la soie autour du doigt et de prononcer les paroles écrites plus haut. Ce qu'il faut faire de temps en temps, afin de contenir les personnes dans la même amitié.

Du sang sur le laurier

[168] Si vous voulez être aimé d'une femme ou d'une fille, écrivez de votre sang sur une feuille de laurier ces caractères, puis enterrez-la sous la porte de la femme ou de la fille :

I Z /. p Z6.23.S.Y.

Verveine tourmenteuse

[169] Si vous voulez rendre une personne folle de vous, il faut cueillir un bouquet de verveine de la main gauche, en disant *« Je te cueille par la force et puissance de Lucifer, prince des Enfers, et de Belzébuth, mère des trois démons, qu'elle commande à Attos, à Effeton et à Canabo d'aller tourmenter X... du haut en bas afin que dans vingt-quatre de temps s'accomplisse ma volonté. »*

(Secrets du Grand et du Petit Albert)

Conjuration des rois mages

[170] Conjuration de l'étoile du berger, à réciter au moment où elle se lève : *« Étoile du berger, je te salue ! Étoile, je te salue en l'honneur des trois rois*

Gaspard, Melchior et Balthazar ! Je te conjure, au nom de ces trois grands rois, au nom et de la part du grand Dieu vivant, qui est ton maître et le mien, que tu ailles trouver X, et que tu la prennes à son lever et à son coucher, à son boire et à son manger, et à tout quart d'heure de jour et de nuit, jusqu'à ce qu'elle m'accorde ce que je désire, qui est (à préciser par l'officiant en peu de mots, et à condition que ce désir ne soit pas dicté par la seule lubricité charnelle)...

Étoile, je te conjure derechef, au nom de toutes les choses heureuses et les plus saintes qu'il y ait au monde : Cave ! Cave ! Cave ! Ecce enim veritatem dilexisti.incerta et occulta sapientia tua manifestasi mihi. »

Il faut faire cette conjuration trois fois, et faire attention, quand on la dit, de regarder bien fixement l'Étoile tout le temps de la prière, à la fin du jour. Il faut aller à la messe le premier vendredi du mois, et continuer les deux suivants, et que ce soit à la première église que vous trouverez. Et faites l'aumône, et priez Dieu pour les âmes du Purgatoire et pour les enfants mort-nés. Et ne pas manquer pas de prier Dieu tous les jours.

Conjuration de l'étoile du berger

[171] Autre conjuration de l'étoile du berger. *« Je te conjure, Étoile lumineuse, flamboyante et amoureuse ! Je te salue, la sainte d'Orient, semblable à celle qui parut à saint Léonard, lorsqu'il monta au ciel. Taliv. Taliv. Taliv. Je te conjure au nom du grand Dieu vivant, que tu ailles, étincelante, sur une Telle, afin qu'elle soit forcée de faire ma volonté, qui est (à préciser par l'officiant en peu de mots, et à condition que ce désir ne soit pas dicté par la seule lubricité charnelle)... »*

Cette conjuration se fait les trois premiers vendredis du mois, à onze heures et demie du soir.

Philtre au vin sucré et au poivre blanc

[172] Pour attirer à soi un homme ou une femme récalcitrant(e) :

A l'aube du dernier vendredi du mois, pulvériser dix morceaux de sucre en répétant le mot *Abrasax*. Verser le sucre en poudre dans une bouteille de vin rouge, boucher et laisser reposer vingt-sept jours en cave.

Transvaser alors dans une autre bouteille en ajoutant trois grains de poivre blanc. Trois jours plus tard, inviter la dame (ou le monsieur) à dîner et lui proposer ce philtre d'amour en le présentant comme un élixir dont vous tenez la recette de votre grand-mère.

Envoûtements « modernes »

Magies à la supérette

Avec les recettes ci-après, on peut exploiter les longues files d'attente devant les caisses (le samedi, jour des grandes courses de la semaine, est idéal) pour jeter ses sortilèges sur l'être aimé, en profitant de la proximité forcée.

Mais on peut également agir avec adresse et habileté également dans les rayons du supermarché ; l'important est que la personne en question ne s'aperçoive pas des manœuvres dont elle est l'objet.

Séduction (gratuite) à la carte bleue

[173] De nos jours, chacun de nous ou presque se sert d'au moins une carte de crédit. Le fait que celles-ci fonctionnent avec une bande magnétique en fait un excellent instrument pour pratiquer certains sortilèges.

En effet, la bande magnétique qui se trouve sur le verso de ces cartes est très utile comme vecteur des messages amoureux codifiés de manière à conditionner le comportement de celui qui porte toujours cet objet sur lui. Il est indispensable que l'opérateur dispose lui-même d'une carte de crédit et qu'il se procure une photographie de l'être aimé.

A l'aube d'un vendredi, se placer près d'une fenêtre en se concentrant sur les premières lueurs du matin. Tenir la photo dans la main gauche, et la carte de crédit dans la main droite. Les superposer de façon que le visage de la personne se trouve au-dessus de la face magnétique. Les tenant entre les mains jointes, se concentrer profondément, et répéter mentalement la formule: « *Je t'aime, je te désire, je t'attends. L'argent que tu as entre les mains est favorable à mon amour. Viens vers moi, je te désire, je t'attends* ».

Ensuite, se rendre à la banque où la personne a l'habitude de prélever de l'argent au guichet automatique, et y insérer sa propre carte. Le message s'y infiltrera, en attente de se déposer sur la bande magnétique de la carte de l'être aimé lorsqu'il (ou elle) fera un prélèvement, et demeurera sur l'intéressé(e), dans son portefeuille, dans sa poche ou dans son sac, rayonnant d'intenses énergies de désir qui finiront bien par l'atteindre au plus profond de lui/elle-même.

A saupoudrer à la caisse

[174] S'arracher six cheveux. Brûler les trois premiers et en réserver les cendres. Découper minutieusement les trois autres et mélanger le tout avec de la poudre d'encens en quantité suffisante pour obtenir une poignée de poudre, que l'on verse dans un sachet vert.

Trois nuits de suite, dormir avec le sachet près de son oreiller et essayer de s'endormir en pensant à la personne désirée.

Il ne reste plus ensuite qu'à passer à l'action : se rendre au supermarché et faire ses courses en même temps que lui (elle) et faire en sorte de se retrouver dans la file, à la caisse, immédiatement derrière le destinataire de cet envoûtement.

Tandis qu'il (elle) est distrait(e), d'un geste rapide, parsemer la poudre sur les courses contenues dans son caddie. La personne désirée, quand elle aura respiré la poudre en déballant ses courses, devrait tomber amoureuse de l'auteur de l'envoûtement.

Par ici la monnaie...

[175] Les billets de banque passent de main en main, se chargeant des innombrables émanations de tous ceux qui les touchent.

Une bonne stratégie consiste à imprégner magiquement un grand nombre de petites coupures (ceux de cinq et dix euros sont idéaux) et de les mettre massivement en circulation dans la supérette dans laquelle se rend la personne que l'on veut attirer.

Se procurer un grand nombre de billets de cinq et dix euros (au moins une cinquantaine afin d'avoir une bonne probabilité qu'au moins l'un d'eux finisse dans la main de l'être désiré) et, sur chacun d'eux, écrire en caractères minuscules le prénom de la personne à conquérir, avec, en-dessous, son propre prénom, de façon que le tout soit illisible. Parfumer les billets avec le parfum de Vénus (voir recette), puis aller faire des courses à plusieurs reprises dans la même journée, en choisissant à chaque fois une caisse différente afin de distribuer les billets de banque entre les différentes caisses.

Payer uniquement avec les billets magiques, en ne se souciant pas des éventuelles remarques des employés. Quand l'argent ainsi « *préparé* » entrera en possession de la personne désirée, il se créera un lien magique qui l'attirera inexplicablement, la poussant à vous adresser la parole à la première rencontre, s'il s'agit d'un(e) inconnu(e), ou à vous téléphoner, si il/elle a votre nom, adresse et numéro de téléphone.

Magies au bureau

En général, les bureaux modernes sont équipés de nombreux appareils électriques et électroniques : ordinateurs, calculatrices, téléphones à circuit intégré, photocopieuses et autres machines à écrire. Il est tout à fait possible et d'une efficacité prouvée d'appliquer des sortilèges traditionnels et des substances magiques aux organes de ces machines qui, dans la journée, sont touchées, fixées des yeux et même respirées par la « victime ».

Aspersion fleurie du téléphone

[176] Si la personne que l'on veut conquérir passe beaucoup de temps au téléphone, cette recette magique, basée sur le pouvoir des fleurs, sera

des plus utiles. Prendre un morceau de coton et le placer dans une petite écuelle, en le recouvrant entièrement de fleurs de mimosa.

Faire bouillir, durant cinq minutes, des boutons de rose secs avec une pincée de poudre d'ambre gris et laisser reposer toute la nuit. Au matin, se lever de bonne heure et se concentrer en essayant de visualiser le visage de la personne désirée dans les moments où elle est occupée au téléphone pour son travail.

Tremper le coton dans la décoction et se rendre au bureau en s'arrangeant pour y arriver le premier. A ce stade, bien frotter le téléphone de l'être aimé, surtout l'émetteur et le récepteur. Les jeux sont faits : en communiquant avec d'autres personnes, il (elle) absorbera peu à peu toute la force de votre désir. On peut renouveler l'aspersion magique tous les jours, jusqu'à ce que l'on arrive à ses fins, lors d'un pot de bureau ou un repas à la cantine...

Allo ! Allo !, qui est à l'appareil ?

[177] On peut opérer magiquement par téléphone en appelant la personne désirée en simulant une erreur. De nos jours, de tels appels sont fréquents ; l'important est de ne pas éveiller les soupçons du receveur en tâchant d'avoir le ton le plus persuasif possible.

Réitérer l'appel trois fois, en insérant dans la conversation, la première fois, l'expression « *Je veux* », la deuxième fois « *Je désire* » et la troisième fois le mot « *Vite* ». Avoir soin d'enregistrer la voix de la personne qui répond et, la nuit succédant au troisième appel, en la réécoutant, brûler une bougie rouge et prononcer la formule : « *Je te veux vite, je te désire vite, au nom de la force occulte, comme je t'appelle tu m'appelleras* ».

Cette formule contient les trois expressions dites par téléphone : elles entreront en action et il se peut qu'au bout de quelques jours la sonnerie du téléphone retentisse pour un rendez-vous galant.

Messages magnéto-photocopiques

[178] Ce sortilège est basé sur le principe que la trace magnétique laissée sur un instrument par une personne aura un pouvoir rétroactif sur elle, qui l'a involontairement produite. Dans ce but, on peut utiliser une photocopieuse.

Si l'être aimé s'en sert souvent, on procède de la manière suivante. À l'aide d'une forte loupe et d'un stylo à pointe ultra-fine, du type de ceux qu'utilisent les architectes, inscrire sur une étiquette autocollante, en caractères invisibles à l'œil nu, les lettres ASX , ainsi que les initiales des prénom et nom de la personne désirée et ses initiales des prénom et nom de la personne qui désire être aimée.

A l'œil nu, cette formule doit apparaître comme un point minuscule. Découper soigneusement ce « *point* » et l'appliquer à un angle du plateau vitré de la machine, de façon qu'il regarde vers le papier sensible. Ainsi, chaque photocopie sera marquée par ce sortilège ; plus l'être aimé fera de photocopies, plus grand sera son effet, et son intérêt envers celui/celle qui l'a envoûté(e).

Magies en voiture

La voiture est désormais devenue un environnement à part entière où nombre de personnes passent de longs moments de leurs journées. Souvent, la voiture est le prolongement de sa propre habitation, que l'on cherche à rendre pratique et confortable et que l'on décore avec de petits objets familiers.

Il s'agit donc d'un lieu fortement chargé de résonances affectives et, de ce fait, très utile pour celui qui veut réaliser des actions magiques efficaces.

Le plein de carburant

[179] Voici un sortilège très puissant qui consiste à ajouter au carburant des vecteurs de magnétisme érotique. Préparer une poudre avec du sel, de

la verveine, de l'encens de résine, des poils de son propre corps et un fragment de vêtement dont on fait une pâte à l'aide de sa salive.

Avec cette pâte, former trois petits granules que l'on laissera tomber dans le réservoir de la voiture de la personne désirée. Pendant que la voiture avale les kilomètres, le cœur de son conducteur/conductrice commencera à brûler pour le réalisateur/réalisatrice de cet *« additif énergétique »*.

Cœur baladeur

[180] Se procurer ou découper un petit cœur de cire rouge. Graver dessus, avec une aiguille, de préférence en argent et, dans tous les cas, jamais utilisée, son propre prénom et celui de la personne aimée. Coller ce petit cœur sous le pare-chocs avant de la voiture de la personne désirée. Les deux cœurs, celui de l'envoûteur/euse et celui de l'envoûté(e) voyageront ensemble, chacun dans leur poitrine respective.

Pulvérisation pour pare-brise

[181] Diluer dans de l'eau distillée 20 gouttes d'infusion de laurier, 20 gouttes d'alcool pur et 2 gouttes de son propre sang. A l'aide d'un pulvérisateur de jardin soigneusement stérilisé, asperger le pare-brise et les vitres de la voiture de l'être aimé en répétant l'invocation : *« De l'eau au désir, du désir à l'amour, X...(nom de la personne), tu seras bientôt à moi »*.

Répéter périodiquement cette opération, surtout après la pluie et le givre qui éliminent cette pulvérisation magique.

Première rencontre :
qui est-il/elle vraiment ?

Quel genre d'homme...

[182] Les *joueurs* ont le coude le plus court qu'il ne faut,

les *voraces* ont la distance de la poitrine au nombril plus longue que de la poitrine au col,

les *luxurieux* ont la peau blanche, et sont poilus, ont les cheveux droits, épais et noirs, les tempes poilues, l'œil gras et lascif...

Femme aux bijoux

[183] (Langage des bagues et bracelets)

Si une femme porte :

— une bague à l'index : Je veux bien que nous nous aimions.

— Une bague au médius : J'ai déjà donné mon cœur.

— Une bague à l'annulaire : N'y pensez pas ! je suis déjà mariée (ou fiancée).

— Une bague au petit doigt : Je veux coiffer sainte Catherine.

— Un bracelet au poignet droit : Je suis libre, mais n'accepterai que le mariage.

— Un bracelet au poignet gauche : Je suis libre pour l'union que vous désirez.

— Un bracelet aux deux poignets : Rien à faire, je suis enchaînée !

Fais voir tes mains...

[184] Une *main* potelée est signe de sensualité.

Des *doigts* effilés annoncent la finesse et la dextérité ;

des *doigts* courts et arrondis la paresse et la pesanteur de l'esprit.

Les *ongles* allongés et étroits annoncent de la distinction.

Par le bout du nez...

[185] Un *nez camard* est signe de luxure.

Une *petite narine* est signe de timidité et d'indécision.

Lorsque les *ailes du nez* sont bien dégagées, bien mobiles, elles dénotent une grande délicatesse de sentiment, mais aussi beaucoup de sensualité.

Une *narine vibrante* indique un tempérament facile à s'emporter.

Un *nez qui se courbe* en haut de la racine est signe d'un tempérament autoritaire.

Un *nez droit* annonce la gravité.

Un *nez allongé et recourbé* est signe de créativité.

Théo...rides

[186] Les rides transversales sur le *front* annoncent la réflexion et souvent la tristesse.

Les plis à l'angle de l'extérieur de *l'œil* la gaieté et l'insouciance.

Les plis au coin de la *bouche* l'amertume et la causticité.

Les petites rides horizontales sur les ailes du *nez* entre l'œil et la narine indiquent la finesse de l'esprit. Lorsque la grande ligne qui dessine la joue en descendant le long des narines et des coins de la bouche est très prononcée, elle est le signe d'un caractère fougueux et énergique.

Dans le bleu de tes yeux...

[187] Les *yeux fendus* en amande annoncent la tendresse ;

les *yeux ronds* la stupidité.

(Extraits du « Dictionnaire de phrénologie et de physiognomonie à l'usage des artistes, des gens du monde, des instituteurs, des pères de famille, des jurés, etc. » publié en 1836)

Comment interpréter le caractère des gens par leur physique

(d'après Les secrets du grand et du petit Albert)

Cheveux

[188] L'homme qui a les cheveux plats, longs, de couleur blanche ou bonde, fins et doux à manier, est naturellement timide, peu fort, pacifique dans les compagnies, et toujours bien venu, et agréable partout où il se trouve.

Celui qui a de gros cheveux, rudes et courts, est fort intrépide, hardi, inquiet, superbe, le plus souvent fourbe et menteur, curieux des belles choses, plus simple que sage, quoique le bonheur l'accompagne toujours.

Les cheveux crépus marquent un homme de dure conception ou d'une grande simplicité, et qui a souvent les deux ensemble.

Ceux qui ont beaucoup de cheveux sur les tempes et sur le front sont simples, glorieux, sujets à la luxure, se fient facilement aux autres, croient tout ce qu'on leur dit ; ils ont peu d'esprit, et son grossiers dans leurs discours, et toujours de mauvaise humeur.

Les cheveux rudes, frisés et ressemblant à une perruque, rendent l'homme très simple, hardi, superbe, de dure conception, facile à se mettre en colère, menteur, luxurieux, méchant, et enclin à faire du mal.

Celui qui a des cheveux qui firent et qui s'élèvent tant soit peu sur le front, en sorte qu'il soit large et fort haut, est simple, ni bon ni méchant ; mais fort propre pour la musique.

Ceux qui ont des cheveux épais par toute la tête sont luxurieux, de digestion facile, superbes, faciles à croire, négligents, de peu de mémoire, curieux, et malheureux.

Les cheveux roux marquent un homme envieux, malin, trompeur, superbe et médisant.

Les cheveux fort blonds marquent un homme propre à tout, aimant l'honneur et vaine gloire.

Les cheveux noirs rendent l'homme capable de venir à bout de ses entreprises ; lus porté à faire du bien que du mal, prêt à rendre service, laborieux, secret et heureux.

Les cheveux blanchâtres, ou de couleur verte et d'azur, dénotent un homme honnête, parfait, craintif, honteux, faible, grand de jugement, d'une médiocre capacité.

L'homme qui a médiocrement de cheveux et d'une couleur commune, est agréable, plus enclin au bien qu'au mal, aimant le repos, et à être propre, et de bonnes mœurs.

Ceux qui, pendant leur jeunesse, ont les cheveux blancs, sont changeants, sujets à la luxure, superbes, inconstants et grands parleurs.

Bouche

[189] La bouche grande et large, lorsqu'on la ferme ou qu'on l'ouvre, marque qu'un homme est menteur, sans honte et qu'il se plaît à faire la guerre, il est grand parleur, mange beaucoup ; il a l'esprit grossier, il est avare et un peu fou.

La bouche petite d'ouverture et d'entrée est signe qu'un homme est pacifique, timide, fidèle, secret, avare, libéral, honteux, savant, et ne mange pas beaucoup.

Ceux qui ont mauvaise haleine, et le souffle puant, ont le foie offensé, sont ordinairement menteurs, vains, lascifs, trompeurs, d'une petite capacité, fins pour surprendre, envieux, curieux, assez libéraux à leurs amis ; ils aiment à dire et à apprendre des nouvelles, crédules, et plus simples que sages.

Celui qui a le souffle doux et de bonne odeur, marque un homme propre à prendre et à donner, prudent, secret, bien fait, beau, crédule, et qui change facilement de côté et d'autre.

La bouche blanche, maigre ou grasse, marque un homme glorieux, vain, timide, lascif, menteur, passablement prudent, violent dans la colère, et dédaigneux.

La bouche grasse et petite, sur laquelle il paraît des veines, marque un homme toujours malheureux, faible, timide, paresseux, peu délicat, crédule, et qui se tourne de tous côtés comme une girouette.

Dents

[190] Les dents qui sont petites, faibles, en petit nombre, courtes, marquent qu'un homme est faible, a de l'esprit, et d'une capacité délicate, honnête, juste, fidèle secret, timide, d'une vie courte, et propre au bien comme au mal.

Les dents ne sont pas égales en quantité, à cause de la disposition des gencives, comme quand les unes sont serrées, les autres écartées, ou rares et épaisses, montrent qu'un homme est prudent, a de l'esprit, est hardi, dédaigneux, envieux et facile à se tourner du côté que l'on veut.

Ceux qui ont les dents fort longues et aiguës, un peu écartées et fortes sont envieux, gourmands, effrontés et sans honte, menteurs, faussaires, infidèles et soupçonneux.

Ceux qui ont des dents de couleur de citron, soit qu'elles soient courtes ou longues, ont plus de folie que de sagesse, sont d'un tempérament grossier, crédules, d'un esprit bouillant, ordinairement fourbes, menteurs, envieux du bien d'autrui et soupçonneux.

Les dents grosses et larges, soit qu'elles sortent dehors, soit qu'elles soient écartées ou épaisses, montrent qu'un homme est superbe, lascif, d'un tempérament fort, crédule, simple, faussaire, menteur, et d'une petite capacité.

Les dents épaisses et fortes dénotent un homme de longue vie, curieux des belles choses, d'une conception dure, d'un esprit grossier, courageux, beaucoup adonné et opiniâtre dans son sentiment, qui aime à dire et à apprendre des nouvelles, et est crédule.

Les dents qui sont faibles, petites, en petit nombre et minces, font connaître que l'homme est faible, d'une vie courte, prudent, de bonne conception, crédule, ordinairement honteux, traitable, doux, honnête, et qui aime la justice et la droiture.

Celui qui a des dents en grand nombre et bien serrées, vivra longtemps, est sujet à la luxure, grand mangeur, hardi, fort et discret, et suit son sentiment.

Lèvres

[191] Les lèvres qui sont fort grosses, et repliées en dehors, marquent qu'un homme est plus simple que sage, d'un tempérament propre à tout.

Les lèvres minces qui sortent en dehors montrent qu'un homme est discret, secret en toutes choses, prudent, sujet à la colère, et a beaucoup d'esprit.

Celui qui a les lèvres d'une belle couleur, plus déliées que grosses, est bien tempéré en tout, facile à changer, et à se tourner plutôt du côté de la vertu que du vice.

Ceux qui ont des lèvres inégales, et dont l'une est plus grande que l'autre, ont plus de simplicité que de sagesse, sont d'un esprit grossier, d'un jugement lent, et éprouvent tantôt la bonne, et tantôt la mauvaise fortune.

Cou

[192] Celui qui a le cou long a les pieds longs et déliés, et est simple, peu secret, timide, faible, envieux, fourbe, menteur, ignorant et changeant facilement.

Lorsque le cou est court, l'homme est prudent, avare, trompeur, secret, constant, discret, sujet à se fâcher, ingénieux, d'un vaste entendement, assez fort, aime la paix, et se plaît à commander.

Bras

[193] Les bras qui vont jusqu'aux genoux, quoique cela arrive rarement, marquent un homme libéral, hardi, superbe, violent dans ses fantaisies, faible, simple, qui songe peu à ce qu'il fait, et glorieux jusqu'à la sottise.

L'homme qui a les bras fort courts, à proportion de son corps, est courageux, ingrat, hardi, envieux, superbe, sot et avare.

Celui qui a les os des bras gros, et charnus tout ensemble, est fort superbe, assez présomptueux, envieux, curieux des belles choses, et convainquant.

Lorsque les bras sont gras et pleins de muscles, l'homme est glorieux jusqu'à la sottise, curieux, plus fou que sage dans ses entreprises.

Quand les bras sont velus, soit qu'ils soient maigres ou gras, et peu charnus, c'est une marque que la personne est luxurieuse, d'une petite capacité, faible, fort jalouse et assez méchante.

Les bras qui n'ont point du tout de poils marquent un homme d'une médiocre capacité, violent dans sa colère, facile à croire, vain, lascif, menteur, faible, trompeur, et subtil à faire du mal.

Chair

[194] La chair molle et tendre par tout le corps marque un homme faible, heureux, timide, d'un bon jugement, d'une médiocre capacité, qui mange peu, fidèle, qui a plutôt la fortune contraire que favorable.

Ceux qui ont la chair dure et rude, sont forts, hardis, de dure conception, vans, superbes, plus fous que sages, et toujours malheureux.

Lorsque la chair paraît grasse et blanche, on est vain, glorieux jusqu'à la sottise, stupide, sans mémoire, fort curieux, un peu timide, pudique, modeste, prudent, méchant, menteur, et difficile à croire ce que l'on dit.

Côtes

[195] Les côtes grasses et charnues marquent un homme fort, lent, très simple.

Les côtes déliées, minces et peu couvertes de chair, marquent un homme faible, peu propre au travail, prudent, malin, de conscience, et juste.

Dos

[196] Le dos velu, maigre et bien élevé, marque un homme sans honte, malin, brutal, d'un jugement pervers, faible, peu accoutumé à la fatigue, et paresseux.

Celui qui a le dos grand et gras est fort, grossier, vain, lent, paresseux, et enclin à la friponnerie.

Lorsque le dos paraît mince et large, plus maigre que gras, l'homme est faible, de couleur pâle au visage, vain, querelleur, crédule.

Cuisses

[197] Les cuisses velues, dont les poils sont rudes, marquent un homme paillard et fort propre au combat amoureux, et dont le sperme est excellent pour la conception ; au contraire, celui qui n'a que peu de poils aux cuisses n'est guère luxurieux, est assez chaste, et n'engendre pas fort facilement.

Lorsque la cuisse est mal faite, c'est signe qu'un homme est faible, timide, peu amoureux du coït, et volage comme une girouette.

Chevilles

[198] Les chevilles grosses, grasses, et bien fortes et élevées, marquent qu'un homme a de la pudeur, qu'il est timide, craintif, faible, peu laborieux, prudent, fidèle et traitable.

Ceux qui ont les nerfs qui paraissent sur les chevilles, avec des veines, sont hardis, forts, superbes et violents.

Aphrodisiaques

Talismans

Boite d'allumettes pour mettre le feu...

[199] Si une femme désire que son partenaire ait une forte érection et fasse preuve d'une inhabituelle puissance sexuelle, elle procédera ainsi (à son insu) : écrire son nom et prénom sur du papier rouge, à l'encre noire ; plier le papier en sept puis le placer dans une boite d'allumettes. Le cacher un vendredi près du lit où ont lieu les ébats amoureux pendant 7 jours, puis jeter la boite dans une eau vive, si possible bouillonnante (torrent ou chute d'une écluse).

Carré magique de Vénus

Le carré magique de Vénus est un talisman contribuant à la conception, chez la femme, et au renforcement, chez l'homme, de la puissance copulatrice. Il consiste en les chiffres suivants, gravés sur une plaque d'argent que l'on portera sur soi en pendentif :

22	47	16	41	10	35	4
5	23	48	17	42	11	29
30	6	24	49	18	36	12
13	31	7	25	43	19	37
38	14	32	1	26	44	20
21	39	8	33	2	27	45
46	15	40	9	34	3	28

Jouer avec le jade

[200] Silicate d'aluminium et de sodium blanc, vert jaune ou violet, le jade est une pierre si résistante que les hommes préhistoriques en faisaient des outils. Très populaire en Asie (les bouddhas de jade symbolisent puissance et équilibre), le jade aide à combattre l'inquiétude, les rhumatismes, renforce les reins, et est bénéfique à la femme enceinte.

Le jade, toujours en Asie, est une pierre éminemment sexuelle : la *tige de jade* désigne le sexe masculin, la *porte de jade* (ou le *mur de jade*, selon les circonstances) symbolise le sexe féminin, le *liquide de jade* réunit sécrétions et sperme émis lors de l'acte amoureux, et *jouer avec le jade* n'est pas essayer ses bijoux devant un miroir, mais faire l'amour... Porté en amulette, le jade, qui symbolise la perfection suscite la bonté et la tolérance, aide à la régénération intérieure et ajoute à la puissance sexuelle.

La pierre de jade a, aux yeux des Chinois, des propriétés occultes. Un de leurs livres sacrés lui compare le Sage, car, y est-il dit : « *Son éclat tempéré est humain ; sa dureté ressemble à la science sûre d'elle ; ses angles que rien n'émousse représentent la justice ; le son qu'il rend quand on le frappe est pur, harmonieux et exprime la joie ; son éclat est sans tache ; sa substance est celle de l'arc-en-ciel* ».

Jusquiame en racine

[201] Le suc de la racine de jusquiame contribue beaucoup à donner de l'amour, et à se servir du coït. Ceux qui veulent se faire aimer des femmes n'ont qu'à la porter sur eux ; car ceux qui en portent sont joyeux et fort agréables.

(Secrets du Grand et du Petit Albert)

Molaire à spasme

[202] Si la femme est trop lente à éprouver le spasme, prendre une molaire d'homme et l'os de l'aile gauche d'une huppe, et les mettre subrepticement dans un petit sac sous l'oreiller du lit d'amour.

(Secrets du grand et petit Albert)

Muscade du toujours partant

[203] Qui veut être toujours sexuellement disponible doit envelopper une noix de muscade dans un carré de tissu blanc et le garder sur lui en évitant que ce talisman n'entre en contact avec des objets étrangers à son porteur.

Pomme de pin des deux Saint-Jean

[204] Une pomme de pin cueillie le jour de la Saint-Jean ou dans la nuit du 31 décembre est un talisman qui aide à la fécondité des femmes et à la virilité des hommes.

Les délices du réglisse

[205] Avoir sur soi du réglisse provoque l'attirance sexuelle et augmente le désir de l'acte vénérien.

Bracelet à la corne de rhinocéros

[206] La corne de rhinocéros, en amulette autour du cou ou du poignet, fortifie le cœur, provoque d'abondantes sueurs et, réduite en poudre, passe pour un aphrodisiaque très efficace.

Du thym dans le pantalon…

[207] Porté dans un petit sac en amulette, le thym donne dynamisme et courage. Cela si on met cette petite bourse sur sa poitrine ; mais si un homme la cale dans son entrejambes, maintenue par un caleçon, il pourra glorieusement honorer la dame avec laquelle il a rendez-vous.

Verge magique à la barbe de bouc

[208] Se procurer une touffe de barbe de bouc et la faire enchâsser par un ciseleur dans une baguette d'argent. Ce bijou, quand il est porté par un homme (jeune), exacerbe sa virilité et aussi sa force physique.

Verveine vigoureuse

[209] La verveine rend amoureux, parce que son suc fait beaucoup de sperme. De plus, si quelqu'un la porte sur soi, il sera fort vigoureux dans le coït, pourvu qu'il n'ait rien d'autre que cette herbe.

(Secrets du Grand et du Petit Albert)

Préparations à base de plantes

Plein la tête… d'ail

[210] Pour avoir une virilité constante : écraser 3 têtes d'ail dans un verre d'eau, y ajouter une pincée de sel, mélanger. Laisser le verre une nuit exposé à la clarté lunaire. Le matin boire le contenu du verre. Renouveler l'opération pendant un mois, les jours impairs.

Tisane anisée

[211] Tisane aphrodisiaque : mélanger 2 cuillerées à soupe d'anis vert, 3 cuillerées à soupe de feuilles d'eucalyptus, 4 cuillerées à soupe de thym, 4 cuillerées à soupe de romarin, 5 cuillerées à soupe de feuilles de menthe. Chaque partenaire doit boire, deux fois par jour, entre les repas, un tasse de cette tisane (1 cuillerée à soupe du mélange infusée 20 minutes dans de l'eau chaude) durant trois semaines. Ne pas allez au-delà. Si l'on veut recommencer le traitement, attendre une semaine entre deux cures.

Dix femmes à la fois...

[212] Exposer du suc de bhuya-kokali (solanum jacquini) au soleil jusqu'à dessiccation, y mêler du beurre clarifié, du miel et du sucre candi. Cet excitant permettrait à un homme de contenter dix femmes !

(Kama Soutra)

Omelette aux asperges

[213] L'asperge est bien connue pour sa valeur gastronomique, mais peu savent qu'elle est aussi un aphrodisiaque. Ces vertus, connues depuis l'Antiquité, en ont fait un des mets les plus appréciés de beaucoup de personnages célèbres. L'asparagine qu'elle contient donne à l'urine une odeur particulière, dont il ne faut pas se soucier.

Cure : une recette appétissante et aphrodisiaque, pour le dîner, est constituée d'asperges bouillies et d'œufs frits, à déguster sans sel.

Coriandre bain ou infusion ?

[214] La coriandre est une plante originaire de l'Orient, dont les graines, de la dimension des graines de camomille, ont des propriétés aphrodisiaques. Fraîches, elles ont une très mauvaise odeur, mais, une fois sèches, elles deviennent aromatiques, ce qui les rend très appréciées dans la

cuisine. Riches en huile essentielle, elles doivent être conservées dans un endroit frais et sec.

Cure : préparer une infusion avec 10 graines de coriandre séchées, la sucrer avec du miel, ou bien prendre un bain dans de l'eau brûlante dans laquelle on a versé de l'huile essentielle de coriandre : il sera agréablement stimulant, surtout si on le prend avec la personne aimée.

Dur comme un pilon à broyer du riz...

[215] Pour que le membre viril devienne dur comme un pilon à broyer du riz : prendre des bilva (noix du semicarpus anacardium), du sel noir, des feuilles de fleurs de lotus, le tout réduit en cendre, et trempé dans du suc de solanum épineux. On l'applique sur le membre défaillant, après l'avoir enduit d'excrément de moufflonne.

(Kama-Sutra)

Chewing-gum au laurier-sauce

[216] Mâchée, la feuille de laurier-sauce peut avoir des effets aphrodisiaques grâce à la légère ivresse qu'elle provoque. Il est cependant nécessaire que la personne désirée soit consentante car il est impossible d'amener qui que ce soit à mâcher à son insu une feuille aussi coriace que celle du laurier.

Ne pas confondre le laurier-sauce, dont les larges feuilles parfument les ragoûts, et le laurier-rose, aux feuilles effilées qui, lui, peut donner des palpitations cardiaques.

Datte fourrée

[217] Si une femme veut redonner à son mari l'ardeur qui semble lui faire défaut, chaque soir, durant sept jours, elle s'introduira une datte là où il ne la visite plus, et le matin s'arrangera pour la faire manger à son époux (sans lui en indiquer la provenance).

(Magie arabe)

Préambule à la figue de barbarie

[218] Nom commun de l'oponce (ou opuntia), la figue de barbarie est une plante grasse et épineuse (cactus), très répandue dans toute la zone méditerranéenne. Ses fruits sont de forme ovoïde, avec une enveloppe externe dont la couleur varie du jaune au rouge, protégeant une pulpe sucrée. Ces fruits doivent être cueillis dans la période de leur pleine maturation. Leur forte teneur en sucres rapidement assimilables les rend précieux à ceux qui ont besoin d'accroître leur énergie en vue d'activités particulièrement exigeantes.

Cure : manger 5 figues de Barbarie une demi-heure avant un rapport sexuel.

Fumigation intime

[219] La femme prépare une fumigation en faisant bouillir, dans du vin blanc doux, la plus grande variété possible d'herbes aromatiques. Elle les introduit profondément dans son vagin et dès qu'elle sent un léger picotement, elle en avertit son partenaire, car c'est le meilleur moment pour l'union charnelle.

Cocktail au ginseng

[220] Le ginseng est un aphrodisiaque universellement connu. Originaire de Corée, cette plante doit son nom à la forme vaguement anthropomorphe de sa racine (en chinois, *jen-shen* signifie plante-homme). Il s'agit surtout d'un puissant tonique : il élimine ces troubles qui peuvent être à l'origine d'une vie sexuelle problématique, comme le stress physique et émotif, les problèmes circulatoires, etc. Son action régénérante du système nerveux le rend également tout indiqué dans le traitement de l'artériosclérose.

L'effet stimulant du ginseng est amplifié par son mariage avec sept autres plantes médicinales : arnica, aubépine, gui, millepertuis, lavande, mélisse et potentille qui forment le *tai-ginseng*, dont on se sert pour soigner les cas les plus désespérés.

On trouve le ginseng en herboristerie sous diverses présentations. Se faire conseiller la forme la mieux adaptée à son cas.

Bain au gingembre

[221] Prendre, après un bain, un mélange de gingembre, clous de girofle, noix de muscade, noix du Sahara, aristoloche et lavande sauvage cuits ensemble donne à l'homme force et vigueur pour le déduit.

(Magie arabe)

Câlin à la cannelle

[222] La cannelle provient d'un arbre semper virens originaire de Ceylan, dont on utilise l'écorce séchée en longues bandes de couleur marron. Elle possède des propriétés stimulantes, aphrodisiaques et aromatiques, mais, comme toutes les drogues, elle doit être employée avec prudence.

Mettre 2,7 g de cannelle dans une bouteille d'un litre de gin et laisser reposer pendant cinq jours. Après quoi, en boire un petit verre, pas plus, après le dîner. Délicieuse, cette boisson fait disparaître pratiquement tous les problèmes sexuels.

Épinglé(e) au clou de girofle

[223] Arbre originaire des îles Moluques, également répandu à Madagascar, dont on prélève les boutons que l'on fait sécher, appelés *« clous de girofle »*, largement utilisés en cuisine. Ils agissent comme stimulants des cinq sens, ainsi que comme digestifs et analgésiques de la cavité orale.

En prévision d'une étreinte que l'on espère passionnée, mettre quelques gouttes d'essence pure de girofle sur les pouces et dans le creux du cou ; même la personne la plus indifférente en sera heureusement stimulée.

Vin de mandragore

[224] Qui veut user d'un aphrodisiaque puissant ajoutera une demi-pincée de feuille de mandragore femelle séchée à un verre de vin ou de jus de raisin. Ne pas dépasser la dose, car les effets de la mandragore sont puissants. On veillera à ne pas utiliser trop fréquemment cette potion, car la mandragore peut s'avérer nocive pour la santé.

Les mandragores sont des plantes de la famille des solanacées.

La Mandragore est une herbacée, sans tige, avec de grandes feuilles molles près du sol, comme de la laitue. Les fleurs d'automne, blanches ou mauves, donnent naissance à des baies jaunes ou rouges. La racine est une rave, brune à l'extérieur, blanche à l'intérieur, d'une taille pouvant atteindre 60 à 80cm, lourde de plusieurs kilos. Le suc qui en est extrait aurait des vertus sédatives, hypnotiques et hallucinogènes, mais aussi des propriétés aphrodisiaques.

Les baies de mandragore sont appelées Pommes du Diable ou Pomme d'Amour dans les pays du Maghreb, en raison des rêves érotiques qu'elle provoque. En effet, la scopolamine contenue dans la plante est un narcotique qui provoque un sommeil plein de rêves, mais après avoir été précédé d'une phase d'excitation.

Leurs racines évoquent, grossièrement, le corps humain. C'est la plante préférée des sorciers médiévaux. On la cueille sous les potences, car l'on croit qu'elle est générée par le sperme des pendus... Mais dans l'Antiquité, déjà, elle est considérée comme magique : selon la tradition juive, elle aurait fait ses premières racines dans le jardin d'Eden ; pour les Grecs et les Romains, la mandragore fait naître l'amour, guérit de la stérilité et multiplie les pièces d'or et d'argent.

Mais il faut se méfier des fausses mandragores ! Voici ce que révèle Jacques Grévin, dans *De l'imposture des diables*, édités en 1662 :

« Les imposteurs gravent les racines pendant qu'elles sont encore vertes, leur donnent la forme d'un homme ou d'une femme, et fichent de la graine de millet ou d'orge là où ils veulent que le poil naisse. Puis ayant fait un trou en terre, ils l'enfouissent et la recouvre de sable jusqu'à ce que les petits grains aient jeté leurs racines, ce qui se fait en vingt jours. Ils la retirent, et avec un couteau bien tranchant, ils rognent les petits filaments des grains afin qu'ils ressemblent à la barbe, aux cheveux et aux autres poils du corps. Ils font croire aux peuple sot et niais que ces racines qui représentent un homme ou une femme ne peuvent être tirées de la terre qu'avec un très grand péril, et que pour les tirer, ils y attachent un chien dont ils bouchent les oreilles avec de la poix, comme ils ont bouché les leurs, de peur d'entendre les cris de la racine ; car ces cris sont mortels à qui les perçoit. Les vertus de cette racine *« humaine »* sont multiples : elle peut notamment calmer les tempêtes et mettre fin aux calamités. » Toutefois, précise Jacques Grévin, *« ce ne sont que folies. »*

Hypocrate, l'un des fondateurs de la médecine (460-380 av JC), préconise son usage par voie interne en alcoolat à titre antidépresseur, antispasmodique et sédatif, ainsi que par voie externe pour les injections vaginales ou dans le traitement des hémorroïdes. Apulée au IV° siècle, dans un traité consacré aux plantes médicinales, précise: *« Si l'on doit couper ou cautériser quelque membre, ou y porter le fer, que le patient boive une demie once de mandragore dans du vin, et il dormira jusqu'à ce que le membre soit coupé, sans éprouver aucune douleur »*.

En magie, la mandragore est considérée comme sexuelle : la plante mâle est la mandragore blanche, avec une grosse racine, noire à l'extérieur et blanche à l'intérieur. La mandragore femelle est noire ; elle est semblable à la plante mâle, mais sa racine est fourchue.

On a longtemps prétendu que la mandragore poussait sous les échafauds car tirant l'essentiel de sa nourriture du sperme éjaculé par les pendus...

Pour qui entrera en possession d'une racine de mandragore, qu'il la lave avec du vin, chaque vendredi après-midi, puis l'enroule dans une pièce de soie rouge ou blanche, que l'on changera tous les vingt-huit jours, à chaque nouvelle lune...

Flirt à la marjolaine

[225] Pour faire danser une fille nue en chemise, prendre de la marjolaine sauvage, de la franche marjolaine, du thym sauvage, de la verveine, des feuilles de myrte, avec trois feuilles de noyer et trois petites souches de fenouil, tout cela étant cueilli la veille de la Saint-Jean, au mois de juin, avant soleil levé. Il faut les faire sécher à l'ombre, les mettre en poudre et les passer au fin tamis de soie. Et lors d'un joli badinage, il faut souffler cette poudre en l'air à l'endroit où est la fille, en sorte qu'elle la puisse respirer, ou lui faire prendre en guise de tabac, et l'effet suivra de près. Un fameux auteur ajoute que l'effet sera encore plus infaillible si cette expérience gaillarde se fait dans un lieu où il y a des lampes allumées avec de la graisse de lièvre et de jeune bouc.

Tisane amazonienne

[226] Pour renforcer sa virilité : mettre 20 g de muirapuama (arbuste amazonien, sa poudre est en vente en pharmacie) et un demi-litre de jus de fruit dans une casserole. Couvrir et chauffer lentement. Éteindre dès l'ébullition. Laisser infuser 20 minutes. Puis filtrer et verser dans une bouteille. Prendre, 3 fois par jour 3 cuillerées à soupe du breuvage, ou un verre plein une heure avant de rejoindre sa partenaire.

Saler muscade

[227] Ingrédient important de nombreuses recettes, la noix de muscade est originaire des Moluques. En dépit de son nom, elle est à peine un peu plus grosse qu'une noisette, de couleur marron brûlé, avec une odeur très particulière, piquante mais non désagréable, qui lui doit d'être également très utilisée en parfumerie. La noix de muscade a des propriétés aromatiques, stimulantes et digestives.

Cure : pour ses vertus aphrodisiaques, utiliser la noix de muscade comme condiment chaque fois qu'on l'estime nécessaire.

Dans la ligne de myrrhe

[228] Pour renforcer le membre viril en grosseur, vigueur et dureté : mélanger, dans de l'huile de sésame, à parties égales, de la myrrhe en poudre, du sulfure rouge d'arsenic, du costus arabicus, de l'anis et du borax. En oindre le membre, et l'effet désiré se produira ...

(Kama Soutra)

Étreinte poivrée

[229] Si un homme, après avoir frotté ses parties génitales avec un mélange de poudres de pomme épineuse, de poivre long, de poivre noir et de miel, possède sexuellement une femme, celle-ci sera définitivement soumise à sa volonté.

Infusion de noyer aux trois fois trois feuilles

[230] Originaire de l'Asie, le noyer est de nos jours répandu partout dans le monde. Il possède une écorce argentée, des feuilles larges et produit un fruit typiquement automnal. Les propriétés aphrodisiaques des feuilles de noyer, riches en huiles et substances aromatiques, sont connues depuis l'Antiquité. Il semble en outre que le noyer fût l'arbre préféré des sorcières sous lequel elles célébraient le sabbat.

Cure : pour stimuler le désir sexuel, préparer une infusion avec trois feuilles de noyer très fraîches, trois feuilles de sauge et trois de chêne. Sucrer à volonté et boire en dehors des repas.

Nœud d'amour à la renouée

[231] Si quelqu'un boit du suc de renouée, il sera beaucoup excité pour l'amour, et aura des forces pour user du coït.

(Secrets du Grand et du Petit Albert)

Steak à la roquette

[232] Habituellement utilisée en salade avec la laitue, la roquette est une plante aux larges feuilles vert sombre. Ses vertus aphrodisiaques sont connues depuis l'Antiquité, au point que sa culture était interdite dans les monastères. Sa saveur est légèrement amère. Un plat principal à base de viande rouge saignante et de roquette assaisonnée de sel et de citron favorisera l'excitation sexuelle. Agréable accompagnement, on peut en outre en manger à volonté sans craindre l'indigestion.

Apéritif à l'ambre gris

[233] Ajouter à un verre de vin, de l'ambre gris, des fourmis volantes, de la peau d'orange confite et du miel en parts égales. Filtrer et boire avant le rapport sexuel.

Avec un ou deux sucres ?

[234] L'homme qui veut inciter une femme à partager avec lui l'acte amoureux avec lui fera manger un sucre sur lequel il aura déposé un peu de sa salive et de son sperme.

La femme qui veut inciter un homme à l'acte amoureux avec elle lui fera manger un peu d'un pain de sucre qu'elle aura au préalable introduit dans son vagin, puis concassé.

Élixir tonifiant

[235] Pour multiplier sa puissance sexuelle, prendre deux litres d'un vin rouge fort, dissoudre une pincée de chaux vive, une de soufre pulvérisé, une petite cuillerée de tartre de vin, une autre de sel et un petit verre de jus de grenade. Laisser mariner. Au bout de trois jours, distiller à l'aide d'un alambic. Il s'agit d'un élixir très tonifiant que l'on doit boire à raison d'un petit verre chaque jour.

Ah le petit vin blanc...

[236] Un breuvage constitué d'un volume de sève de roquette pour trois volumes de vin blanc augmente remarquablement le désir masculin.

Sangria au poivre

[237] Pour que les partenaires d'ébats amoureux en tirent un plaisir partagé, ils devront prendre, au préalable, chacun une coupe du philtre obtenu en mélangeant à un demi litre de vin rouge cinq pignons de pin et cinq amandes pilés, ainsi qu'une forte pincée de poivre.

Cocktail aux herbes provençales

[238] La sarriette est une plante buissonneuse aux fleurs violettes, dont l'odeur rappelle celle de l'origan, mais en plus aromatique. Utilisée comme épice, elle a des propriétés aromatiques, stimulantes et digestives, mais également aphrodisiaques. On la trouve facilement chez les herboristes, en branches séchées.

Préparer une tisane avec les herbes de Provence suivantes : un gramme de sarriette, un gramme de serpolet et un gramme de romarin. Bue en dehors des repas, cette tisane fortifie et stimule les désirs, féminins ou masculins.

Ying yang huo

[239] Tonifiant sexuel mixte : piler 60 g de graines de ying yang huo (aphrodisiaque chinois), et mélanger la poudre obtenue à un verre de tequila. Fermer hermétiquement et laisser reposer quinze jours à température ambiante mais à l'abri de la lumière. Filtrer le liquide et le transvaser dans un récipient opaque. Prendre chaque jour 7 gouttes de ce fortifiant délayer dans de l'eau chaude, mais ne pas prolonger la consommation au-delà d'un mois.

Préparations à base d'animaux

Potages au lait et aux testicules

[240] Dans les grimoires, on retrouve les ingrédients suivants pour stimuler *« l'acte vénérien »* : de la langue d'oie, des testicules de renard, du pénis de taureau séché réduits en poudre et mélangé à un œuf avant d'être délayés dans du lait de femme ou de brebis.

Sous le signe du bélier

[241] Pour augmenter sa puissance sexuelle, un homme boira du lait sucré dans lequel on a fait bouillir des testicules de bélier ou de bouc.

Vin de grenouille

[242] L'os de grenouille, réduit en poudre et mélangé à du vin, chez les Romains, était réputé aphrodisiaque.

Ragoût de testicules de lapin

[243] Si une femme veut redonner de la vigueur à la virilité de son époux, qu'elle lui fasse déguster des testicules de lapin.

Ragoût aux couillons d'oie

[244] Si le mari trouve que sa femme est de complexion froide, et ne se plaise au déduit, qu'il lui fasse manger les couillons d'oie, et le ventre de lièvre, assaisonnés de fines épices, et de temps en temps des salades où il y ait beaucoup de roquette, de satyrion et de céleri avec du vinaigre rosat.

(Secrets du Grand et du Petit Albert)

Parfum à la moelle de loup

[245] Une femme qui porte sur elle de la moelle du pied gauche de loup sera satisfaite au lit par son mari (ou par son amant) et sera la seule qu'il aimera.

(Secrets du Grand et du Petit Albert)

Omelette d'œufs de caille

[246] Si une femme veut éveiller son désir sexuel, qu'elle prenne, chaque vendredi au dîner, cinq œufs de caille, crus ou frits en omelette pendant sept vendredis de suite.

Semence

[247] Selon les croyances populaires empruntées à diverses traditions, occidentales ou africaines comme orientales, la femme avalant le sperme de son partenaire exacerbe son amour.

Viande marinée...

[248] Si une femme veut redonner à son mari l'ardeur qui semble lui faire défaut, elle s'introduira, là où il ne la visite plus, pour une nuit, un petit morceau de viande qu'elle suspendra ensuite au mur, qu'elle fera griller et qu'elle fera manger à son époux.

Tête de vipère pilée au sang

[249] Philtre de la boisson dorée : le premier vendredi, après une nouvelle lune d'été, aller à midi quérir une vipère, la tuer et lui couper la tête qu'on enferme en un sac de soie rouge. En arrivant chez soi, jeter à l'orient le bâton dont on s'est servi pour assommer la bête, et suspendre le sac en un endroit humide et chaud.

La nuit suivante, aller pieds nus dans un pré cueillir avant minuit deux feuilles de trèfle blanc, deux de trèfle rouge, six de taconnet (tussilage) et six tiges d'euphorbe qu'on rapportera dans un panier neuf.

Détacher ensuite de deux rosiers un bouton blanc, un bouton rose et une jeune feuille de chacun, les envelopper d'un parchemin vierge sur lequel est écrit, avec une plume d'oie neuve trempée dans votre propre sang : *revarin myrtol her kulbata*.

Placer cette feuille et son contenu, et aussi le panier, à la tête du lit, sur une table où la lumière d'une bougie brillera trois heures au moins ; se coucher et prier. Au réveil, humecter fleurs et feuilles d'eau fraîche de puits et les placer à l'endroit où sèche la tête de vipère. Attendre la nuit. Vers vingt-trois heures étendre sur une table, dans la chambre, du parchemin vierge, y dessiner avec une pointe vierge et rougie une étoile à six branches, à la lueur d'un vieux cierge d'église placé dans un chandelier d'argent.

Se procurer alors un hachoir neuf, deux couteaux neufs, une coupe vierge en porcelaine, une bouteille neuve et bien rincée, un verre noir, un réchaud à alcool, une carafe d'eau fraîche, un bâton de cire neuf, un cachet, un mortier et un bouchon neuf en liège.

À minuit, après trois signes de croix, prendre la tête de la vipère, la placer dans le mortier avec feuilles et fleurs conservées et réduites en fine pâte, piler le tout pour en faire une mixture homogène, placer le mortier sur la flamme du réchaud à alcool jusqu'à ce que le contenu soit sec ; réduire encore en poudre. Pendant que le mortier chauffe, se prendre du sang avec les couteaux neufs, en laisser tomber six gouttes dans la coupe, y ajouter de l'eau, agiter, faire bouillir. Se prendre trois cheveux, les calciner et les jeter dans la coupe. Faire de même avec le parchemin et le sac. Verser le tout dans la bouteille, ajouter de l'eau pour la remplir jusqu'à ce qu'elle déborde ; boucher, cacheter, mettre dans le lit, éteindre la bougie, prier et s'endormir.

Au bout de trois jours seulement, après l'avoir laissée dans l'obscurité puis exposée à la fenêtre, au troisième minuit, la liqueur pourra servir, à raison de cinq gouttes au plus pour les hommes et trois pour les femmes, mêlée à la boisson et aux aliments.

Cette recette, était, paraît-il, d'une rare efficacité. Les mages qui la donnaient n'oubliaient pas de raconter l'histoire suivante : une jeune fille, amoureuse d'un ami de son frère, entreprit de le séduire en versant dans son verre un peu de cette Boisson dorée. Mais alors qu'elle était passée dans la cuisine, ce fut son frère qui, par inadvertance, bu le breuvage. Durant tout le repas, il eut du mal à contenir sa concupiscence et, l'ami parti, se jeta sur sa sœur, et la viola malgré sa résistance. L'inceste consommé, elle lui révéla l'erreur commise. Désespéré, il alla se noyer dans un fleuve proche...

Onguents

Pommade antirides

[250] Cette composition enlève toutes sortes de rides, rend la peau blanche et donne un teint beau et agréable aux dames avancées en âge et qui cependant veulent encore paraître belles. Prendre de la fiente de petits lézards, des os de seiche, du tartre de vin blanc, de la raclure de corne de cerf, du corail blanc, et de la farine de riz, autant l'un que de l'autre. Broyer le tout longtemps dans un mortier, et cribler bien menu. Ensuite faire tremper le tout pendant une nuit dans de l'eau distillée d'une semblable quantité d'amandes, de limaces de vigne ou de jardin, de fleurs de bouillon banc. Après cela, y mettre autant de miel blanc, et tout broyer dans un mortier. Cette composition doit être soigneusement conservée dans un récipient en argent ou en verre, bien propre. On s'en frottera, quand on voudra, le visage, les mains, le sein et la gorge.

(Secrets du Grand et du Petit Albert)

Pommade de virilité

[251] Oindre le sexe masculin d'une huile dans laquelle on a trempé de la magnétite favoriserait la virilité.

Pommade à la graisse de bouc

[252] Avant d'entrer au combat amoureux, se frotter le gland du membre viril avec de la pommade composée de graisse de jeune bouc, avec de l'ambre gris et de la civette ; l'on en sortira avec honneur et satisfaction de sa partie. Et cela produit un chatouillement qui donne un merveilleux plaisir à la dame dans l'action du coït.

(Secrets du Grand et du Petit Albert)

Baume du lézard

[253] L'homme qui sent décroître ses forces génésiques se compose un baume fait de cendre de stellion (lézard) d'huile de millepertuis et de civette (ciboulette) ; qu'il s'en oigne le gros doigt de pied gauche et les reins une heure avant de commencer le combat d'amour, il aura une victoire éblouissante qui enchantera sa compagne !

(Secrets du Grand et du Petit Albert)

Pommades excitantes

[254] Pour amener sa partenaire au comble de la jouissance, pendant le « *congrès* », et ainsi se l'attacher durablement, l'homme aura le choix entre plusieurs onguents dont il devrait auparavant s'oindre le lingam (sexe) :

— faire une application avec de la graine d'anis réduite en poudre fine mélangée à du miel.

— faire une application avec de la graine montée de rui (asclépiade) pilée au mortier avec des feuilles de jasmin double jusqu'à ce que le jus en soit exprimé.

— faire une application avec du fruit de tamarinier broyé au mortier avec du minium et du miel.

— faire une application avec du miel, du beurre fondu clarifié, du borax brut, du suc de feuilles d'agosta (laitue), le tout en parties égales bien pilées.

— faire une application de mélasse, fève de tamarin et poudre d'anis, à parties égales, liées avec du miel.

(Kama Soutra)

Onguent requinquant dite de Saint Cyprien

[255] Avant de devenir un martyr et un saint, Cyprien de Carthage était un magicien expert es sciences occultes, n'ignorant rien des secrets des métaux, plantes et étoiles... La pommade suivante, destinée au couple qui veut se requinquer avant de passer à d'exigeants jeux érotiques, serait de sa composition. Il faut, après avoir effectué les ablutions hygiéniques d'usage, s'en frictionner tout le corps.

Prendre cent grammes de beurre ou de saindoux (très frais, pas rance!), auquel on amalgame, après les avoir réduits en poudre et en quantités égales (environ une poignée), de la sauge, du romarin, de la verveine et du persil, ainsi qu'une demi-poignée de racines de belladone et un grain d'opium. On parfume cet onguent avec quelques gouttes d'essence de rose, de violette ou tout autre parfum de son choix.

Recettes aphrodisiaques avec de la cantharide

Apéritifs vénusiens

[256] Certains aliments suffisent parfois à mettre en appétit vénusien. Ce sont notamment les poissons, à cause de leur abondance en phosphore, les huîtres, les écrevisses, le riz, les truffes... Ce sont aussi les épices :

poivre, piment, vanille, gingembre… De même les boissons alcooliques prises sans excès mettent en train.

Pour quelques personnes, l'excès même accentue le désir ; chez d'autres, au contraire, il le tue. Le champagne semble avoir des effets supérieurs à ceux des autres boissons ; mais là encore des différences de tempéraments sont avérées : toutefois, nombre de femmes sont sensibles à cette gaîté mousseuse de nos crus célèbres.

Un régime aphrodisiaque peut se compléter par des fortifiants et des toniques : fer, quinquina, coca… Mieux vaut toutefois une bonne santé générale que des excitants passagers.

Beaucoup de préparations aphrodisiaques sont à base de cantharides.

La cantharide avait des propriétés aphrodisiaques déjà appréciées par les libertins du Grand Siècle et de celui des Lumières. Si Galien, médecin grec du IIe siècle, en prescrivait l'usage, Ovide chantait l'action vénusienne de cet excitant puissant. La cantharide a longtemps servi de base à des drogues (pilules, poudres, comprimés, etc.). Mais il faut s'en méfier, à cause du danger qu'elles présentent.

La cantharide, dite encore mouche d'Espagne, est un insecte coléoptère hétéromère du groupe des vésicants. Il y en a deux douzaines d'espèces dont l'officinal est le cantharis vesicaloria, qu'il ne faut pas confondre avec la cantharide dont parlent les Anciens et qui était le mylabre de la chicorée. Son odeur est forte et assez désagréable ; elle envahit surtout les frênes, troènes, lilas et sureaux qu'elle met à mal, étant en nombre, comme les hannetons.

Pour récolter les cantharides, on les surprend à l'aube, quand elles sont encore endormies, en secouant les arbres où elles se trouvent, et en les faisant tomber sur des nappes ou des draps. On les jette aussitôt dans de l'eau bouillante ou du vinaigre, où elles meurent ; puis on les fait sécher et on les met en poudre.

Le principe actif de la cantharide est la cantharidine, qui a surtout des propriétés vésicantes, aussi des propriétés aphrodisiaques ; toutefois, celles-ci engendreraient plutôt du priapisme que du désir véritablement vénusien, c'est-à-dire une forte érection qui devient douloureuse si elle persiste. L'ingestion de la cantharidine est dangereuse, et pouvait provoquer des empoisonnements mortels, d'autant plus périlleux qu'on ne lui connaissait pas d'antidote.

À la Belle Époque, on donnait avec précaution de la teinture alcoolique de cantharide : de trois à dix gouttes par jour, pas plus, pour stimuler une virilité défaillante.

On peut préférer à la cantharide des préparations médicamenteuses à base de phosphore (le phosphore était aussi un stimulant reconnu : pour en absorber, on se gavait de poissons !), ou d'acide formique (extrait des fourmis), de noix vomique, d'opium à dose très modérée, d'ambre, de musc, de civette, de myrrhe (un tonique et un excitant pris en teinture et en fumigation)...

C'était en des temps d'avant Viagra...

Salades au miel et eau d'ortie

[257] Pour être vaillant en amour, il faut prendre des racines de satyrion pignon, de l'anis vert, de la roquette, égale partie de chacun. Y ajouter un peu de musc, composition de la cervelle de passereau et de l'herbe appelée langue d'oiseau, ou ornythoglossum, avec un peu de mouches cantharides.

Faire confire le tout dans du miel purifié. En prendre tous les matins pendant huit jours à jeun, le poids d'une drachme (3 gr) et ensuite tous les jours le poids d'un denier (1,5 gr). Et usez à vos repas de pois chiches, de carottes, d'oignons et de la roquette en salade. Manger de l'anis et de la coriandre, des pignons et boire un verre d'eau d'ortie à tous les repas.

Thé revigorant

[258] Si une femme veut partager avec un homme une étreinte passionnée, qu'elle ajoute, à la tasse de chocolat, de lait, de thé ou de café qu'elle lui a proposée, le contenu d'une cuiller à café de cannelle en poudre, cinq

clous de girofle, un petit morceau de gousse de vanille et une pincée de noix de muscade. Avant de servir, retirer les clous de girofle et la gousse de vanille, et ajouter deux gouttes de teinture de cantharide.

Éjaculation précoce

D'abord prendre son pied...

[259] Pulvériser de la racine de sensitive (mimosa pudica) dans du lait de vache et appliquer cette composition sur la plante des pieds avant l'étreinte. Elle prolongera la rétention de la liqueur vitale. Si l'on manque de lait de vache, mélanger de la racine de sensitive réduite en poudra dans du miel avec du pollen de fleur de lotus.

(Kama Soutra)

Camphre nombrilique

[260] Appliquer sur le nombril du camphre, du vif-argent purifié et de l'écorce de shishu (dalbergia sissoo) par parties égales et bien pilés.

(Kama Soutra)

Yaourt au poil... de lièvre

[261] Mélanger cent vingt grammes de lait de brebis avec huit grammes de poil de lièvre grillé et réduit en poudre. En boire deux fois par jour, deux heures avant les repas.

(Secrets du Grand et du Petit Albert)

Aloès, gentil aloès...

[262] Si l'amant est trop prompt à jouir, la femme se lavera les parties enchantées d'une infusion d'aloès.

(Kama Soutra)

Caresses

Femme instinctive ou femme intellectuelle ?

[263] La femme instinctive préfère la caresse des muqueuses, puis celle des mains, puis celle des yeux. La femme intellectuelle suit, dans la volupté, l'ordre inverse.

(Vénus magique)

22 endroits pour engendrer le spasme

[264] Caresse toujours l'endroit vers lequel la femme porte son regard. Il y a vingt-deux de ces endroits où la caresse peut engendrer le spasme.

La caresse sur les pieds et les jambes amène une puissance excitatrice plus grande.

Sur les cuisses, elle détermine ou amortit le désir de la volonté de son auteur.

Sur le périnée elle est solarisante.

Sur l'ombilic elle provoque une tension angoissée.

Sur le creux de l'estomac elle est tonique. Sur les seins elle est très active et développe la capacité effective.

Sur le cou elle amène une vibration joviale,

et sur le front, certains états spirituels du domaine d'Artémis.

(Vénus magique)

Sur toutes les lèvres...

[265] Les contacts de chair à chair sont beaucoup moins excitants que ceux des muqueuses. Ceux-ci se réduisent à deux : celui des lèvres et celui des organes génitaux ; ils doivent leur vivacité à l'eau vénusienne que rendent ces muqueuses sous le feu du désir. Les mains sont ensuite les foyers de la volupté animique, et les yeux, de la volupté cérébrale.

(Vénus magique)

32 points de beauté

[266] Selon un *Livre de la Physiognomonie* édité en Turquie ottomane au XIXe siècle, la beauté de la femme dépend de 32 points :

4 choses doivent être noires chez la femme : la chevelure, les sourcils, les cils, les prunelles ;

4 doivent être blanches : la peau, les dents, les ongles, le globe de l'œil ;

4 doivent être vermeilles : les joues, les gencives, la langue et les lèvres ;

4 doivent avoir de la grandeur : les sourcils, les yeux, les seins et le cou ;

4 doivent avoir de la grosseur : les seins, les fesses, le bassin, les genoux ;

4 doivent être petites : le nez, l'oreille, la taille, la bouche ;

4 doivent être étroites : le nez, les pieds, les mains, les oreilles :

4 enfin doivent avoir certaines qualités : voix douce, regard tendre, visage régulier, croupe ronde.

Frigidité

La frigidité se caractérise par une absence de libido pendant une période plus ou moins longue. Ce manque de désir sexuel peut être la conséquence de troubles psychologiques, de l'absorption d'antidépresseurs ou le rejet, conscient ou inavoué, du partenaire...

Parfum à la chauve-souris

[267] Il faut le sang d'une chauve-souris, que l'on mélange à de l'eau de Cologne.

En déposer vingt-et-une gouttes sur un mouchoir, que l'on met dans sa poche avant de rendre visite à la dame réputée frigide. Après lui avoir donné trois baisers, sur une main, sur le front et sur la bouche, feindre l'évanouissement et s'éventer avec le mouchoir imprégné de la potion, de manière à ce que la dame en inhale le parfum. Elle se donnera avec une passion surprenante...

Onguent à la fourmi volante

[268] Laisser infuser quarante jours dans de l'huile deux poignées de fourmis volantes.

La femme frigide s'appliquera, chaque soir, un peu de cet onguent de façon interne. Les résultats seront rapides et surprenants, tant pour la femme que pour son partenaire.

Poudre de cardamone

[269] Plante herbacée originaire de l'archipel indien, la cardamone a des fruits qui renferment de nombreuses petites graines blanc sale à l'odeur âcre, efficaces contre la frigidité d'origine organique par leur capacité à réactiver rapidement la circulation sanguine.

La femme frigide broiera quatre graines de cardamone dans un mortier et se frottera le clitoris avec la poudre obtenue. Son partenaire ne devra pas s'éloigner, car l'effet est immédiat.

Remède identique contre l'impuissance masculine.

Compote de pommes de mandragore

[270] *Recette de Nostradamus (qui était mage, médecin et aussi confiturier) contre la frigidité :*

Cueillir trois pommes (baies) de mandragore au soleil levant, les envelopper dans des feuilles de verveine et les laisser exposées jusqu'au lendemain au soleil et au vent.

Prendre 3 gr de pierre d'aimant pulvérisée, la mêler au suc exprimé des pommes de mandragore. Recueillir d'autre part le sang de sept passereaux mâles saignés par l'aile gauche et ajouter au reste. Condimenter avec 30 gr d'ambre gris, 3 gr de musc, 180 gr de cannelle, un peu de giroflée et de bois d'aloès, douze petites ventouses détachées des tentacules d'une pieuvre et confites dans 10 gr de miel de Narbonne et 100 gr de racina apurisus (?).

Ajouter 30 gr de sucre et mouiller largement au vin de Crète. Tourner le tout à la cuiller de bois d'olivier dans un mortier de marbre, transvaser, avec une cuiller d'argent, dans un récipient en terre, et mettre bouillir jusqu'à obtenir un sirop.

Le passer à l'étamine et le mettre au frais dans un récipient d'or ou d'argent. Ce philtre est suffisant pour de nombreuses personnes.

Voir Mandragore, *dans la rubrique* Aphrodisiaques.

Tisane de yohimbehe

[271] Puissant remède contre la frigidité : mettre dans une casserole ½ cuillerée à café d'écorce de yohimbehe (arbre africain) et ½ cuillerée à café de ginseng. Verser dessus 25 cl d'eau minérale ; rajouter 1 cuillerée à soupe de miel et le jus de 4 citrons verts. Remuer et laisser bouillir jusqu'à évaporation de la moitié du liquide. Laisser refroidir et rajouter du miel à la préparation si on la trouve trop amère. Les effets de cette potion durent de 2 à 6 heures. *Attention, ce breuvage peut occasionner de légers vertiges et des nausées, et à dose élevée des problèmes cardiaques ! On l'utilise également pour combattre l'impuissance.*

Œufs (de cane) en meurette

[272] Contre la frigidité : une heure avant les rapports, prendre une tasse à café du breuvage ainsi confectionné : battre deux œufs de cane et les mélanger à une bouteille (75 cl) de vin italien (Chianti ou Valpolicella). Verser dans une casserole, saupoudrer d'une bonne cuillerée à soupe de cannelle, et porter à ébullition. Laisser refroidir et garder la préparation au frais.

Impuissance

Ragoût d'abats de lièvre et d'oie...

[273] Manger des ragoûts de testicules d'oie mélangés à des entrailles de lièvre guérit de l'impuissance.

(Secrets du Grand et du Petit Albert)

Mouche cantharide et queue de crocodile

[274] Pour combattre l'impuissance, prendre une demi-once (15 gr) de graine de roquette, un gros (4 gr environ) de poivre, une demi-once de cannelle, autant de gingembre, un gros et demi de borax, un demi-gros de queues de stines, qui sont de petits animaux qui ressemblent à des crocodiles, six cantharides dont on aura ôté les ailes de dessous. Pilez le tout, y ajouter une once de sucre candi. Avant de se coucher, prendre un demi-gros de cette poudre dans un demi-setier (25 cl) de lait.

Massage à la cardamone

[275] Plante herbacée originaire de l'archipel indien, la cardamone a des fruits qui renferment de nombreuses petites graines blanc sale à l'odeur âcre, efficaces contre l'impuissance d'origine organique par leur capacité à réactiver rapidement la circulation sanguine.

L'homme impuissant broiera quatre graines de cardamone dans un mortier et se frottera le pénis avec la poudre obtenue. Sa partenaire ne devra pas s'éloigner, car l'effet est immédiat.

Remède identique contre la frigidité féminine.

Sel de lézard

[276] Couper les têtes de plusieurs lézards, les vider avant de les remplir de sel. Les laisser sécher dans un endroit frais et sombre, puis recueillir le sel et jeter les carcasses.

Utiliser le sel de lézard comme un condiment normal.

Un remède contre l'impuissance qui remonte à l'antiquité.

A la barbe du chamois !

[277] Pour retrouver sa virilité, lorsque l'on est sénile ou impuissant (ou les deux à la fois), porter au doigt ou en pendentif un anneau taillé dans un ongle de chamois.

On peut aussi joindre l'utile au coquet en portant, sur son chapeau tyrolien, une touffe de poils de barbe de chamois : elle confère, comme l'anneau, énergie et virilité aux hommes qui en manquent.

Toutefois, pour la deuxième recette, évitez un port ostentatoire du chapeau avec sa touffe de poils qui ressemble à un blaireau de rasage en présence de celle que vous voulez séduire : si elle connait les vertus virilisantes du chamois, elle subodorera la défaillance que vous cherchez à combattre !

Yohimbehe apéritif

[278] Puissant remède contre l'impuissance : mettre dans une casserole ½ cuillerée à café d'écorce de yohimbehe (arbre africain) et ½ cuillerée à café de ginseng. Verser dessus 25 cl d'eau minérale ; rajouter 1 cuillerée à soupe de miel et le jus de 4 citrons verts. Remuer et laisser bouillir jusqu'à évaporation de la moitié du liquide. Laisser refroidir et rajouter du miel à la préparation si on la trouve trop amère. Les effets de cette potion durent de 2 à 6 heures. *Attention, ce breuvage peut occasionner de légers vertiges et des nausées, et à dose élevée des problèmes cardiaques !*

Même recette pour la frigidité.

Du sucre pour faire l'âne

[279] Contre l'impuissance virile, l'homme devra prendre un mélange d'eau de rose, de sucre et d'amandes pilées et pourra agir aussitôt après avec une femme comme un âne avec une ânesse.

Vin de saint Foutin et saint Guignolet

[280] Contre l'impuissance : le vin de saint Foutin et saint Guignolet : Saint Foutin, bien qu'imaginaire, était un saint fort vénéré en Provence et en Auvergne ; son jumeau, saint Guignolet, était lui honoré en Bretagne et dans le Berry. L'un comme l'autre avait la vertu de rendre puissants les hommes défaillants. Ses statues, aux pieds desquelles on déposait des représentations en cire de sexe masculin ou féminin furent pour la plupart brûlées par les protestants lors des guerres de religion. Soit il avait une forme humaine avec un gros bâton qui lui traversait le corps à hauteur du bas ventre, soit il avait la forme d'un phallus. Ses « *fidèles* » versaient du vin sur son gland puis le raclaient. Le résidu obtenu était mis à macérer dans du vin, puis bu, afin de retrouver virilité.

Ce vin est aussi utilisé contre la stérilité.

Abats de porc

[281] Que l'on prenne le foie, avec les testicules d'un jeune porc, qu'on les fasse sécher et réduire en poudre tout ensemble, ensuite qu'on en donne à boire à l'homme s'il est impuissant, il se trouvera capable et propre à la génération.

(Secrets du Grand et du Petit Albert)

Mariage

Savoir si l'on va se marier prochainement

Aiguille flottante

[282] Pour savoir si l'on se mariera dans l'année, essuyer une aiguille entre le pouce et l'index de la main gauche ; puis prendre cette aiguille, par ses deux extrémités, entre le pouce et l'index de la main gauche et la déposer dans un bassin empli d'eau : si l'aiguille flotte un moment, il y aura rencontre ; si l'aiguille coule instantanément, il faudra patienter un an.

Cheveux fil à coudre

[283] La jeune fille qui parvient à glisser quelques-uns de ses cheveux dans l'ourlet d'une robe de mariée (et à condition qu'elle assiste au mariage) est certaine de trouver un mari dans l'année.

Cette recette favorise les couturières !

Chaussure prénuptiale

[284] Pour savoir si elle va se marier dans l'année, une jeune fille lance un de ses chaussures du haut d'un escalier. Si la chaussure tombe à l'endroit : pas de mariage.

Si la chaussure tombe à l'envers (c'est-à-dire si l'on voit sa semelle) : mariage.

Le nombre de marches franchit par la chaussure indique les jours, les semaines, ou les mois qui séparent de la cérémonie.

Miroir lunaire

[285] Pour une jeune fille qui veut savoir si elle se mariera dans l'année :

à partir du premier jour de mai coïncidant avec l'apparition de la lune, contemplez-la neuf soirs consécutifs en ayant un miroir caché dans votre poche ou votre main. Puis glissez ce miroir sous votre oreiller la nuit du neuvième jour en priant l'astre de vous faire apparaître en rêve votre futur époux.

Le lendemain sortez tôt et offrez une aumône au premier pauvre que vous rencontrerez. Si c'est un homme, vous serez mariée dans l'année ; si c'est une femme, il vous faudra attendre un an encore.

Onguent au poil !

[286] Pour se marier dans un bref délai, mélangez quelques poils tirés de vos aisselles, coupés menus, aux poils d'un chien blanc, de la peau d'olives séchées au soleil et des clous de girofle réduits en poudre. Ajouter de l'huile d'olive vierge. Bien mélanger, puis se passer cette préparation sur la poitrine tous les matins au lever jusqu'à ce que son vœu de mariage soit réalisé.

Pissenlit de mariage

[287] Une jeune fille qui désire de se marier souffle sur les aigrettes d'une fleur de pissenlit. Si toutes les aigrettes s'envolent, elle se mariera dans

l'année ; si elle doit s'y reprendre à plusieurs reprises, le nombre de fois où elle aura dû souffler sera le nombre d'années qu'elle devra attendre avant de trouver un mari.

Un amour à gerber

[288] Pendant la moisson, la jeune fille qui coupe la première gerbe sera mariée dans l'an qui suivra...

Blé semé n'engendre pas toujours grosse galette

[289] Les Italiennes en mal de mari, la veille de la Saint-Jean, semaient du blé dans un pot placé dans l'obscurité. Neuf jours plus tard, elles venaient constater le résultat : si le blé avait germé avec des pousses vertes, elles auraient mari beau et riche ; si le blé était chétif et racorni, il allait leur falloir attendre des jours meilleurs pour trouver époux à leur guise.

Test de la galette

[290] Lorsqu'on commence une histoire d'amour, et savoir si elle durera, mettre une galette de blé dans un tiroir bien sec. Si au bout de trois mois, la moisissure a entamé la galette, l'amourette aura du mal à se transformer en grand amour, si la galette est tout à fait moisie, la rupture est proche, à moins que vous habitiez un endroit particulièrement humide...

Le temps des cerises

[291] La jeune fille qui veut savoir qui elle épousera prendra une poignée de cerises et les mangera une à une. En crachant les noyaux, elle énumérera, à chacun d'entre eux : *« un médecin, un juge, un marchand, un militaire, un homme riche, un homme pauvre, un voleur... »* Le dernier noyau donnera la condition sociale du futur mari.

Sagesse du gland

[292] Si une jeune fille veut savoir si elle épousera le garçon qu'elle aime, elle ferme les yeux et jette dans un bassin d'eau claire deux glands de chêne qu'elle vient de cueillir, compte jusqu'à douze et rouvre les yeux.

Si les glands se rapprochent, le mariage aura lieu plus au moins rapidement selon la vitesse des glands ; si les deux glands restent stables, le mariage n'aura pas lieu.

Cyprès de toi

[293] Une boule de cyprès verte cueillie au mois d'avril dans un cimetière est un porte-bonheur pour l'amoureux(se) qui la porte dans sa poche : il(elle) se mariera dans l'année.

En effeuillant la marguerite

[294] La marguerite symbolise l'amour fidèle, que ce soit sous forme de primevère, vers Pâques, ou dans l'éclat de ses pétales blancs entourant un cœur d'or pâle, en juillet. Lorsque les Croisés partaient en expédition, leurs Dames portaient une couronne de marguerites, parce qu'elles leur gardaient leur cœur, et les autorisaient à peindre une marguerite sur leur blason, ce qui était promesse de mariage, au retour. La formule la plus classique de l'effeuillage de la marguerite est : *Il (Elle) m'aime / un peu / beaucoup / passionnément / à la folie / pas du tout.*

Variantes : *Je me marierai / cette année / l'année prochaine / je ne me marierai pas. Ou encore : Serai je / femme / fille / veuve / religieuse / amoureuse...*

On peut compliquer le rituel, et rassembler tous les pétales arrachés, et les lancer en l'air, en essayant de les rattraper sur le dos de la main. On sait ainsi, au nombre d'étamines recueillies, combien d'enfants l'on aura, ou combien il reste d'années à attendre le mariage !

L'avenir jusqu'houx...

[295] Le houx, comme la marguerite, peut se prêter à la divination amoureuse ; une jeune fille peut connaître ce qu'il adviendra d'elle en comptant les piquants sur une feuille de houx et en récitant : *« fille, femme, veuve, nonne... »*, jusqu'au dernier piquant, qui donnera l'oracle.

Les garçons peuvent faire de même, mais avec une formule différente : *« garçon, époux, veuf, soldat (ou marin) »...*

Figuier maléfique

[296] Une jeune fille bonne à marier se gardera de passer entre deux figuiers, car elle ne saura, ensuite, choisir entre deux soupirants.

Pour les dur(e)s de la feuille

[297] Pour les amoureux indécis, dont le cœur balance entre plusieurs élu(e) s, disposer, dans un endroit aéré — mais non venté — des feuilles d'arbres sur lesquelles on aura inscrit le prénom des candidat(e)s.

Trois jours plus tard, on consulte les feuilles qui ne se sont pas envolées. Moins la feuille aura bougé, meilleur sera l'oracle. Si la feuille s'est desséchée, ou recroquevillée, on jugera des suites amoureuses à donner selon son état. Une feuille bien desséchée ne doit pas laisser espérer une passion torride !

Voir en rêve qui l'on épousera

Voir en rêve qui l'on épousera

Par le trou de l'alliance

[298] Les Anglaises font grand cas de l'anneau d'alliance, à cause de ses propriétés. Elles croient qu'en mettant un de ces anneaux dans un bonnet de nuit, et plaçant le tout sous leur chevet, elles verront en songe le mari qui leur est destiné.

(Dictionnaire infernal)

Figue fourrée à la pâte de diamant

[299] Recette pour voir en dormant la personne qu'on épousera : ayez du corail pulvérisé, de la poudre de diamant, avec du sang de pigeon blanc ; en faire un petit morceau de pâte qu'on enfermera dans une large figue. Après l'avoir enveloppée dans un morceau de taffetas bleu, se la mettre au col et placer sous son chevet une branche de myrte en disant cette oraison : « *Kiros clementissime qui Abrahamae servo tuo dedisti uxorem, et filio ejus obedientissimo, per admirabilem signum indicasti Rebeccam uxorem, indica mihi, servo tuo, quam nupturus sum uxorem, per ministerium tuorum spituum : Balibeth, Assaïbi, Abumalith. Amen.* » Il faut, le matin, se remettre en l'esprit ce que l'on aura vu. Il faut le répéter trois vendredis de suite. Et si l'on ne voit rien, c'est signe qu'on ne sera pas marié(e).

Le laurier des rois mages

[300] Pour voir en dormant celui ou celle que l'on épousera, il faut, la veille des Rois, prendre trois feuilles de laurier, sur l'une vous écrirez Gaspard, sur l'autre Melchior et sur la troisième Balthazar. Puis vous mettrez ces feuilles sous le chevet de votre lit en croix, à savoir que Melchior croise sur Gaspard, et sous Balthazar. En vous couchant, vous direz trois fois « *Gaspard, Melchior et Balthazar, je vous prie de me faire voir en dormant celle (ou celui) que je pourrai avoir en mon vivant, au nom du Père et du Fils et du Saint-Esprit, Amen.* » Et vous ferez les trois signes de croix.

C'est au pied du lit qu'on voit celle qui couchera dedans

[301] Pour voir en dormant celle qu'il épousera, le premier vendredi de chaque mois, le garçon mettra son pied droit nu contre un montant du lit, dira trois fois, avant de se coucher :

« Je pose mon pied sur l'antibois, je prie Dieu, la bonne Vierge Marie, le bon ange saint Michel et saint Jean-Baptiste de me faire voir en dormant celle que j'épouserai en mon vivant. Au nom du Père et du Fils et du Saint-Esprit. Amen. »

Miroir de minuit

[302] En Hongrie, la nuit de la Saint-Sylvestre, les jeunes filles bonnes à marier plongeaient à minuit un miroir dans l'eau d'une source afin d'y voir apparaître le visage de leur futur époux.

Miroir de Noël

[303] En Russie, c'était le soir de Noël que la jeune fille s'isolait, et interrogeait, toujours à des fins conjugales, deux miroirs placés en vis-à-vis, éclairés par deux chandelles, en leur demandant de faire apparaître le visage de l'élu...

L'amoureux du gel de janvier

[304] Cette pratique, caractéristique des pays aux hivers rigoureux, vient d'Europe du Nord. La nuit du dernier vendredi de janvier, la jeune fille qui veut voir en rêve celui qui sera son époux marche dehors durant environ une demi-heure, seule et concentrée sur le pouvoir purificateur du froid, sans pour autant s'enrhumer. A son retour, avant de se coucher, elle mange un hareng, puis se met au lit, en y entrant à reculons, les yeux clos et en ne les ouvrant plus jusqu'au sommeil. En rêve lui apparaîtra un jeune homme qui aura les traits de son futur amour.

Peuplier et sang de huppe

[305] Pour une fille (ou veuve) qui veut voir en songe son futur fiancé, il faut avoir une petite branche de peuplier qu'elle lie d'un ruban de fil blanc avec ses bas de chausse ; et après les avoir mis sous le chevet, elle se frottera les tempes du sang de huppe et dira cette oraison : *« Kiros clementissime qui Abrahamae servo tuo dedisti uxorem, et filio ejus obedientissimo, per admirabilem signum indicasti Rebeccam uxorem, indica mihi, ancillae tuae quem sim nuptura virum, per ministerium tuorum spituum : Balibeth, Assaïbi, Abumalith. Amen. »*

(Secrets du Grand et du Petit Albert)

La huppe est, en France, comme dans la plupart des Etats européens, un animal protégé, mais pas en Afrique du Nord, où elle passe l'hiver, et où on la chasse, des parties de son corps entrant dans des recettes médicales et magiques.

Prière à Saint André

[306] Pour voir en rêve le fiancé qu'elle ne connaît pas encore, la jeune fille dira, avant d'aller se coucher, la veille de saint André (30 novembre), neuf pater debout, neuf à genoux et neuf assise. Puis elle chantera ensuite, en semant des grains de lin dans un pot :

Saint André je sème ce lin
Le jour de ta fête,
Donne-moi la connaissance
De celui avec qui je le cueillerai.

Fiançailles

Patronage de saint Valentin

[307] Pour des fiançailles heureuses, on invoque saint Valentin, patron des amoureux (et aussi des apiculteurs, bien qu'ils ne soient pour rien dans la lune de miel !), fêté le 14 février. *« Bon saint Valentin, toi qui assistais les chrétiens dans le secret des catacombes, veille sur notre bonheur et notre futur foyer. Avec les liens de notre mariage, bon saint Valentin, nous te tresserons une couronne de félicité. Que ton saint patronage rende notre amour durable. Amen. »*

Serment à l'aurone

[308] L'aurone (*artemisia abrotanum*), dite aussi armoise citronnelle, est une plante arbrisseau aux feuilles dentelées et aromatiques, aux minuscules fleurs jaunes se présentant par petits groupes arrondis.

Bien qu'attribuée astrologiquement à Mercure, elle est citée depuis l'antiquité pour son influence sur l'amour.

Pour un serment amoureux fort et durable, le faire près d'un massif d'aurones, ou un gros bouquet de ses tiges. Offrir ensuite une branche d'aurone rendra cet instant inoubliable pour le récipiendaire.

Bague de grenat

[309] Le grenat, pierre rouge sombre, est particulièrement favorable aux natifs du signe de la Vierge et, par déduction verbale, à celles qui le sont encore. Etant un symbole de fidélité, un anneau portant cette pierre est un précieux cadeau à faire à une personne aimée dont on doit s'éloigner quelque temps, comme c'était le cas quand un jeune couple se fiançait avant qu'il ne parte faire son service militaire. Elle est donc bienvenue pour un anneau de fiançailles.

Alliances

Le bon doigt

[310] L'alliance est l'anneau qui symbolise l'union entre deux époux, d'où sa propriété de porte-bonheur. Les Hébreux portaient l'alliance à la main droite, les Grecs et les Romains la portaient au quatrième doigt de la main gauche (annuaire) car ils croyaient que ce doigt était irrigué par une veine venue directement du cœur. Les Gaulois, eux, portaient l'alliance au médius de la main gauche, et les Égyptiens à l'auriculaire.

Perdre son alliance est un signe funeste pour le mariage, à moins que l'autre membre du couple ne la remplace immédiatement. Une alliance attachée à un long cheveu peut remplacer un pendule. Sa forme ronde est synonyme d'harmonie et de fidélité.

Alliance et mésalliance

[311] Le moment où le mari donne l'anneau d'alliance à sa jeune épouse devant le prêtre, ce moment, dit un vieux livre de secrets, est de la plus haute importance. Si le mari arrête l'anneau à l'entrée du doigt et ne passe pas la seconde jointure, la femme sera maîtresse ; mais s'il enfonce l'anneau jusqu'à l'origine du doigt, il sera chef et souverain. Cette idée est encore en vigueur, et les jeunes mariées ont généralement soin de courber le doigt annulaire au moment où elles reçoivent l'anneau, de manière à l'arrêter avant la seconde jointure.

(Dictionnaire infernal)

Alliance de paix

[312] Incrustée sur un anneau, l'onyx, variété sombre de la sardoine, préserve la paix entre les époux.

Poisson anti-routine

[313] En Inde, la mariée hindoue reçoit de son époux une amulette en argent représentant un petit poisson d'argent avec des yeux de rubis ou de corail ; le bijou est accompagné d'un court poème. L'argent symbolise la pureté et la beauté. On lui attribue le pouvoir de diffuser des énergies stimulant le créatif, afin que la vie du couple ne sombre pas dans la routine du quotidien.

Bague de fidélité

[314] Une bague en aigue marine est un cadeau idéal à faire le jour des noces.

Cette pierre aux délicats reflets vert-bleu préside au bonheur du mariage, .parce qu'elle est symbole de fidélité. L'offrir à une personne aimée éloignera d'elle les tentations de la trahison.

Vierge ou pas...

Test urinaire à l'ambre...

[315] Pour savoir si une fille est vierge, piler, réduire en poudre et mélanger à du vin de l'ambre blanc (dont on fait des colliers et des chapelets) et le faire boire à la jeune fille. Si elle n'est pas vierge, elle ne pourra tenir son urine.

Test urinaire à la glycine...

[316] Pour savoir si une fille est vierge, brûler des feuilles de glycine sur de la braise ardente, et forcer la jeune fille à en recevoir la fumée dans la vulve au moyen d'un entonnoir. *« Si elle est déflorée, selon Gambattista della Porta, un mage napolitain (1540-1615) elle pissera aussitôt et ne pourra retenir son urine. Mais si elle est chaste et n'a jamais coïté, elle recevra ce parfum dans sa vulve sans aucun dommage et ne pissera pas. »*

Test urinaire à la pierre de jais...

[317] Pour connaître si une fille a été corrompue : prendre de la pierre de jais, la réduire en poudre impalpable, et en faire avaler le poids d'un écu à la fille. Si elle a été corrompue, il lui sera impossible de retenir son urine, et il faudra qu'elle pisse incontinent. Si au contraire elle est chaste, elle retiendra son urine plus qu'à l'ordinaire.

(Secrets du Grand et du Petit Albert)

Test urinaire au pollen de lis jaune...

[318] Secret pour savoir si une fille est pucelle ou si elle ne l'est pas, pour ceux qui appréhendent de se marier à quelque bête épaulée, ou de prendre une femme à louage. Mettez de la poudre bien menue, qui se trouve entre les fleurs de lis jaune, et ensuite faites-en manger à celle que vous soupçonnez ; soyez assuré que si elle n'est pas pucelle, elle ira pisser peu

de temps après. Ce secret semble être peu de chose en apparence, mais il a souvent été expérimenté avec succès.

(Secrets du Grand et du Petit Albert)

Pucelage perdu et… retrouvé

Pommade au jus de prunes vertes et terre sainte de Venise

[319] Une fille qui a perdu son pucelage a la vulve si large qu'un homme peut la connaître sans souffrir aucune douleur à la verge ; et les jeunes femmes, la première fois qu'elles ont affaire avec un homme, souffrent pendant quelque temps des douleurs dans la vulve, parce qu'elle n'est pas encore disposée au coït. Il y en a encore une autre, c'est lorsque la pellicule qui est dans la vulve est rompue, ainsi plus elles se servent du coït, plus aussi s'y accoutument-elles.

Pour réparer un pucelage perdu : prenez une demi-once de terre bénite de Venise, un peu de lait provenant des feuilles d'asperges, un quart d'once de cristal minéral infusé dans du jus de citron, ou jus de prunes vertes, un blanc d'œuf frais avec un peu de farine d'avoine.

De tout cela faites une pâte qui ait un peu de consistance et mettez-le dans la nature de la fille déflorée après l'avoir seringuée avec du lait de chèvre et ointe de pommade de blanc rassis. Vous n'aurez pas pratiqué ce secret quatre ou cinq fois que la fille reviendra en état de tromper la matrone qui la voudrait visiter.

L'eau de spergule, dite fourrage de disette, distillée avec du jus de citron, étant seringuée plusieurs jours de suite dans la nature de la fille, produite le même effet en oignant la partie avec pommade, comme est dit ci-devant.

(Secrets du Grand et du Petit Albert)

Pommade à la fleur de lotus

[320] Pour rétrécir ce que le *Kama-Sutra* appelle le yoni, qui avec l'âge ou par suite de maternités, tend à trop s'élargir, cette recette indienne : introduire dans le yoni de la tige ou de la fleur de lotus pilées dans du lait et pétries en petites boulettes ; même une quinquagénaire reprendra, en ses parties intimes, l'apparence d'une vierge.

Poudre à l'alun

[321] Pour rendre à une mariée déflorée avant ses noces les apparences de la virginité, piler de la noix de galle, de l'alun, et « *la bouche d'une grenade* ». En saupoudrez la mariée « *où il convient* ». Le marié ne s'apercevra de rien, et portera sur son sexe des preuves de la défloraison… Si la mariée craint que ce saupoudrage soit insuffisant, elle pilera et passera de l'alun, qu'elle s'introduira avant de franchir le seuil de la chambre nuptiale là où le marié l'honorera de sa virilité. (C'est la verge qui, lors de la pénétration, provoquera des saignements sur la muqueuse irritée par le traitement indiqué.)

(Recette du Maghreb)

Saphir de pureté

[322] Le saphir étoilé est une pierre très particulière, trouble et assez rare, qui filtre la lumière de telle sorte que, de sa surface, partent six rayons lumineux, rappelant justement une étoile.

Cette pierre a une valeur de message intime et secret entre amoureux. De plus, elle préserve la pureté intérieure des jeunes filles qui, involontairement, ont subi des violences.

Noces joyeuses

Aigue-marine pour attirer l'amour

[323] Ce silicate d'aluminium bleu développe les pouvoirs paranormaux et contribue à la méditation. Si l'aigue-marine est translucide, elle rend réceptif. On l'offre à une mariée le jour de ses noces ou pour son anniversaire parce qu'elle attire l'amour. Elle protège aussi du poison, et des ennemis. Offerte au mois d'octobre, elle aide à triompher du malheur.

Blé de fécondité

[324] Céréale sacrée, dont le grain meurt pour renaître, le blé, à Rome, était un porte-bonheur ; on le jette depuis sur la tête des mariés afin qu'ils aient une nombreuse descendance.

Feuilles de blé

[325] Dans le sud de la France, un oracle enfermait dans sa main gauche huit feuilles de blé en laissant dépasser leurs extrémités. Puis, de la main droite, il tentait de lier ensemble les bouts deux par deux, dessus et dessous, tout en prononçant les noms des futurs mariés. Si l'oracle parvenait, sans regarder sa main, à nouer les huit feuilles ensemble, afin qu'aucune ne tombe de sa main gauche rouverte, le mariage promettait d'être heureux.

Bouquet de la mariée

[326] Le bouquet de la mariée, qu'elle lance sur la foule, sera un porte-bonheur pour celui qui s'en saisira, s'il est célibataire.

Chaussure à lancer

[327] Lorsque les nouveaux mariés saluent leurs invités depuis le parvis de l'église, après la cérémonie, leur jeter un soulier porte bonheur à celui qui l'attrape.

Chaussure à attacher

[328] Une chaussure accrochée à l'arrière de la voiture des mariés leur portera bonheur. Une casserole aussi.

Cri d'enfant

[329] Le cri d'un enfant, pendant la cérémonie de mariage, porte bonheur au couple.

Épingle dérobée

[330] Une épingle dérobée à la coiffure ou à la robe de la marie portera bonheur à celui ou celle qui le porte, s'il/elle est célibataire.

Messe commune, infortune...

[331] Quand deux mariages se font à la même messe, l'un des deux ne sera pas heureux.

(Secrets du Grand et du Petit Albert)

Nudité

[332] D'être nue sous sa robe pendant la cérémonie apportera le bonheur à la mariée.

Voile de mariée

[333] Le voile de la mariée (si elle ne le garde pas pour servir de moustiquaire à ses futurs enfants dans leur berceau), découpé en petits morceaux

après la cérémonie, et distribué aux invités à la noce, leur servira, glissé dans une livre, un agenda ou un portefeuille, de porte-bonheur.

Nuits de noce

Positions du Kama Sutra

[334] La magie rouge est consacrée à l'amour. Il est donc difficile de ne pas évoquer l'acte amoureux, auxquels se réfèrent, pour le provoquer ou l'empêcher, la plupart des recettes magiques de cet ouvrage. Recettes issues des grimoires, pour la plupart, comme les descriptions ci-dessous de l'acte amoureux, puisées elles aussi dans des ouvrages séculaires plus ou moins connus, à commencer par l'incontournable *Kama Sutra*.

Le *Kama Sutra*, composé par Vatsyayana à des fins religieuses, l'art d'aimer, même physiquement, étant une manière d'aller à la recherche des dieux des brahmanes.

Les étreintes décrites, dites *congrès*, dépendent de trois classes d'hommes et de trois classes de femmes que l'on peut établir selon la longueur du *lingham* masculin ou selon la profondeur du *yoni* féminin. Ces classes, rappelant les noms de certains animaux, par rapport aux dimensions évoquées, sont :

L'homme-lièvre, l'homme-taureau, l'homme-cheval.

La femme-biche, la femme-jument, la femme-éléphant.

D'où des postures différentes selon que l'on accouple des dimensions harmoniques ou non : court, moyen ou long lingham avec yoni plus ou moins profond. Dans cette hypothèse, nous obtenons neuf positions. Il y a aussi neuf positions suivant la violence du désir charnel, selon que l'on accouple des passions petites, moyennes ou intenses, d'égale ou d'inégale valeur. Et il y a encore neuf poses différentes selon le temps employé au congrès jusqu'à l'obtention de la jouissance. Un sage a écrit, à ce sujet : *« Les femmes n'émettent pas comme les hommes. Ceux-*

ci assouvissent simplement leur désir et s'arrêtent d'eux-mêmes, satisfaits, avec l'émission ; il n'en est pas de même de leurs compagnes. »

Quant aux différentes manières de se coucher et de pratiquer le congrès, Vatsyayana est plus prolixe encore, et plus minutieux. Il indique par exemple pour la femme-biche les trois manières de prendre position : l'ouverte, la béante, l'indranienne.

- L'ouverte, si elle baisse la tête et lève le milieu du corps.
- La béante si elle lève les cuisses et les tient écartées.
- L'indranienne (position de la déesse Indrani) si elle ramène ses cuisses, avec ses jambes repliées dessous, pour engager le congrès.

Quant à la femme-jument ou la femme-éléphant, force leur étant de contracter le yoni, les positions changent. Ce sont :

- La serrante, si les jambes des époux sont étendues ;
- La pressante, si la femme presse l'homme contre ses cuisses ;
- La liante, si elle place une de ses cuisses en travers de la cuisse de l'homme ;
- La jumentine, si la femme retient de force le lingham dans son yoni...
- Un autre docteur en érotisme sacré, Suvarnanabha, renchérit ;
- Position levant, si la femme lève les deux cuisses toutes droites ;
- La béante, si elle place ses deux jambes sur les épaules de l'homme ;
- La pressée, si ses jambes contractées maintiennent l'homme devant sa poitrine ;
- La demi-pressée, si l'une de ses jambes est tendue ;
- La pose du clou, si l'une des jambes est sur la tête de l'homme, et l'autre tendue...

Il y a aussi les positions dites poétiquement en fente ou bambou, du crabe, en paquet, en lotus... Ou encore la position tournante quand l'homme, pendant le congrès, fait la toupie et tourne en rond et jouit de la femme sans la quitter, celle-ci lui tenant les reins, et aussi le congrès appuyé, le congrès suspendu, le congrès de la vache (où la femme se met à quatre pattes pour recevoir un hommage qui ressemble à celui d'un taureau), les congrès du chien, de la chèvre, de la biche, de l'âne, du chat, du tigre, ceux imitant les assauts du cheval, du sanglier, voire de l'éléphant... Tout est évoqué, y compris quand un homme jouit en même temps de plusieurs femmes, quand une seule femme est prise par plusieurs hommes, y compris le congrès inférieur (sodomie)...

Comme le suggère le *Kama Sutra*, *« une personne ingénieuse doit multiplier les sortes de congrès en imitant les différentes espèces de bêtes car en les variant ainsi selon les usages locaux et les fantaisies individuelles, on engendre l'amour, l'amitié et le respect dans le cœur des femmes. »*

Positions du Jardin parfumé

[335] *Le jardin parfumé*, écrit en arabe par le cheik Nefzaoui, donne, de son côté, quarante manières de besogner sa compagne, parmi lesquelles, au titres suggestifs : le bouchonnement ; la manière des grenouilles ; le cramponnement des doigts de pied ; l'élévation des jambes ; la manière des boucs ; la vis d'Archimède ; le percement de la lance ; la pendaison ; la culbute ; la queue de l'autruche ; la chaussette ; la vue réciproque des derrières ; le bandement de l'arc ; le pilement sur place ; le mouvement alternatif de percement ; le coït du dos ; le ventre à terre ; l'emboîteur ; la manière des moutons ; la bosse du chameau ; l'enfoncement de la cheville ; le coït de la brebis ; la fusion d'amour ; celui qui demeure au logis ; le coït violent ; l'intervertissement du coït ; la course à membre ; le coït du forgeron ; le séduisant...

Pour le percement de la lance, par exemple, la femme est suspendue au plafond par cinq cordes (une à chaque membre et une pour le dos) de façon que sa vulve se trouve à hauteur du membre qui s'y introduit. L'homme imprime alors à l'appareil un mouvement de balancement en commençant par l'éloigner, puis en la rapprochant ; le membre rentre et sort alternativement, bien dardé, jusqu'à l'éjaculation. Il faut alors, en retenant les cordes, veiller à ce que le jet séminal n'échappe pas au vase auquel il est destiné.

Femme encore suspendue dans la pendaison : les pieds et les mains de la femme (qui doit être très souple, et très légère) sont réunis à hauteur de son cou, de façon à ce que sa vulve ressorte. La femme est élevée au moyen d'une poulie fixée au plafond. L'homme s'étend alors sous elle, tenant dans sa main l'autre bout de la corde, au moyen de laquelle il la fait descendre sur lui, de façon à pénétrer dans son vagin. Il la fait ainsi monter et descendre sur son membre à la seule force de son bras jusqu'à ce qu'il éjacule.

C'est acrobatique, et nécessite beaucoup de matériel.

Positions du Livre de la volupté

[336] *Le livre de la volupté*, d'Abdul-Haqq Effendi, se passe d'accessoires pour détailler une quarantaine de positions amoureuses (dix de la femme couchée sur le dos, dix sur le côté, dix sur la figure, dix en se baissant, dix tête haute, une assise, et quelques autres...). Il évoque complaisamment les deux déduits féminins, les caresses de la langue ou des lèvres, en précisant toutefois, non sans hypocrisie, que « la plupart des femmes qui désirent l'action contre nature sont de la dernière dépravation.

De même certains hommes sont également altérés et des délices de la fente et de celles de la rosette. Les galants en viennent à chercher une autre façon de besogner que par devant, et s'en tiennent ensuite à la porte de derrière, se dégoûtant du gracieux déduit propre à la femme ; telle est la fâcheuse fin où conduit pareil penchant... »

Position procréatique

[337] Pendant le coït, le couple doit être étendu la tête au nord et les pieds au midi. La copulation, dans un but strict de procréation, s'effectue cependant que la femme regarde le ciel, l'homme étant tourné vers la terre. Les autres attitudes sont du domaine des copulations extraordinaires.

(Vénus magique)

Position coïtale des mains

[338] Pendant la conjonction, l'application des mains de l'homme sur la colonne vertébrale de la femme augmente le feu ; l'application sur les pectoraux retarde le spasme, mais pour obtenir ce dernier résultat, le moyen le plus effectif est la volonté. Un coït épuise les forces nerveuses de neuf jours.

(Vénus magique)

Suprématie conjugale

[339] Afin de s'assurer la suprématie à la maison, la mariée devra uriner au matin de la nuit de noces sept (petites) fois dans sa main, en verser le contenu dans un bol, et vider ce bol dans le café ou le thé qu'elle préparera pour son mari en disant : « *Je t'ai fait prendre de mon eau pour que tu ne voies plus que par mes yeux, que tu n'entendes plus que par mes oreilles, que tu ne parles plus que par mes paroles.* »

Conception et avortement

Fécondité

Semence assaisonnée à l'ail

[340] Pour avoir des enfants, la femme prendra sept gousses d'ail, les fera cuire, les trempera dans l'huile. Chaque jour elle en introduira une là où il est d'usage que l'homme dépose sa semence. Aussitôt, la matrone qui l'assiste réchauffera le ventre de la femme avec une poêle à frire rougie au feu, mais sans la toucher. Puis elle lui frictionnera le ventre et le bas-ventre avec de l'huile, lui recouvrira le ventre de menthe verte et la ceindra d'une étoffe de laine.

(Recette du Maghreb)

Vapeurs fertilisantes

[341] Si une femme veut être fertile, il lui faut une bonne quantité de lathrée clandestine (plante parasite des racines de divers arbres (peupliers, saules, chênes, noisetiers...) que l'on fait bouillir dans un vase de terre cuite émaillée, en remuant jusqu'à complète cuisson.

Retirer du feu et s'accroupir au-dessus du vase de façon à recevoir les vapeurs directement dans le vagin.

Amandes apéritives

[342] Dans l'antiquité, on croyait que manger des amandes et des grenades (symbole de la vulve), et au Moyen Age du lys (double symbole de chasteté et de fécondité), rendait les femmes fertiles.

Ceinture en poil de chèvre

[343] Si une femme prend une ceinture de poil de chèvre, trempée dans du lait d'ânesse et qu'elle se l'attache sur le nombril, jusqu'à ce qu'elle ait été connue de son mari, immanquablement elle concevra.

(Secrets du grand et petit Albert)

Cette recette est dérivée de croyances latines. Lors des Lupercales (fêtes en l'honneur du Loup, dieu de la fécondité), à Rome, les prêtres, nus sous des peaux de chèvres et armés de lanières coupées dans la peau de ces mêmes bêtes, couraient après les femmes et les frappaient au passage, ces coups devant les rendre fécondes.

Dans l'antiquité gréco-romaine, on croyait que le bouc, le bélier, la chèvre favorisaient la fertilité par le contact. Une femme désirant un enfant se frottait (en évitant la lascivité) contre un bouc ou un bélier, avant que de faire appel à son époux afin qu'il accomplisse son devoir conjugal, malgré l'odeur...

Corne de cerf et bouse de vache....

[344] Afin qu'une femme conçoive, on réduira en poudre la corne d'un cerf, que l'on mêlera avec de la fiente de vache (sèche !), ensuite la femme la portera sur elle pendant qu'elle aura affaire avec un homme, et immanquablement elle deviendra grosse.

(Secrets du grand et petit Albert)

Agate en sautoir

[345] L'agate est réputée depuis la nuit des temps pour son influence sur la fertilité. Dans la Rome antique, les paysans, pour que leur champ soit

fertile et que la récolte soit abondante, glissaient une agate dans le bois de l'araire ou portaient au doigt un anneau dans lequel était enchâssée cette pierre.

De même, les femmes portaient une agate en sautoir pour être fécondes et accoucher sans complications.

Envies de femme enceinte

[346] On connaît enfin si les femmes ont conçu lorsqu'elles ont le visage changé ; car elles l'ont ordinairement rouge après la conception, à cause de la chaleur, ou bien quand elles ont la fantaisie de quelque chose, comme de la terre, du charbon, des pommes, des mûres, des cerises, etc.

Lorsqu'on sait qu'une femme est enceinte, il ne faut jamais nommer en sa présence quelque chose dont elle pourrait prendre appétit, si on ne peut la lui donner, au cas qu'elle la demande ; parce que si elle la demandait, et qu'on la lui refusât, cela serait capable de la faire avorter, à cause de la résistance qu'on ferait à son appétit ; car le fœtus qui se trouve pour lors dans son ventre, devient faible et meurt. Ainsi doit-on avoir soin de donner aux femmes ce qu'elles demandent. J'ai vu une femme, laquelle était grosse, demander des pommes pas encore mûres ; n'ayant pu en avoir, elle se mit au lit, où elle demeura un jour et une nuit sans prendre ni pain ni vin. Et comme il ne se trouva auprès d'elle que des jeunes femmes et des servantes, qui n'avaient point d'enfants, et qui ne savaient pas cela, elles lui en refusèrent, lui disant qu'on n'en pouvait point trouver, croyant qu'il était dangereux de lui en donner, puisqu'on les défendait à ceux qui avaient la fièvre, en quoi elles furent trompées.

Car cette femme, après ce refus, devint si faible qu'elle accoucha d'un enfant mort avant le terme, et eut de grandes douleurs pendant deux jours et deux nuits ; elle avait auparavant rejeté du sang par le nez. C'est pourquoi, afin d'éviter tous ces accidents à l'égard des femmes enceintes, il est bon d'en avoir soin, de ne pas les laisser sortir, et d'empêcher qu'elles n'agissent beaucoup ; il faut aussi leur donner à manger des viandes tendres et succulentes, et tout ce qu'elles demanderont.

(Secrets du Grand et du Petit Albert)

Frissons annonciateurs…

[347] Lorsqu'une femme étant en action avec un homme sent un frisson ou une douleur aux cuisses, c'est une marque qu'elle a conçu.

Si l'homme dans l'action sent que la verge est attirée et en quelque manière renfermée dans la vulve de la femme, c'est aussi signe de conception.

Nombril qui gratte, après le mellicrate

[348] Si quelqu'un veut savoir si une femme est grosse ou non, qu'il lui fasse boire du mellicrate ; si elle sent quelque chose autour du nombril qui la pique, il est sûr qu'elle est grosse ; si elle n'en a point senti, elle ne l'est pas.

Le mellicrate est une potion faite avec de l'eau, et du miel mêlés ensemble, qu'on fait prendre à la femme dans le temps qu'elle se couche, ou aussitôt après. Mais comme il en a d'assez rusées, qui connaissant la chose, diraient le contraire : quand on leur en veut faire boire, il ne faut pas parler de grossesse, mais attendre qu'elles se plaignent, comme elles ont coutume de le faire, de quelque douleur à la tête ou d'ailleurs, et aussitôt leur dire qu'une telle potion est tout à fait souveraine pour ce mal. Après qu'elles l'auront bue, on pourra leur demander le lendemain matin si elles n'ont ressenti aucune douleur dans leur corps ; si elles disent qu'elles ont senti quelque chose proche du nombril, il faut croire qu'elles ont conçu.

(Secrets du Grand et du Petit Albert)

Souriceaux panés

[349] Pour avoir des enfants, la femme devra chercher une souris qui vient de mettre bas sept petits, les lui prendre, les rouler dans la farine et les avaler encore vivants avec beaucoup d'eau !

(Recette du Maghreb)

Testicules à la bordelaise

[350] Parce que ce sont des animaux réputés *« chauds en amour »*, on servait autrefois, en France, aux jeunes mariés, afin qu'ils aient au plus vite une descendance, un plat de testicules de taureau ou de chevreuil, de testicules de renard ou de lièvre dans du vin.

Nuits licites selon les Védas

[351] En ce qui concerne la vie sexuelle d'un couple, le mari, pendant la période favorable à l'enfantement, annoncée par les menstrues, doit rester fidèle à sa femme.

Seize jours et seize nuits, chaque mois, à partir du moment où la femme saigne, forment la saison naturelle de la femme. De ces seize nuits les quatre premières sont défendues, ainsi que la onzième et la treizième. Les dix autres nuits sont licites.

Les nuits paires parmi les dix dernières sont favorables à la procréation des garçons, les nuits impaires à celles des filles.

Cependant le sperme en grande quantité engendre des garçons, et dans le cas contraire des filles.

Lorsque les règles apparaissent, le mari ne doit plus coucher dans le même lit que son épouse,

Au risque de perdre sa virilité, sa vigueur et sa vue. Et ce jusqu'à ce qu'elle ne saigne plus.

Pendant la nuit de la nouvelle lune, la huitième nuit (premier quartier), la nuit de la pleine lune et la vingt-et-unième nuit (denier quartier), l'époux doit rester chaste, même si la femme est dans sa période favorable à l'enfantement.

Il n'est pas bon de se livrer à l'amour quand, dans la journée, on a assisté à une cérémonie funèbre, non plus de commettre l'acte sexuel dans un cimetière ou au pied d'un arbre.

(Les Védas, dans l'Inde ancienne, réglaient la vie des Hindous dans les moindres détails.)

Stérilité

Vin de de saint Foutin et saint Guignolet

[352] Contre la stérilité : le vin de saint Foutin et saint Guignolet : Saint Foutin, bien qu'imaginaire, était un saint fort vénéré en Provence et en Auvergne ; son jumeau, saint Guignolet, était lui honoré en Bretagne et dans le Berry. L'un comme l'autre avait la vertu de rendre fécondes les femmes stériles. Leurs statues, aux pieds desquelles on déposait des représentations en cire de sexe féminin furent pour la plupart brûlées par les protestants lors des guerres de religion. Soit le saint avait une forme humaine avec un gros bâton qui lui traversait le corps à hauteur du bas ventre, soit il avait la forme d'un phallus. Ses « *fidèles* » versaient du vin sur son gland puis le raclaient. Le résidu obtenu était mis à macérer dans du vin, puis bu, afin de retrouver fécondité.

Collier de perles...

[353] Dédiée à la Lune, la perle, qui symbolise la perfection, attire les énergies lunaires bénéfiques. Elle serait née d'une goutte de rosée (ou de sperme) tombée de la Lune dans la coquille d'une huître. La perle (notamment en collier) chasse la mélancolie, et la stérilité.

... Ou collier de corail

[354] Dans la Rome antique, le corail était consacré à Vénus. Porté en collier, il lutte contre la stérilité. Il protège, en outre, les femmes enceintes. Son rouge intense dispense bien-être et chaleur, et influx bénéfiques à celle qui le porte.

Lait de jument

[355] Si une femme ne peut concevoir, qu'on lui fasse boire, à son insu, du lait de jument ; et qu'ensuite un homme la connaisse, elle concevra aussitôt.

(Secrets du grand et petit Albert)

Abats de porc

[356] Que l'on prenne le foie, avec les testicules d'un jeune porc, qu'on les fasse sécher et réduire en poudre tout ensemble, ensuite qu'on en donne à boire à l'homme et à la femme ; si l'homme était impuissant, il se trouvera capable et propre à la génération ; et si la femme n'avait pu encore devenir grosse, elle le deviendra.

(Secrets du Grand et du Petit Albert)

Psaumes de David

[357] Pour faire concevoir une femme qui ne peut avoir des enfants, écrire avec dévotion sur du taffetas blanc avec du sang de colombe et une plume de colombe le Psaume 91 de David, et y ajouter le mot « *JECHER* » en guise de signature. Que la femme l'ait toujours autour de son cou lorsqu'elle couche avec son mari.

Le tourner derrière son dos entre les deux épaules afin qu'il pende sur l'épine du dos.

Le psaume 101, avec le mot « *JILTIVA* » peut être utilisé dans les mêmes conditions, aux mêmes fins.

(Magie de Picatrix)

Accouchement

Cataplasme d'écume de mer

[358] Si on attache de l'écume de mer à la cuisse gauche d'une femme qui est dans les douleurs de l'enfantement, elle en est soulagée.

Cataplasme de serpent

[359] La dépouille d'un serpent, appliquée sur la hanche, ou le côté d'une femme grosse, facilite l'accouchement ; mais il faut la lui ôter aussitôt que l'enfant commence à sortir.

Hématite apaisante

[360] L'hématite, également surnommée *« pierre de l'accouchement »*, est une concrétion naturelle d'argile et de fer, à la couleur marron intense et brillante. Ses dimensions varient de celles d'une noix à celles d'un œuf. La particularité de l'hématite est que son intérieur, creux, contient un noyau dur qui, lorsqu'on secoue la pierre, émet un son caractéristique.

Une l'hématite glissée sous le chevet de la femme en train d'accoucher allège les douleurs de l'accouchement et préserve de l'avortement.

Croix des douleurs en malachite

[361] La malachite et les pierres vertes en général ont une influence positive sur l'accouchement. Pour soulager les douleurs, la parturiente noue à sa taille une légère ceinture faite de petits cœurs de malachite liés par un filigrane d'argent.

Un autre bijou qui protège et favorise l'accouchement est la *« croix des douleurs »*, composée de quatre malachites en forme de goutte avec, au centre, un grenat marqueté de corne de bouquetin. Cette croix doit être pendue à la ceinture durant la dernière semaine de grossesse.

Oseille d'accouchement

[362] L'oseille et la petite oseille, qui font partie des plantes consacrées à Jupiter, sont très bénéfiques aux jeunes mamans. A l'aube d'un jeudi, vers le terme de la grossesse, la femme confectionne de ses mains un sachet de toile blanche dans lequel elle dépose de la semence d'oseille avant de le lier à son bras gauche : l'influence favorable qui s'en dégage l'aidera au cours de l'accouchement en atténuant les douleurs.

Corne d'abondance

[363] Symbole de la richesse et de fertilité, la corne d'abondance est pour un couple l'objet le plus bénéfique qui soit. Pour son épouse, le futur père façonne de ses mains une corne d'abondance qui leur portera chance et favorisera l'accouchement de beaux bébés.

Il choisira pour ce faire une grosse corne de bovin, d'ovin ou de cervidé, courbée ou droite, pourvu qu'elle soit conique (les bois du cerf, par exemple, ne conviennent pas) qu'il remplira de fleurs et de fruits, et la suspendra derrière la porte d'entrée de son foyer.

Sexe des enfants

Que le plus amoureux gagne

[364] Lorsque la femme est plus amoureuse que le mari, elle engendre des filles ; le vice-versa donne des garçons.

(Vénus magique)

Caprices du calendrier

[365] Quand la conception a lieu dans la quinzaine qui suit la suppression des règles, elle produit une fille ; dans la quinzaine qui la précède, elle produit un garçon.

(Vénus magique)

Du danger des positions contre nature

[366] Quelquefois le coït contre nature contribue à la naissance d'enfants malformés. On raconte qu'un certain homme, qui s'étant mis sur le côté pendant le coït, sa femme fit un enfant bosse d'un côté, et boiteux d'une jambe, à cause qu'il l'avait connue contre nature.

(Secrets du Grand et du Petit Albert)

Fille aux fruits de mer

[367] Pour avoir une fille, faire manger à la future mère des poissons, crabes, huîtres, et cohabiter avec elle sept jours après la cessation des règles.

(Vénus magique)

Garçon au lièvre

[368] Si quelqu'un veut qu'une femme conçoive un garçon, il n'a qu'à prendre la matrice et les entrailles d'un lièvre, les faire sécher, et réduire en poudre, et ensuite les faire boire à la femme, mêlées avec du vin ; ou bien qu'il fasse la même expérience avec les testicules d'un lièvre, et qu'il lui donne à prendre à la fin de ses règles, ensuite elle concevra un mâle, si elle se sent incontinente après le coït.

(Secrets du Grand et du Petit Albert)

Garçon-lièvre, fille-porc...

[369] Il naît des garçons dans un ménage où l'on mange du lièvre, et des filles dans une maison où l'on fait cas de la fressure de porc.

(Secrets du Grand et du Petit Albert)

Pentagramme échographique

[370] Pour connaître le sexe de l'enfant à naître, que le mari trace sur le plancher un grand pentagramme, la tête en bas, et qu'il en numérote les pointes, donnant au pentagone central le nombre six. Que la femme,

les yeux fermés, en face de la pointe inférieure, place au hasard sa main droite sur la figure. Si la main se trouve dans les cases impaires, l'enfant sera mâle, et femelle si elle se trouve dans les cases paires. Si la main se trouve trois fois de suite entre deux cases, il y aura fausse-couche.

(Secrets du Grand et du Petit Albert)

Rituel aryen pour avoir un garçon

[371] L'époux s'approche de son épouse en disant :

— Je suis le Ciel et tu es la Terre. Tu es la Terre et je suis le Ciel. Viens, enlaçons-nous, mêlons nos semences pour la naissance d'un enfant mâle, pour la prospérité de notre foyer.

La femme écarte les jambes, l'homme la pénètre en disant :

— Ô vous, Ciel et Terre, mêlez-vous !

Puis l'ayant profondément pénétrée de toute la vigueur de ses reins, il la caresse trois fois du visage au bassin et dit :

— Comme la Terre accueille le Feu dans son sein, comme le ciel enferme Indra dans son giron, comme les quatre points cardinaux animent l'air, ainsi je dépose en ton vase le germe de X (prénom du futur fils).

(Les Aryens appartenaient à des peuplades qui firent la conquête de l'Inde ; Indra était pour eux un dieu solaire, qui incarnait la guerre et la fertilité, ressuscitant les morts sur les champs de bataille et fournissant les hommes en substance séminale)

Rougeurs...

[372] Si lors de la conception le visage de la femme a été rouge et le mouvement léger, l'enfant qui est dans le ventre sera un garçon ; ces marques et signes sont véritables et assurés.

(Secrets du Grand et du Petit Albert)

Les garçons à droite, les filles à gauche

[373] Si le ventre grossit, et devient rond du côté droit, c'est un garçon. De plus, si le lait sortant des mamelles apparaît épais, de telle sorte qu'en le mettant sur quelque chose bien propre, il ne sépare point ; qu'au contraire, ses parties se tiennent ensemble sans couler, c'est une marque aussi sûre que les précédentes.

De même, si on prend du lait d'une femme grosse, ou une goutte de sang qu'on lui aura tiré du côté droit, et que le jetant dans une fontaine d'eau claire, ou dans son urine, il va directement au fond, elle est grosse d'un garçon ; si, au contraire, il demeure au-dessus, c'est une fille.

Ou bien si elle a la mamelle droite plus grosse que l'autre, c'est un garçon ; si la gauche est la plus grosse, c'est une fille.

Ou bien si le sel que l'on met sur le bout des mamelles ne fond pas, c'est un mâle.

Il y a encore un autre signe pour savoir si c'est un garçon ; il faut prendre garde si la femme remue toujours le pied droit le premier.

Et pour connaître si c'est une fille, il faut voir si la femme est pesante et pâle ; si elle a le ventre long et rond du côté gauche ; tirant sur le noir, si son lait est noire, indigeste, livide, aqueux et délié ; si le mettant sur quelque chose il se sépare, ou le jetant dans une fontaine il nage sur l'eau. Tout cela marque qu'une femme est grosse d'une fille.

Il y a d'autres signes, comme si elle sent de la douleur du côté gauche, c'est une fille ; si elle en sent du côté droit, c'est un garçon.

(Secrets du Grand et du Petit Albert)

De l'importance de maîtriser sa semence !

[374] Parfois, la trop grande quantité de semence fait que la nature, en en ayant plus qu'il n'en faut pour former un corps, fait souvent deux têtes, ou deux pieds, dont l'un est toujours de beaucoup plus gros que l'autre, ou bien fait une bosse sur l'estomac ou sur le dos.

Avicenne remarque que si la semence tombe dans le côté gauche de la matrice, il se forme une fille ; et que si elle tombe dans le droit, c'est un garçon ; mais si elle tombe dans le milieu, c'est un hermaphrodite qui tient moitié du mâle et moitié de la femelle, qui conserve toujours l'espèce et la forme de l'homme.

(Secrets du grand et petit Albert)

Talismans et onguents contraceptifs

(La rédaction ne garantit pas l'efficacité des secrets du grand et petit Albert ci-après, et suggère aux personnes en quête de contraceptifs de consulter leur médecin, ne serait-ce qu'à cause de l'odeur... Délicat(e)s s'abstenir, et passer au chapitre suivant)

Bas les pattes (de belette)

[375] On dit que si on arrache la patte d'une belette femelle encore vivante, et qu'on la mette au cou d'une femme, elle ne concevra pas pendant qu'elle y sera ; et si on l'ôte, elle deviendra grosse.

(Secrets du grand et petit Albert)

Testicules de belette

[376] Si on prend les deux testicules d'une belette, et qu'on les enveloppe et les lie à la cuisse d'une femme qui en portera un os sur elle, elle ne pourra pas concevoir.

(Secrets du grand et petit Albert)

Camphre abortif

[377] Pour avorter, la femme introduira dans son intimité du camphre et de l'alun pilé, enveloppés dans un chiffon de laine, et le gardera pendant trois jours, au cours desquels elle avalera du camphre dilué dans de l'eau.

(Recette du Maghreb)

Dents de lait

[378] Si une femme porte sur elle en pendentif des dents de lait d'un enfant qui ont été recueillies avant qu'elles ne touchent le sol en tombant, elle ne concevra ni n'enfantera.

(Secrets du grand et petit Albert)

Sinistre bague

[379] Si une femme se pend au cou le doigt de l'anus d'un fœtus mort, elle ne concevra point pendant le temps qu'elle l'aura sur elle.

(Secrets du Grand et du Petit Albert)

Pommade aux crottes de lièvre

[380] Si vous mettez sur une femme de la fiente de lièvre, elle ne concevra pas, tant qu'elle restera sur elle. Idem si elle porte un collier de crottes de lièvre.

(Secrets du grand et petit Albert)

« Rafraichissement » à l'urine de mulet

[381] Si une femme boit du sang de bélier ou du sang de lièvre ou, tous les mois, de l'urine de mulet, elle ne concevra pas.

(Secrets du grand et petit Albert)

Petit déjeuner au piment rouge

[382] Pour avorter, la femme prendra chaque matin du piment rouge macéré dans du vinaigre.

(Recette du Maghreb)

Bain de tempe à la graine de vinette

[383] Pour empêcher de concevoir, envelopper de la graine de vinette dans un morceau de drap, l'appliquer sur la tempe d'une femme. Tant qu'elle y restera, elle ne concevra pas.

(Secrets du grand et petit Albert)

Garder l'amour

Présages de fidélité

Blé de concorde

[384] Récolter le blé au clair de lune est un gage d'amour et de fidélité.

Héliotrope pour garder prisonnières les femmes infidèles

[385] Si, dans une église, on met de l'héliotrope cueilli dans le mois d'août, pendant que le Soleil est dans le signe du Lion, et qu'on l'enveloppe dans une feuille de laurier avec une dent de loup, les femmes qui auront violé la fidélité qu'elles avaient promise à leurs maris n'en pourront pas sortir, si on ne l'ôte de l'église.

(Secrets du Grand et du Petit Albert)

Pain de ménage

[386] Si un couple jette dans l'eau deux morceaux de pain et s'ils se rapprochent, c'est signe de chance pour lui ; mais s'ils s'éloignent, c'est que va éclater une querelle conjugale.

Talismans de fidélité

Ambre à chauffer le sang

[387] Résine fossile jaune brun, ou rouge, l'ambre, dédié à Apollon, réchauffe le cœur, transmet l'énergie solaire, aide à lutter contre la dépression et l'angoisse, protège les voies respiratoires. L'ambre en poudre évite les fausses couches. Un homme, s'il porte un anneau d'ambre jour et nuit, peut rester confiant en sa virilité. Si une femme a des rougeurs au poignet provoquées par un bracelet d'ambre, c'est qu'elle trompe son mari.

Améthyste contre les jaloux

[388] Dioxyde de silicium violet, surnommée la *« pierre prudente »* l'améthyste est la pierre ornant la bague des évêques ; elle était jadis réputée pour combattre l'intoxication alcoolique. Elle stimule la créativité et la méditation, les rêves prophétiques. Placée sous un oreiller, elle combat l'insomnie. Elle apaise les douleurs gastriques, améliore le fonctionnement du foie, guérit les brûlures. Elle annihile les envoûtements d'un amoureux jaloux, éloigne les mauvaises femmes et les vipères. Offerte au mois de février, elle préserve des passions violentes.

Bague de fidélité (1)

[389] Pour garder l'amour d'une personne, faites-lui porter un anneau ou une bague d'argent où vous aurez fait graver, dans la partie intérieure qui touche à la chair, ces mots : *« Daby Daby Daby Huber Huber. »*

Bague de fidélité (2)

[390] L'hirondelle symbolise l'amitié et la fidélité car elle revient régulièrement reprendre son nid après sa migration d'hiver. Si l'on veut être aimé

longtemps d'une personne, on déposera la bague qui lui est destinée pendant neuf jours consécutifs dans un nid d'hirondelle.

De bons Cœurs

[391] Les bijoux en forme de cœur sont des talismans protecteurs pour la santé, et bien sûr l'amour et la fidélité.

Cristal de roche contre les démons de minuit

[392] Dioxyde de silicium incolore, le cristal de roche équilibre le corps et l'esprit, aide à rassembler ses énergies. Lorsqu'on capte les derniers rayons du soleil dans un cristal de roche, on est protégé des démons de la nuit. En anneau à l'auriculaire de la main droite, il ranime l'amour.

Émeraude reflet vert de l'amour heureux

[393] Silicate d'aluminium et de béryllium vert, l'émeraude, pierre attribuée à Vénus, s'offre au mois de mai en signe d'amour heureux.

Attention ! Une bague ornée d'une émeraude, en plus de protéger contre les maladies celui/celle qui la porte, peut aussi trahir sa vacuité et sa coquetterie : si l'on constate que l'émeraude offerte à l'être aimé s'est inexplicablement fêlée, cela signifie qu'il y a eu un important déséquilibre énergétique et affectif entre celui/celle qui a fait le cadeau et celui/celle qui l'a reçu, déséquilibre provoqué par une conduite vaniteuse et légère de la part de celui/celle qui porte la bague endommagée.

Sous la protection de l'éléphant

[394] Il n'y a pas que la défense en ivoire d'un éléphant qui porte bonheur ! Un simple anneau en poil d'éléphant conjure le mauvais sort et, orné de fils d'or, porte chance en amour.

Aiguilles en pendentif

[395] Pour renforcer un lien amoureux, prendre deux aiguilles à coudre et les enrouler dans une feuille de verveine, les pointes tournées en sens opposé. Les lier fermement dans un petit écheveau de fil de laine rouge et déposer le tout dans un petit sachet de cuir que l'on portera au cou.

Épingle à nourrice

[396] Une épingle à nourrice en or ou en argent à laquelle on a, un vendredi (jour de Vénus) accroché un petit objet en or ou en argent symbolisant un cœur, et sur lequel sont gravées les initiales de celui (ou celle) que l'on aime est un porte-bonheur efficace pour renforcer les liens amoureux.

Escarboucle régénératrice

[397] Généralement rouge (raison pour laquelle il est souvent confondu avec le rubis), le grenat, autrefois nommé escarboucle, est un talisman de régénération énergétique. Cette pierre précieuse, qu'il est conseillé d'offrir au mois d'avril, est un gage de constance amoureuse.

Amour en coquille (d'huître)

[398] Un morceau de coquille d'huître poli au fond d'une poche ou d'un sac est un porte-bonheur gage de fidélité.

Fidélité et érotisme en lapis-lazzuli

[399] Si une femme veut être sûre de la fidélité de son amant, elle lui offrira un bijou en lapis-lazuli, belle pierre dure bleu foncé. Offrir à une femme un collier de lapis-lazuli est un hommage rendu à l'érotisme qu'elle suscite.

Lien de nouvelle lune

[400] Cet envoûtement permet de s'assurer de la fidélité d'une personne déjà amoureuse.

Accoler votre photographie et celle de la personne face contre face, de façon à ce que les visages se touchent.

Faire bouillir dans un petit pot en terre cuite une cuiller à café de miel, une cuiller de vinaigre, une cuiller de poivre blanc et un petit verre d'eau de rose. Verser cette potion dans un petit bocal en verre parfaitement propre, neuf si possible ; y plonger les photos et fermer hermétiquement. Garder un temps indéterminé dans un endroit sombre.

Myosotis consacré

[401] Le myosotis représente la fidélité. Pour être sûr de l'amour éternel de la personne que l'on aime, il faut réussir à placer, à l'église, une branche de cette fleur sous le livre des Évangiles et s'assurer que le prêtre dise la messe dessus sans s'apercevoir de sa présence.

Passer à l'orange

[402] Contrairement à la pomme échangée entre Adam et Ève, qui ne leur a apporté que des ennuis, une orange échangée entre un homme et une femme porte bonheur à chacun d'eux.

Plat « épissé »

[403] Si l'on a l'impression que les sentiments de la personne aimée à votre égard s'émoussent, lui préparer un plat particulièrement savoureux et épicé, en y ajoutant trois gouttes de sa propre urine.

Psaume 44 de David

[404] Pour que la femme soit aimée de son mari, qu'elle prenne une Bible le vendredi matin, au soleil levant, et lise le Psaume 44 de David, après avoir écrit « *JESAVA* » au milieu de sa main gauche. Après avoir lu le psaume, qu'elle dise : « *Que mon mari s'intéresse à moi et fasse toute ma volonté.* » Et qu'elle touche ce jour-là son mari avec sa main gauche, ou qu'au moins elle la lui montre.

(Magie de Picatrix)

Psaume 60 de David

[405] Pour que la femme aime son mari, et que leur maison soit heureuse, qu'il prenne une Bible et écrive le Psaume 60 de David, sur un parchemin neuf qu'il vient d'acheter, et y ajoute le mot « *AOL* » en guise de signature. Qu'il roule parchemin et le mette dans un vase de terre qu'il enfermera dans la cour au milieu de la maison.

(Magie de Picatrix)

Cœur de satin

[406] Pour réveiller une passion assoupie par la routine, découper, dans une pièce de soie rouge, deux cœurs identiques, larges d'environ dix centimètres. Broder, sur chacun, le prénom de celle/celle qu'il symbolise. Les coudre ensemble, en formant un sachet, à l'aide d'une aiguille neuve et du fil rouge.

Y introduire une petite touffe de romarin enroulée dans un pétale de rose juste cueillie, et le porter contre son cœur, en le fixant sous les vêtements avec une épingle à nourrice.

Saphir d'apaisement

[407] Pour mettre la paix entre quelqu'un, on prendra la pierre de saphir, qui se trouve dans les Indes Orientales ; la jaune, qui n'est pas si luisante, est la meilleure. Cette pierre, portée sur soi, donne la paix et la

concorde, rend dévot et pieux, inspire le bien, modère le feu et l'ardeur des passions intérieures.

(Secrets du Grand et du Petit Albert)

Scarabée de protection

[408] Le scarabée, sous forme de bague ou de collier, est toujours un porte-bonheur recherché : il protège contre les agressions extérieures – maladies, esprits néfastes – et garantit la fidélité entre époux.

Turquoise anti-querelles

[409] Phosphate naturel d'aluminium et de cuivre, de couleur bleu-ciel à bleu-vert, la turquoise protège du mauvais œil. Elle aide aux relations positives, protège des accidents et rend volontaire. En pendentif ou en bague, la turquoise évite les querelles amoureuses. Ses vertus de porte-bonheur augmentent si on l'offre en décembre.

Consacrée à Vénus, elle est par excellence la pierre des amoureux. Au cours des premières années de mariage, s'offrir des bijoux avec une turquoise enchâssée aide à maintenir entre les époux la fraîcheur des premiers de vie conjugale.

Par ailleurs, la turquoise présente la particularité de pouvoir changer de couleur. Si la turquoise passe soudain de son bleu naturel à un vert sombre, il est bon d'avertir son conjoint et de faire un examen de conscience commun : il y a sûrement quelque chose qui « *cloche* » dans le couple !

Recettes et onguents de fidélité

Farine de froment en fiente de bouc

[410] Prenez de la fiente de bouc, avec de la farine de froment, faites sécher le tout ensemble, ensuite pilez-le, et mettez-le à chauffer avec de l'huile

seulement ; après cela, frottez-vous en tout autour le prépuce dans le temps du coït. Il est sûr que votre femme n'aimera que vous.

(Secrets du Grand et du Petit Albert)

Suif de bouc de réconciliation

[411] Si un homme voit que sa femme le méprise, il peut prendre du suif d'un bouc ni trop grand ni trop petit ; et après s'en être frotté la verge, et après en avoir frotté les parties de la femme tout autour de son déduit, qu'il la connaisse : il est assuré qu'elle méprisera les autres et n'aimera que lui.

(Secrets du Grand et du Petit Albert)

Duo aux cœurs de caille

[412] Pour empêcher les différends et le divorce entre un homme et une femme, il faut prendre deux cœurs de caille ; un de mâle et l'autre de femelle, et faire porter celui du mâle à l'homme, et celui de la femelle à la femme. Tant qu'ils le porteront, bien loin d'avoir des différends entre eux, ils s'aimeront si tendrement que personne ne pourra les faire haïr l'un l'autre, pas même avec des enchantements et des sortilèges.

(Secrets du Grand et du Petit Albert)

Chœur de crapauds

[413] Si un mari, au printemps, dès les premiers coassements de crapauds, frappe, le plus rapidement possible, en retenant son souffle, huit fois de suite le lit conjugal défait avec une baguette de noisetier, il sera pour un an à l'abri des infidélités de son épouse et des sarcasmes et médisances qu'engendre une telle situation.

(Secrets du Grand et du Petit Albert)

Pierre de milan

[414] Il se trouve, si on cherche bien, une pierre dans les rognons ou génitoires du milan (oiseau rapace) ; cette pierre mise dans de la viande que l'on fait manger à deux ennemis, ils deviendront aussitôt bons amis, et vivront dans une parfaite paix et union.

(Secrets du Grand et du Petit Albert)

Cœur épinglé (de mouton)

[415] Pour s'assurer la fidélité de son soupirant, une jeune fille prendra un cœur de mouton nouvellement abattu et y piquera, en suivant le dessin d'une croix, neuf épingles. Puis elle l'enfouira pendant six mois dans une cave.

Pommade parfumée à la moelle de loup

[416] Il ne suffit pas à l'homme de se faire aimer de la femme passagèrement et pour une fois seulement ; il faut que cela continue et que l'amour soit indissoluble, et par ainsi il a besoin d'avoir des secrets pour engager la femme à ne point changer ou diminuer son amour. Vous prendrez donc à ce sujet la moelle que vous trouverez dans le pied gauche d'un loup, vous en ferez une espèce de pommade avec de l'ambre gris et de la poudre de Chypre, vous porterez sur vous cette pommade, et vous la ferez sentir de temps en temps à la femme, qui vous aimera de plus en plus.

(Secrets du Grand et du Petit Albert)

Poudre de verge de loup

[417] Prenez le bout de la verge d'un loup, le poil de ses yeux, celui qui est à la queue en forme de barbe. Réduisez en poudre par calcination et faites-le avaler à votre femme sans qu'elle le sache. Elle sera fidèle. La moelle de l'épine du dos d'un loup a le même effet.

(Secrets du Grand et du Petit Albert)

Pain aux poils

[418] Brûler trois poils de ses parties secrètes et trois poils de son aisselle gauche sur une pelle à feu bien chaude. Les réduire en poudre. Mettre cette poudre dans du pain, qui sera trempé dans de la soupe ou dans le café de celui ou celle que l'on veut séduire. Soyez persuadé(e) que jamais elle(il) ne vous quittera.

(Secrets du Grand et du Petit Albert)

Réglisse anti-dérapage amoureux

[419] Si vous voulez qu'il/elle vous soit fidèle, saupoudrez la semelle de ses chaussures (celles avec il/elle sort) d'un peu de racine de réglisse.

Rituels de fidélité

A longueur de verge...

[420] Pour obtenir la fidélité de son conjoint, l'épouse devra mesurer sa verge pendant son sommeil, avec un fil de rouet qu'elle enterrera dans le jardin, enveloppé dans une cotonnade.

Prière de nuit

[421] Quand la personne dont on veut s'assurer de la fidélité dort, lui prendre la main en prononçant ces paroles : « *Cœur, je te charme ; garde-moi ton amour comme la Vierge Marie a gardé sa virginité.* » et vous faites trois fois le signe de la croix avec la langue dans votre bouche en disant : « *Au nom du Père du Fils et du Saint-Esprit ainsi soit-il.* »

Le sacrifice des tourterelles

[422] Pour garder l'amour, dès le lendemain de la première étreinte, prendre au coucher du soleil deux tourterelles, l'une mâle, l'autre femelle, les égorger, et faire couler leur sang dans une coupe n'ayant jamais servi.

Ajouter un peu de son propre sang et quelques cheveux calcinés de l'épouse.

Prendre la première page blanche d'une bible neuve et écrire dessus avec une plume d'or trempée dans le sang des tourterelles : « *Partout où tu iras, j'irai ; partout où tu resteras, je resterai ; ton peuple est mon peuple et ton dieu est mon dieu ; je mourrai où tu mourras. Seule la mort nous séparera.* »

Parfumer ce papier à l'encens et le mettre sous l'oreiller nuptial. Verser le reste de sang dans une seconde coupe vierge et y mêler du vin. En boire la moitié et faire boire le reste à l'autre partenaire. Plus rien ne brisera ce lien sacré !

Tresse d'amour

[423] Pour renforcer l'amour entre deux personnes, prendre trois cheveux de la personne aimée, les lier à trois de ses propres cheveux avec un fil de laine rouge en récitant : « *Ure sanactus spiritu renes nostros et cor nostrum domine.* »

Bénédiction à la verveine

[424] Prenez de la verveine que vous pilerez et en frotterez le talon de votre main gauche puis, avec cette main, vous formerez un signe de croix à votre front, ensuite à celui de la femme, en disant : « *Cathos, que ton désir seconde au mien comme celui de Saint Joseph avec Marie ! Au nom du Père du Fils et du Saint-Esprit ainsi soit-il.* » Votre amour mutuel en sera renforcé.

Bain aux pétales de roses (rouges)

[425] Pour qu'il/elle reste fidèle, mettre dans son bain (à son insu) la préparation ainsi faite : à la lueur d'une chandelle rouge, faire infuser des pétales de roses rouges et des feuilles de verveine. Laisser refroidir puis filtrer en psalmodiant : « *tu es à moi, moi seul(e) suis capable d'assouvir tes passions, de précéder tes désirs, de t'offrir toutes les satisfactions que tu*

veux, même celles que tu ignores. Je suis l'eau qui t'enveloppe, l'eau qui te réchauffe, l'eau qui te vivifie. Ne t'en va jamais loin de moi, au risque d'en mourir. Reste avec moi, et qu'il en soit toujours ainsi. »

Pomme d'oreiller

[426] Pour s'assurer de la fidélité de son/sa partenaire : écrire, sur un carré de papier blanc, avec son propre sang, ses nom et prénom, et les vôtres. Écrire, sur un autre carré de papier identique, toujours avec son propre sang, le mot *SCHEVA*. Plier ensemble en quatre les deux carrés de papier et les lier avec trois de vos cheveux et trois des siens. Fendre une pomme en deux, la creuser en son centre en en ôtant les pépins, placer les papiers liés dans la cavité, refermer la pomme et la maintenir avec un morceau de ficelle en jute. Enrober la pomme de papier de soie et la placer pour une nuit sous l'oreiller de celle/celui dont on veut s'assurer de la fidélité. Recommencer tous les mois.

Aspersion vénusienne

[427] Pour s'assurer de la fidélité de son amant, une femme pourra se livrer au rituel suivant : un vendredi, à minuit, après avoir pris un bain, elle se placera nue devant une table sur laquelle elle aura disposé deux bougies rouges, une coupe d'eau salée (au sel de mer) et un petit coquillage. Elle allumera les bougies, se concentrera en respirant lentement, et quand le vide sera fait dans son esprit, plongera le coquillage dans le bol, prendra le bol et l'élèvera à hauteur de ses yeux et dira : *« Aphrodite-Vénus, née d'un coquillage de la mer pour illuminer les nuits d'amours, fais que mon amour me soit fidèle, et fidèle à moi seule. »*

Elle reposera la coupe, trempera son médius gauche dedans et s'humectera légèrement le derrière des oreilles, le creux des poignets, les lèvres de sa bouche et celles de sa vulve. Puis avec le coquillage, elle aspergera de quelques gouttes son lit, le seuil de sa chambre et la porte d'entrée de sa maison.

Cheveux fumés

[428] Pour s'assurer de la fidélité de son amant ou de sa maîtresse : Opérer un vendredi soir, avec des vêtements légers et propres, après s'être soi-même lavé. Allumer une chandelle rouge et un bâtonnet d'encens de rose. Piquer avec une aiguille le bout de son doigt et laisser tomber trois gouttes de sang sur quelques cheveux dérobés à son insu à son amant ou sa maîtresse en murmurant, d'une voix profonde et grave : « *Tu étais mien(ne) ; tu le seras davantage par ce sang qui nous lie.* »

Placer les cheveux collés par le sang dans un morceau de soie noire. Plier la soie et l'entourer d'un ruban rouge. Les passer au-dessus de la fumée de l'encens de rose et de la chandelle en murmurant à nouveau : « *Par le sang séché nous sommes liés, par le feu de l'amour nous sommes liés, par les parfums du désir nous ne faisons qu'un. Qu'il en soit toujours ainsi.* » Éteindre la bougie et l'encens, et les enterrer avec le paquet de soie et son ruban à la seule lueur de la lune.

Prisonnier de l'œuf

[429] Rituel de fidélité : Prendre un œuf de poule frais. Le gober cru puis en peindre la coquille en rouge. Introduire par le trou fait pour le gober des cheveux appartenant à la personne aimée. Boucher ensuite le trou avec de la cire rouge et enrober l'œuf dans un ruban rouge en faisant plusieurs tours et en terminant par un nœud triple. Mettre l'œuf dans un endroit sombre et secret. Tant qu'il ne sera pas découvert ou cassé, la fidélité de la personne aimée vous sera acquise. Il vous suffira, si vous voulez que votre liaison prenne fin, de briser la coquille, ou de la jeter au feu.

Photo au gros sel

[430] Pour s'assurer de la fidélité de son amant ou de sa maîtresse, se munir d'une photographie ou il/elle est en votre compagnie, au verso de laquelle vous aurez inscrit vos noms, prénoms et dates de naissance à tous les deux. Se munir d'un bol de gros sel, d'une coupe avec un peu

d'eau au fond, et d'une bougie blanche. Le matin, de préférence dans un espace aéré, pieds et tête nue, à l'heure du lever du soleil (consulter un éphéméride pour avoir l'heure exacte) se mettre face à l'est en agitant la photo devant soi pour provoquer un souffle d'air et dire : « *Elfes et fées qui peuplaient l'Air, enfants des quatre éléments venus de l'orient, faites s'élever notre amour* ».

Puis se mettre face au nord, en jetant devant soi quelques grains de gros sel : « *Nains et gnomes qui peuplaient la Terre, enfants des quatre éléments venus du septentrion, faites s'enraciner notre amour* ».

Puis se mettre face au sud, en allumant la bougie : « *Dragons et salamandre qui peuplaient le Feu, enfants des quatre éléments, venus du midi, faites s'embraser notre amour* ».

Puis se mettre face à l'ouest, en répandant quelques gouttes de la coupe : « *Ondines et naïades qui peuplaient l'Eau, enfants des quatre éléments, venus de l'occident, faites ruisseler notre amour* ». Vider ce qui reste d'eau sur la bougie pour l'éteindre.

Disposer le bol de sel dans un endroit sombre et secret, à l'abri des curiosités, y glisser dessous la photographie. Il/elle vous restera fidèle tant que la photo restera sous le bol, et que le sel restera dans le bol.

Passion à la bougie

Magie de la cire

[431] Élément pur et naturel, la cire est un exceptionnel condensateur de fluide, possédant diverses propriétés et symbolismes puissants qui en font un des matériaux privilégiés de la magie. En premier lieu, la cire est produite par les abeilles qui, traditionnellement, jouissent d'une extraordinaire aura bénéfique (au même titre que, parmi les insectes, la coccinelle et le scarabée). L'abeille produit le miel, aliment cristallin, très noble et pur, essence de douceur et partie intégrante de toute alimentation raisonnée et purificatrice.

L'abeille apparaît, selon la mythologie gréco-latine, comme un instrument de la nature destiné à donner aux créatures vivantes un aliment précieux comme le miel et la cire qui est une matière tout aussi précieuse et importante dans l'histoire du monde.

C'est sur des tablettes de cire que l'homme commença à expérimenter l'écriture, qui a permis à la race humaine de conserver et de transmettre ses connaissances, de rédiger des lois et des poèmes. Enfin, la cire, caractérisée par sa malléabilité et sa combustibilité, a été utilisée pour dispenser à l'homme la force et l'utilité de deux éléments mystiques par excellence : le feu et la lumière.

C'est ainsi que la chandelle a acquis sa valeur d'objet indispensable dans les pratiques magiques. Le feu purifie, la lumière écarte les ténèbres et envahit le monde de vérité, la cire fond lentement, en se consumant et, en se transformant, participe du mystère de l'éternel devenir.

Certaines pratiques de magie amoureuse mettent en jeu l'utilisation de chandelles et de statuettes en cire, que l'on peut modeler soi-même ou se procurer dans les magasins spécialisés. Il est certain que la production personnelle valorise les opérations occultes, mais notre style de vie moderne, les problèmes de temps et la difficulté à trouver les matériaux rendent très appréciables les possibilités offertes par les boutiques d'objets ésotériques, dont les meilleures proposent le plus vaste choix de matières, garantissant le maximum de sérieux et de fiabilité.

Si l'on veut procéder soi-même à la fabrication des objets en cire, il faut se procurer de la cire d'abeille vierge, vendue en pains dans ces magasins.

Pour la magie amoureuse, il faut toujours utiliser de la cire rouge.

Je t'aime avec la bougie-pyramide

[432] L'union entre l'énergie de la pyramide et la magie de la cire peut donner des résultats surprenants. Prendre une bougie rouge en forme de pyramide et, dans un lieu purifié par d'abondantes fumées d'encens,

la laisser brûler dans la nuit d'un vendredi de nouvelle lune, en la regardant se consumer et en se concentrant sur la personne désirée. Le lien d'amour qui vous unit à elle s'en trouvera renforcé.

On peut répéter cette pratique chaque mois, pour solidifier le lien existant.

Je t'aime avec la sorcière rouge

[433] Prendre une bougie représentant une femme et l'asperger du parfum qu'elle préfère. L'allumer durant dix minutes au coucher du soleil en prononçant l'invocation suivante: *« Sorcière rouge, sorcière rouge, accepte mon offrande, afin que tu favorises l'amour de mon aimé(e) X...(prononcer son prénom), pour moi seul(e) et pour toujours ».*

Cette opération devra être répétée à la même heure, les jours suivants, jusqu'à ce que la bougie se soit complètement consumée.

(Magie brésilienne)

Je t'aime en poupées de cire

[434] Prendre deux bougies, l'une représentant un homme et l'autre une femme ; à l'aide d'une épingle consacrée, graver son propre prénom et celui de la personne aimée sur la tête des personnages respectifs. Ensuite, les placer l'une en face de l'autre, les allumer et, en se concentrant sur les flammes, prononcer l'invocation suivante : *« Brûle, flamme, brûle, comme me consume l'amour et le désir que je ressens pour X... (prénom de la personne que l'on veut séduire) et qu'elle ressentira pour moi, par ta flamme pure ».*

L'opération devra être répétée chaque nuit jusqu'à complète combustion des deux bougies.

(Magie brésilienne)

Amants de cire

[435] Il faut une statuette de cire rouge représentant deux amants enlacés, avec double mèche, de manière à ce que, une fois allumée, il y ait une flamme au-dessus de chaque tête.

Sous la bougie, on place, face à face, deux photos des personnes concernées et, au centre de la bougie, on fixe, à l'aide d'une épingle, une feuille portant la formule suivante : « *Ô Vénus, lie d'amour et fait brûler de passion ... (nom des personnes), de la même façon que sont liés et brûlent ensemble ces amants de cire* ». On la laisse se consumer complètement et on en enterre les restes au pied d'un arbre.

Cette magie peut être opérée par une tierce personne, qui désire, parce qu'elle pressent que c'est pour leur bonheur, rapprocher deux êtres.

Je t'aime à la nouvelle lune

[436] Allumer une chandelle le premier vendredi de nouvelle lune, à une heure paire, et inscrire sur un morceau de parchemin vierge ses propres coordonnées ainsi que celles de la personne qui provoque en vous un puissant désir sexuel. Placer le parchemin sous la chandelle durant dix minutes.

Mettre ensuite le feu au parchemin, avec la flamme de la bougie. Jeter les cendres par la fenêtre, en prononçant d'abord le prénom de la personne, puis le sien et, quand la bougie se sera complètement consumée, en jeter les restes dans un cours d'eau vive.

(Magie brésilienne)

Je t'aime avec Vishou

[437] Le temple de Lakshmana, dédié à Vishnou, a été construit peu avant l'an mil, sur le site de Kajuraho (Inde). Il est couvert de représentations de six-cents dieux du panthéon indien. Il est célèbre pour ses sculptures érotiques sur le côté sud du bâtiment.

Dans une boutique spécialisée, se procurer une bougie sculptée sur le modèle de l'une de ses innombrables figures érotiques.

On grave donc sur l'arrière de la bougie, avec une épingle neuve, si possible en argent, le prénom, le nom et la date de naissance des deux personnes à unir dans les joies du sexe. On allume la bougie un vendredi, à une heure paire, et on la laisse brûler durant vingt minutes. L'opération doit être répétée chaque vendredi, jusqu'à épuisement total de la bougie. Ses restes doivent être jetés dans un cours d'eau limpide.

Cette magie de la bougie libère une force érotique irrésistible, qui magnétise l'énergie sexuelle de la personne désirée et la pousse littéralement dans les bras de celle qui l'appelle.

Je t'aime avec une bougie triangulaire

[438] La forme de ces bougies reprend le symbolisme du triangle, signe cabalistique symbole de la divinité dans certaines religions, et du trois, nombre parfait. Le triangle représente l'intelligence, le moteur immobile, le noyau de l'être à l'intérieur du devenir (et aussi le sexe féminin). Il faut se procurer une bougie triangulaire de couleur rouge. En procédant dans le sens inverse de celui des aiguilles d'une montre (sens lunaire), graver sur une des faces son propre prénom, sur la face voisine, le prénom de la personne désirée et, sur la dernière, les deux prénoms et superposés.

Laisser brûler la bougie complètement, en observant la flamme et en maintenant une concentration intense sur la pensée de l'accomplissement de l'amour. Il s'agit d'une pratique psychologiquement épuisante, mais dont le résultat est assuré. Il faut l'accomplir à l'aube d'un vendredi de pleine lune et après une semaine de chasteté.

Je t'aime avec un cœur en cire

[439] Prendre une petite bougie rouge en forme de cœur, sous laquelle on dépose quelques cheveux ou poils de deux personnes entre lesquelles

on veut créer une attirance. Ensuite, à l'aide d'une épingle neuve, on grave sur la bougie les prénoms des deux personnes.

La bougie doit être allumée un vendredi, à une heure paire, et on doit la laisser se consumer complètement. Les résidus doivent être enterrés au pied d'un arbre.

Je t'aime viril...

[440] Pour renforcer la virilité d'un amant, il faut une bougie de forme phallique, sur laquelle on grave ses nom et prénom. Laisser la bougie se consumer complètement, puis jeter les restes dans un cours d'eau vive.

Dans une variante, moins pudique, de cette recette, celle qui veut augmenter la virilité de son amant utilise, avant de l'allumer, la bougie phallique à son propre usage, afin que l'excitation provoquée par sa masturbation se transmette magiquement lors de sa combustion.

Je t'aime de mon sexe

[441] Pour être aimé(e) d'une personne de son sexe, il faut une bougie sur laquelle sont représentés deux hommes ou deux femmes, selon le cas, avec une mise en relief des attributs sexuels respectifs. On grave sur la bougie le prénom de la personne désirée et on la laisse brûler complètement, en jetant les restes dans un cours d'eau vive, s'il s'agit d'une femme, et en les enterrant sous un arbre, entre deux racines, s'il s'agit d'un homme.

Les mystères de la pyramide

L'énergie cosmique de la pyramide

[442] La pyramide est un fabuleux convoyeur des énergies cosmiques. Les secrets de la pyramide sont étudiés par une science particulière, la pyramidologie, qui reconstitue les rapports de nombres et de proportions magiques connus et utilisés par les Égyptiens à des fins

religieuses. La pyramide était une sépulture et un sanctuaire, mais elle était également l'intermédiaire privilégié pour entrer en contact avec les forces transcendantes. Des millénaires plus tard, la géométrie parfaite de la pyramide a gardé son mystère. Celle de Chéops est la pyramide la plus parfaite : c'est à elle que l'on se réfère dans le domaine de l'occultisme. Dans le commerce, on trouve des pyramides en plastique transparent ou formées de fines structures métalliques qui respectent fidèlement les proportions de la pyramide de Chéops. Pour qui veut pratiquer la magie au moyen du précieux capteur d'énergie qu'est la pyramide dans quelque domaine que ce soit (son pouvoir bénéfique est la rend efficace aussi bien en magie qu'en médecine), l'achat d'un de ces modèles est conseillé, tant il est difficile d'en construire une qui respecte parfaitement les proportions magiques de celle de Chéops.

Ci-après, quelques pratiques liées à la magie amoureuse utilisant le pouvoir de la pyramide, enrichi des possibilités de l'image photographique et de son aura.

Pyramide d'union

[443] On pose la pyramide sur une surface surélevée (un meuble, une table, etc.), en tenant compte du fait qu'on ne devra plus la déplacer ni la toucher pendant toute la durée de l'envoûtement. A l'aide d'une boussole, on oriente une de ses faces vers le nord, chacune se trouvant ainsi dirigée vers un des quatre points cardinaux, tout comme la pyramide de Chéops. Symboliquement, une pyramide parfaitement orientée représente le centre de l'univers : c'est de là, en tout premier lieu, qu'elle tire sa puissance ésotérique.

Pour ce lien d'amour, il faut une photo de chacune des deux personnes sur lesquelles on veut influer et neuf épingles d'acier neuves. On présente les deux photos face à face et on les unit, en commençant par transpercer celle de l'homme avec cinq épingles en ligne droite, puis celle de la femme avec les quatre restantes. Ainsi unies, les photos sont placées sous la pyramide, en son centre, en orientant les épingles sur l'axe nord-sud. Les premiers résultats se feront sentir environ un mois plus tard.

Pyramide de division

[444] Le processus est analogue au précédent à la différence que, dans ce cas (conseillé lorsqu'il est nécessaire de résoudre une situation insoutenable, un rapport usé ou morbide), les photos doivent être unies dos à dos et disposées sous la pyramide dans l'axe est-ouest.

Pyramide de protection

[445] Cet enchantement est un don splendide pour une personne aimée, garantissant le bien-être et un apport d'énergies pures. Après avoir soigneusement orienté la pyramide, on pose au-dessous d'elle la photo de la personne que l'on veut favoriser, la tête dirigée vers le nord. Par-dessus la photo, on dispose une pincée de sel de mer non raffiné, quelques grains d'encens, et une poignée d'herbes attribuées au signe du zodiaque de la personne. Chaque jour, durant quatre semaines, on renouvelle ces substances, en jetant les anciennes dans un cours d'eau ou en les brûlant. Cette technique protectrice multiplie ses bienfaits lorsqu'elle est répétée à chaque début de saison, quatre fois par an.

Raviver la passion conjugale

Magie des cercles

[446] Souvent, dans le mariage, à une période d'ardeur succède une phase de lassitude. C'est alors le moment d'utiliser ce talisman suscitera une nouvelle attirance entre deux personnes qui, bien que s'aimant toujours, ne ressentent plus la même passion.

Sur un morceau de parchemin vierge, dessiner à l'encre magique rouge deux cercles concentriques, à l'intérieur desquels on inscrit les mots

Damabiah et *Manakel* en dessinant une croix entre ces deux mots ; au centre, dessiner des signes cabalistiques comme ceux du modèle joint.

Parfumer le talisman au parfum de Vénus et l'offrir à son conjoint, en le priant de ne pas l'enlever. Il est probable que, dès la première nuit, on ait une agréable surprise.

Magie de la bougie

[447] Prendre une bougie, large et plate, représentant (grossièrement) un couple uni sexuellement. Un vendredi, à une heure paire, graver à l'aide d'une épingle consacrée le nom, prénom et date de naissance de la personne ou du couple dont on veut réveiller la sexualité.

L'allumer au cours de la nuit entre un vendredi et un samedi. Au matin, jeter les restes dans un cours d'eau vive. Le soir, au lit, vérifier l'efficacité de la magie de la bougie...

Rompre le lien amoureux

Pour savoir s'il/elle est infidèle

Le jugement de l'aimant

[448] Si on met de l'aimant sous la tête d'une femme qui dort, elle tombera du lit si elle a été adultère, et embrassera son mari, si elle est bonne et chaste.

Le jugement de l'anneau d'or : à qui penses-tu quand tu dors ?

[449] Voici un sortilège très simple et efficace. Poser un anneau d'or ou une pierre précieuse (voire un diamant) sur l'oreiller de la personne aimée tandis qu'elle dort. Si elle se réveille en sursaut, c'est qu'elle est infidèle dans ses actes ; si elle se retourne ou bouge tout en continuant de dormir, c'est qu'elle est infidèle en pensée ; si elle vous embrasse affectueusement, c'est que son amour et sa fidélité sont sans tache.

(Secrets du Grand et du Petit Albert)

Du bon usage du miel dans la fidélité conjugale (1)

[450] Ceux qui sont obligés de s'absenter pour longtemps de leur maison, et qui ont des femmes suspectes et sujettes à caution, pourront, pour leur sûreté, pratiquer ce qui suit. Il faut prendre un peu des cheveux de la femme, et les couper menus comme poussière ; puis ayant le membre viril avec un peu de bon miel, et jeté la poudre de cheveux dessus, on procédera à l'acte vénérien avec la femme, et elle aura ensuite un très grand dégoût pour le déduit.

Si le mari veut la faire revenir de ce dégoût, qu'il prenne ses propres cheveux, qu'il les coupe en poussière comme il a fait avec ceux de sa femme, et après avoir oint son membre viril avec du miel et de la ciboulette, et l'avoir saupoudré de ses cheveux, il procédera à l'acte avec contentement de la femme.

Du bon usage du miel dans la fidélité conjugale (2)

[451] Si l'on veut empêcher qu'une femme soit infidèle à son mari, que l'on prenne de ses cheveux, les ayant fait brûler, et réduits en poudre, qu'on les jette sur une couchette, sur un lit ou sur quelque autre chose, que l'on aura auparavant frotté avec du miel. Que le mari l'y connaisse peu de temps après, elle n'aimera que lui.

(Secrets du Grand et du Petit Albert)

Bougie flottante

[452] Pour découvrir si une trahison est en train de s'accomplir de la part de la personne aimée, graver sur une bougie son prénom et son nom, puis placer la bougie dans une écuelle légère, en bois ou en plastique, en déposant sous la chandelle trois de ses propres cheveux.

L'allumer et l'abandonner sur les eaux d'un ruisseau. Si la flamme s'éteint ou si la bougie tombe à l'eau, c'est mauvais signe ; si l'écuelle, continuant à flotter, disparaît hors de vue, entraînée par le courant, la fidélité et la pureté d'âme de l'aimé(e) seront confirmées.

Va te faire cuire un œuf !

[453] En Inde, toute femme est présumée adultère si elle reste seule, dans un lieu clos, avec un homme plus de temps qu'il ne faut pour faire cuire un œuf.

Aveux

Au bon cœur du chat-huant

[454] Si l'on met le cœur d'un chat-huant avec son pied droit sur une personne endormie elle dira aussitôt ce qu'elle aura fait, et répondra aux demandes qu'on lui fera.

(Secrets du Grand et du Petit Albert)

Au bon cœur du crapaud

[455] Pour faire dire à une fille ce qu'elle a de secret, pendant qu'elle dort, mettez-lui le cœur d'un crapaud sur la mamelle.

Langue de grenouille

[456] Pour faire avouer une femme, on prendra une grenouille d'eau en vie, on lui arrachera la langue, ensuite on la remettra dans l'eau. On appliquera cette langue sur le cœur de la femme lorsqu'elle dormira, et elle répondra à toutes les questions qu'on lui fera ; et quand elle aura tout dit, il faut la lui ôter, de peur qu'elle ne s'éveille.

(Secrets du Grand et du Petit Albert)

Au bon cœur du pigeon

[457] Pour faire dire à une fille ou à une femme tout ce qu'elle a fait, qu'on prenne le cœur d'un pigeon, avec la tête d'une grenouille ; et après les avoir fait sécher, si on les réduit en poudre sur l'estomac de celle qui

dort, on lui fera tout avouer ce qu'elle a dans l'âme ; et quand elle aura tout dit, il faut la lui ôter, de peur qu'elle ne s'éveille.

(Secrets du Grand et du Petit Albert)

Au bon cœur du merle

[458] Si l'on met le cœur d'un merle sous la tête d'une personne qui dort et qu'on l'interroge, elle dira tout haut ce qu'elle aura fait.

(Secrets du Grand et du Petit Albert)

La pierre des traîtres

[459] La pierre quirim est merveilleuse, lorsqu'on veut savoir la pensée d'un homme, car elle lui fait dire tout ce qu'il a dans l'esprit si, pendant qu'il dort, on la lui met sur la tête. On trouve cette pierre dans le nid des huppes, et on l'appelle ordinairement la Pierre des Traîtres.

(Secrets du Grand et du Petit Albert)

La pierre rajane

[460] Quand on voudra obtenir quelque chose d'un autre, que l'on porte sur soi la pierre appelée rajane ; elle est noire et luisante. On la trouve dans la tête d'un coq, quelque temps après qu'elle ait été mangée par des fourmis.

(Secrets du Grand et du Petit Albert)

Jalousie

Passion aux foies de volaille

[461] Conséquence de la passion amoureuse, la jalousie fait l'objet de multiples recettes magiques, soit pour la provoquer, soit pour s'en défaire.

Pour provoquer la jalousie d'une personne, il faut lui faire prendre de la tisane de verveine cueillie le jour de l'Assomption quand sonne midi ; ou alors glisser dans sa chaussure un de ses propres cils arraché pour la circonstance ; ou lui faire absorber une boisson dans laquelle on aura mélangé une poudre obtenue en broyant un foie de pigeon et un foie de merle.

Fiel de grenouille pour devenir chienne

[462] Si une femme est jalouse d'une autre, elle prendra du fiel de grenouille et en enduira le seuil de la maison de sa rivale. Puis elle prendra des poils d'un ventre de chienne et les mettra sous le lit nuptial de sa rivale ; celle-ci ne sera plus qu'une chienne aux yeux de son mari et de ses amants, et traitée comme telle.

Pour qu'un homme repousse sa femme

[463] Si une femme qui, aimant un homme marié, souhaite que celui-ci perde tout désir sexuel à l'égard de son épouse, elle procédera de la manière qui suit.

Dans un mouchoir blanc jamais utilisé, elle recueillera la semence de l'homme aimé. Elle le laissera sécher et l'introduira dans une bouteille de verre transparent, qu'elle bouchera hermétiquement et enterrera, retournée, dans un cimetière ou dans la cour de la maison de l'homme. Ensuite elle allumera une bougie et la plantera en terre là où se trouve la bouteille.

(Magie brésilienne)

Triompher de ses rivales avec un feu de feuilles

[464] Se procurer un cheveu de l'homme désiré et le nouer en prononçant, à chaque nœud, le prénom et le nom de la rivale. Jeter le cheveu dans un brasier où flambent des feuilles de noyer, de laurier, de marjolaine et des fleurs de verveine, en criant à trois reprises : « *Scheva, neutralise mes rivales !* »

Adieu ma bru !

[465] Si une mère (abusive) veut détacher son fils d'une épouse trop aimée, elle prendra un linge intime de sa bru, le lavera et en exprimera l'eau dans la nourriture de son fils afin qu'il se détache de son épouse.

Recettes de désamour

Verge de bouc

[466] Si on veut qu'une femme ne soit pas amoureuse des hommes, il faut prendre la verge d'un bouc, les poils de ses paupières, et ceux qui sont dessous sa barbe, et les faire brûler, ensuite les lui faire boire, sans qu'elle n'en sache rien.

(Secrets du Grand et du Petit Albert)

Mettre bas la chemise...

[467] Si une femme a donné quelque charme à un homme pour se faire aimer et qu'il veuille s'en défaire, il prendra sa chemise par la tête et par la manche droite et pissera au travers. Ainsi il sera délivré du maléfice.

Enfiler la chemise...

[468] Si l'on se rende compte que l'on s'est, par l'action d'un philtre, engagé dans un amour indésiré, il faut le plus tôt possible contrecarrer l'effet d'un philtre. Dans ce cas, le seul remède consiste à enfiler la tête à l'intérieur de la manche droite du vêtement que l'on portait au moment de l'absorption du philtre, mais seulement à condition qu'il ne se soit pas écoulé plus d'une semaine et que le vêtement n'ait pas été lavé.

Tiré par les cheveux...

[469] Se procurer un long cheveu de la personne que l'on déteste. Y faire un nœud chaque jour pendant neuf jours, et le neuvième qui doit tomber

un samedi, jour de Saturne, frapper le cheveu à coups de talons ; la personne haïe le ressentira douloureusement.

Philtre de désamour à la circée de Paris

[470] Cette préparation possède des vertus thérapeutiques : elle peut être indiquée pour prévenir l'obésité et le mal de cœur. Mais en amour, elle possède aussi le pouvoir d'éloigner un sentiment considéré comme morbide et préjudiciable.

La nuit d'un lundi de lune décroissante, cueillir à proximité d'un cours d'eau trois fleurs de circée de Paris (dite aussi herbe à sorciers). Les mettre à macérer dans un récipient de verre avec une cuillerée de vinaigre blanc. Trois jours et trois nuits, laisser le récipient sur le rebord de la fenêtre afin qu'il reçoive les influx astraux.

Durant cette période, on observe un semi-jeûne purificateur, c'est-à-dire que l'on retire de son alimentation les viandes, les œufs et les laitages, en buvant, en revanche, beaucoup d'eau et de jus de fruits naturels. Le troisième jour, on boit le philtre à midi, en l'adoucissant avec une cuillerée de miel. Puis on provoque une rencontre avec la personne qui exerce cette attraction dont on cherche à se libérer. Dans le pire des cas, une querelle éclatera ; dans le meilleur, on ne ressentira plus ce déchirement sentimental, mais seulement une sereine indifférence.

Œuf de discorde

[471] Fabriquer une boite en carton au format d'œuf, de façon à ce qu'elle contienne un œuf debout sans qu'il puisse basculer. Peindre en noir l'intérieur de la boite. À la lune descendante, prendre un œuf entre ses mains et le réchauffer en pensant fortement aux deux personnes que vous voulez séparer. Quand l'œuf vous semble à la température de vos mains, écrivez le prénom de l'homme sur le sommet de l'œuf (bout pointu) et le prénom de la femme à sa base. Réchauffez à nouveau l'œuf entre vos mains, toujours en pensant au couple que vous voulez séparer, puis mettre l'œuf dans la boite. Coller le couvercle.

Placer la boite dans un endroit sec, sombre, bien à l'abri des courants d'air, dans la maison de ceux que vous voulez séparer. Attention, personne, sauf vous, ne doit toucher la boite. La magie doit opérer au bout d'un mois environ. Si, au bout d'un an, le couple s'est ressoudé, reprenez la boite avec son œuf et faites-la brûler, sans l'ouvrir, en déposant la boite sur des braises de charbon de bois. Si le couple s'est défait avant, là encore, détruire la boite et l'œuf comme indiqué, en ne révélant jamais la magie cause de leur séparation.

Regarde où tu mets les pieds !

[472] Si l'on met dans le soulier de l'amant l'excrément de l'aimée, quand il en aura l'odeur son amour s'en perdra.

Lézard anti-convoitise

[473] Broyer dans son poing un lézard vivant, puis passer la main sur la nuque de la personne dont on veut apaiser la convoitise : elle se détournera de vous et vous laissera en paix.

(Magie brésilienne)

Crottes de singe

[474] Si l'on jette sur une jeune fille un mélange de crottes de singes, elle ne pourra jamais se marier.

(Recette indienne)

La malédiction du taureau roux

[475] Réduisez en poudre le membre génital d'un taureau roux, et donner le poids d'un écu de cette poudre dans un bouillon composé de veau, de pourpier et de laitue à la femme trop convoiteuse ; et l'on n'en sera plus importuné, mais au contraire elle aura aversion de l'action vénérienne.

(Secrets du Grand et du Petit Albert)

Graine de pivoine, graine de violence

[476] Si on réduit en poudre de la verveine, cueillie lorsque le Soleil est dans le signe du Bélier, et mêlée avec de la graine de pivoine d'un an, et qu'on la jette dans une compagnie ou entre deux amants, ils auront, peu de temps après, des différends et des bruits ensemble.

(Secrets du Grand et du Petit Albert)

Dent de loup contre la médisance

[477] Cueillir, dans le mois d'août, pendant que le Soleil est dans le signe du Lion de l'héliotrope. Si on l'enveloppe dans une feuille de laurier avec une dent de loup, et qu'on la porte sur soi, personne ne pourra mal parler, ni nuire par de méchantes paroles à celui qui la portera ; au contraire, on n'en dira que du bien.

(Secrets du Grand et du Petit Albert)

Protection d'un amour clandestin

[478] Si des amants clandestins craignent d'être découverts, il faut que l'un d'eux enveloppe un scarabée dans un foulard de soie et le dépose au fond d'une cruche, puis le recouvre de pétales de roses séchées.

Placer la cruche près de la maison de la personne aimée, orientée vers le nord-est. La protection dure un an.

(Magie brésilienne)

Pour calmer le trop-plein d'ardeur érotique

Tisane au nénuphar (jaune)

[479] Comme les nymphéas, le nénuphar jaune est une plante aquatique ; ses feuilles, ovales, sont de couleur vert clair et elle porte de petites fleurs

jaunes. A fins thérapeutiques, on utilise son rhizome et ses fleurs, dotés de propriétés anaphrodisiaques.

Cure : préparer une tisane avec 5 g de fleurs séchées, à boire lorsque l'excitation sexuelle devient insupportable.

Calme au lit, comme au couvent

[480] Répandue dans les régions méditerranéennes, l'agnus-castus est une plante aux jolies fleurs violettes ; c'est un anaphrodisiaque efficace, au point qu'autrefois on la cultivait dans les couvents. La saveur piquante de ses fruits en fait un agréable substitut du poivre.

Cure : pour calmer les tempéraments trop vifs, utiliser durant une semaine, midi et soir, la poudre des fruits d'agnus-castus comme condiment.

Thé à la grimace

[481] Mettre, dans une tasse de thé, le lait avant le sucre contrarie les relations amoureuses.

Repos à la pastèque

[482] La pastèque est une cucurbitacée de forme ronde ou ovale dont la peau, d'un vert plus ou moins foncé, protège une pulpe sucrée, rose cyclamen foncé, constellée de petites graines noires. Fruit estival par excellence, la pastèque possède des propriétés diurétiques et, grâce à son action sédative, également anaphrodisiaques. Elle se digère facilement et est rapidement assimilée par l'organisme.

Cure : manger une ou deux tranches de pastèque chaque fois que le désir se fait trop impérieux. En peu de temps (le délai n'est pas le même pour tous), tout rentrera dans l'ordre

Talismans pour tuer l'amour

Alliance de rappel

[483] Si une épouse soupçonne son mari d'avoir une maîtresse, voici comment les séparer. L'épouse prendra un fil de laine torsadé rouge, le passera dans son alliance et, le mari parti, le nouera de façon à en faire un pendentif qu'elle disposera autour de la photographie du conjoint infidèle de sorte que le nœud se trouve au-dessus de sa tête, que la laine ne touche pas son visage, que l'alliance repose à plat sur sa poitrine. Dissimuler la photo et remettre l'alliance à son doigt quand l'époux revient.

Peau de loup pour étouffer les feux de l'amour

[484] Si on porte sur soi le cœur d'une tourterelle dans une peau de loup, il éteindra tous les feux de la concupiscence et les désirs amoureux.

(Secrets du Grand et du Petit Albert)

Ceinture de chasteté

[485] Quoique les aliments assaisonnés avec laitue et pourpier soient fort utiles pour amortir l'ardeur de la concupiscence ; néanmoins, comme on n'en trouve pas à toutes les saisons, et que l'on se pourrait ennuyer de cette mangeaille, à l'imitation des Israélites qui s'ennuyèrent de la manne du désert, la nature a pourvu de plusieurs autres remèdes.

Vous prendrez donc de la poudre d'agate, que vous mettrez dans une bande de linge que l'on aura trempée dans la graisse de loup, et l'on ceindra les reins de cette bande en guise de ceinture. Outre cela, l'homme portera sur lui un cœur de caille mâle, et la femme celui d'une caille femelle, et il aura plus d'effet s'il est enveloppé dans un morceau de peau de loup.

(Secrets du Grand et du Petit Albert)

Nouement (et dénouement) de l'aiguillette

Annuler les effets du mariage

[486] Le nouement de l'aiguillette est un envoûtement de haine. C'est une sorte de charme par lequel on noue la sympathie de deux amoureux, la rendant ainsi en quelque sorte immobile, et par suite la détruisant.

Le chevillement est un sortilège par lequel on ferme les conduits naturels si bien que les amants, au meilleur de l'étreinte, ne peuvent plus émettre le liquide sacré, donc connaître la jouissance du spasme. La ligature est un maléfice par lequel on paralyse les facultés physiques.

Un honorable ecclésiastique, le père Crespet, prieur des Célestins de Paris, fit en 1590 la liste des onze méthodes qui existent pour annuler les effets du mariage, prouvant sa profonde connaissance de l'acte du coït et des pratiques magiques.

1. Par certaines plantes refroidissant l'ardeur amoureuse ;
2. Par certains maléfices qui empêchent le désir d'accouplement ;
3. Par un ensorcellement qui rend le corps inerte ;
4. Par aliénation de la volonté d'un des éléments du couple ;
5. Par chevillement (en étouffant les conduits naturels) ;
6. Par sortilège empêchant l'homme de se remuer pendant le coït ;
7. Par sortilège en convainquant une partie que l'autre ne l'aime pas ;
8. Par sortilège en perturbant les mouvements du coït ;
9. Par sortilège en tendant trop le membre viril, ou le grossissant trop, ou fermant trop l'orifice féminin, tout cela rendant le coït impossible ;
10. En inspirant eu dégoût à l'homme pour les parties génitales de la femme ;
11. Par sortilège, en enchâssant tellement l'homme avec la femme alors que le tenon est dans la mortaise, qu'ils ne peuvent plus se disjoindre.

Il y a parfois confusion chez les vieux auteurs entre l'envoûtement et le nouement. Ainsi Ovide et Virgile nouent-ils l'aiguillette en prenant une figure de cire, en l'enrubannant, en prononçant sur elle des conjurations, en serrant les cordons comme pour une strangulation et en enfonçant ensuite des clous à l'emplacement du foie. Il s'agit là d'un envoûtement.

Le nouement était pratiqué par les Grecs, les Romains, et son usage passa au Moyen Âge. Il devint si fréquent que plusieurs conciles le frappèrent d'anathème.

Anneau nuptial

[487] Pour nouer l'aiguillette à son mari, il suffit à la femme, le jour de ses noces, de jeter son anneau de mariage à la porte de l'église où la bénédiction lui a été donnée.

Coup de canif

[488] Pour empêcher une copulation, avec un canif neuf, un samedi, écrivez derrière la porte où couchent les personnes : *Consommatum est* ; et rompez la pointe du canif dans la porte.

Cordon noué

[489] Si l'on veut priver un homme de sa virilité, il faut, au moment où il échange un regard avec celle qu'il aime, faire un double nœud à un cordon et dire : *« Par Satan, sois maudit et que ta verge pende comme cette corde. »*

Verge de loup

[490] Pour nouer l'aiguillette, ayez la verge d'un loup nouvellement tué ; et étant approché de la porte de celui que vous voudrez lier, vous l'appellerez par son nom propre et, dès qu'il aura répondu, vous lierez la dite verge avec un lacet de fil blanc, et il deviendra aussitôt impuissant. Pour se garantir, il faut porter sur soi l'œil d'une belette enchâssé dans un anneau.

(Secrets du Grand et Petit Albert)

Vers luisants

[491] Vous rendrez un homme impuissant si vous lui faites avaler des vers qui luisent la nuit.

(Secrets du Grand et du Petit Albert)

Remèdes contre les maléfices

[492] Ce texte a été écrit par Arnauld de Villeneuve (1238-1314), célèbre médecin et alchimiste de Montpellier.

« Il est quelques hommes qui, empêchés par les maléfices, ne peuvent pratiquer le coït avec leur femme ; pour leur être utile, nous voulons dévoiler dans ce livre quel est le médicament très saint, si nous ne nous abusons pas. S'il te convient, espère donc en Dieu, et il te donnera la bénignité. Mais parce que les maléfices sont multiples, nous allons d'abord les étudier. Quelques-uns des maléfices proviennent d'animaux, comme les testicules de coq placés sur le lit avec du sang, ont pour effet d'empêcher ceux qui sont dans le lit de s'unir ; d'autres de caractères écrits avec du sang de chauve-souris ; d'autres par les choses qui naissent de la terre, comme si une noix ou un gland est séparé en deux et qu'une des moitiés soit placée en une partie et l'autre dans une autre partie du chemin par lequel doivent venir l'époux et l'épouse ; d'autres sont confectionnés au moyen de fèves qui ne sont ni amollies par l'eau chaude, ni cuites par le feu, ce qui est le maléfice le plus pernicieux si trois ou quatre de ces graines sont placées sous le lit, ou dans le chemin, ou sur la porte ou auprès des époux. Il en est d'autres qui sont faits de métaux, soit de fer, ou de plomb et fer ; d'autres sont faits d'une aiguille avec laquelle les morts ou les mortes sont cousus dans leur suaire ; et comme toutes ces choses diaboliques qui s'accomplissent principalement dans les femmes sont guéries par les moyens les uns divins, les autres humains, donc si un époux ou une épouse sont opprimés par des maléfices de ce genre, il est plus saint, en vérité, de rechercher ceux-ci, parce que, s'il ne leur est pas porté secours, ils se séparent et se fuient et, de cette façon, le maléfice s'exerce non seulement dans les paroxysmes, mais même dans le traitement.

Si nous voulons extirper le maléfice du lit, il faut voir si le maléfice s'y trouve et l'emporter. Mais si l'auteur de ce maléfice l'y place, soit de jour, soit de nuit, sans que l'on puisse sans emparer, il faut chercher une autre maison dans laquelle l'homme et la femme puissent se coucher ; mais on reconnaît si ce maléfice a été composé par des caractères, lorsque l'époux et l'épouse ne s'aiment pas l'un l'autre ; il faut donc chercher le maléfice sur le seuil de la porte, ou au-dessous, et si l'on trouve quelque chose, il faut l'apporter au prêtre. Mais s'il n'en est pas ainsi, et qu'une noix ou un gland soit la cause du maléfice, il faut prendre l'objet maléfique, ce gland ou cette noix qui est séparée, et que l'homme, en en prenant la moitié, se mette en marche et se place à un certain endroit ; puis la femme, partant d'un autre point, et portant l'autre moitié, s'arrête au même endroit ; la coquille étant ôtée, que la noix soit reconstituée, et, lorsqu'elle sera raffermie, qu'ils la mangent au bout de six jours. Si le maléfice a été donné par les fèves, la guérison peut être mieux obtenue par les moyens divins que par les moyens humains. Si le maléfice est produit par l'aiguille des morts, le maléfice doit être cherché dans le matelas ou l'oreiller du lit ; s'il ne peut pas être trouvé, il faut aller coucher dans une autre maison et un autre lit. »

Remèdes contre les charmes

[493] Le père Crespet, prieur des Célestins de Paris, qui recensa les onze méthodes qui existent pour annuler les effets du mariage (voir plus haut), énuméra aussi les remèdes contre le *charme* si redouté :

« Pour empêcher le nouement de l'aiguillette, il faut parfumer la chambre d'hyppericon serapinum, porter la pierre magne, le cœur d'une tourterelle, manger un oiseau nommé pic, boire de la tyriaque mêlée avec ledit hyppericon, porter du corail, racine de péone, armoise, le cœur d'une caille, à savoir si c'est un homme qu'il porte le cœur du mâle, si c'est une femme le cœur d'une femelle...

« Pour chasser le charme, il y en a qui se servent d'autres charmes, comme de la peau du front de l'hyène, du bois de palme limé avec les dents, de l'herbe satyrion, de l'alysse pendu au plancher de la maison qui sert tant pour les hommes que pour les bêtes. Autres se servent de rüe ; Démocrite se servait de la pierre catochitis ; les autres disent que cela sert de contrecharme de cracher sur le pissat qu'on vient de rendre, ou bien sur le soulier avant de le chausser ; les uns portent à leur col l'effigie d'un membre viril, pensant ainsi qu'aucun sorcier ne pourra leur nuire ; les autres portent sur leur front, en forme de couronne, la fleur qu'on appelle les gants de Notre-Dame, et en latin bacchar. Les autres crachent en leur sein, afin que le charme ne puisse leur nuire… »

Exorcisme pour dénouer l'aiguillette

[494] Texte de l'exorcisme qui dénouait l'aiguillette, c'est-à-dire restituait une virilité défaillante : *« Que toute puissance diabolique s'éteigne en toi. Sois délivré de toute ligature, fascination et maléfice de Satan et de ses ministres. Qu'il te soit donné la fécondité et la grâce pour que tu puisses user du mariage ! Que s'éloignent et deviennent impuissants les démons qui ont fabriqué ce maléfice, en quelque lieu qu'il soit placé, nonobstant tous pactes conclus entre eux et les sorciers et sorcières qui les ont aidés. »*

Pour savoir si l'on est victime d'un envoûtement

[495] Dans un récipient de cuivre ou de terre cuite, compter 33 grains de gros sel. Verser dessus de l'alcool à brûler, et y mettre le feu avec une allumette ou une bougie (pas de briquet). Si, en brûlant, le sel crépite, c'est qu'il y a envoûtement, et plus il crépite fort, et plus l'envoûtement est puissant.

Anneau nuptial pour guérison en couple

[496] Pour le cas où les deux époux subiraient ensemble l'influence d'un même maléfice qui rend impuissant, le mari devra uriner à travers

l'anneau nuptial tenu par sa femme un vendredi matin, au soleil levant, en répétant trois fois : *Yemon*.

(Secrets du Grand et du Petit Albert)

Herbes de la Saint-Jean

[497] Pour dénouer l'aiguillette, il faut que la personne porte dans un petit sachet pendu à son cou trois sortes d'herbes ; de l'alkermès, cueilli le 23 septembre (premier jour de l'automne), de l'armoise et du gui de chêne, cueillis le 24 juin (Saint Jean d'été), avant soleil levé pour les trois.

(Secrets du Grand et du Petit Albert)

Fumigation de dent brûlée

[498] Si on respire la fumée de la dent brûlée d'un homme mort depuis peu, on sera pareillement délivré du charme.

(Secrets du Grand et du Petit Albert)

Rôti de pivert au sel bénit

[499] Les anciens assurent que l'oiseau que l'on appelle pivert est un souverain remède contre le sortilège de l'aiguillette nouée, si on le mange rôti à jeun avec du sel bénit.

(Secrets du Grand et du Petit Albert)

Vif-argent à la longue paille

[500] Pour dénouer l'aiguillette, mettre du vif-argent dans un chalumeau de paille, et placer ce chalumeau sous le chevet du lit du maléficié.

(Secrets du Grand et du Petit Albert)

Retrouver l'amour perdu

Recette de réconciliation

[501] Réconcilier des époux : se rendre (pour l'épouse) en pèlerinage à la chapelle Sainte-Ursule, à Montmartre, déposer au pied de l'autel une chemise (non lavée) du mari, et réciter un chapelet complet. À son retour, elle retrouvera gaîté et amour dans son foyer.

Cette recette était suggérée par la Voisin, célèbre empoisonneuse brûlée vive sous Louis XIV, aux femmes de basse condition qui n'avaient pas les moyens de la payer pour qu'elle les débarrasse définitivement d'époux irascibles ou encombrants. Précisons que la chapelle saint Ursule a été rasée sous la Révolution). On peut toutefois s'inspirer du rituel et le pratiquer dans d'autres chapelles dédiées à sainte Ursule, une princesse d'Écosse du IVe siècle, fiancée par son père au roi d'Angleterre mais qui, ayant fait, avec onze mille vierges (!), le vœu de chasteté, fit avec elles, pour s'en défaire, un pèlerinage en Germanie où elles furent violées et massacrées par les Huns…

Talismans de réconciliation

Cœurs de cailles pour cœurs brisés

[502] Prenez deux cailles, un mâle et une femelle, et faites porter à l'homme le cœur du mâle et à la femme le cœur de la femelle ; et nul ne pourra les faire haïr, telle magie que l'on veuille leur faire.

(Secrets du Grand et du Petit Albert)

Ces cœurs de caille doivent être portés en amulette ; si l'odeur qu'ils dégagent réconcilie les tourtereaux fâchés, il est presque certain que ceux qui ne sont pas concernés par les problèmes de ce couple s'en éloigneront, surtout s'il emprunte des transports en commun.

Une racine de marguerite pour retrouver celle de son amour

[503] Une racine de marguerite, récoltée à la lune descendante, et placée sous l'oreiller d'un amant (ou amante) volage le fera revenir encore plus amoureux(se).

Au clair de la pierre de Lune

[504] La pierre de lune a un aspect laiteux avec des nuances de bleu, reflets des lueurs de la lune. Ses influx sont délicats mais très puissants, en relation directe avec la force mystérieuse de l'astre nocturne Lune. La pierre de lune, ou sélénite, réconcilie les amoureux après une dispute.

Invocations et rituels de réconciliation

Benjoins noir et blanc pour ventre vide

[505] Pour voir revenir un mari absent, l'épouse éplorée brûlera du benjoin blanc et du benjoin noir et s'accroupira au-dessus de la fumée afin que

son orifice amoureux en soit pénétré, en disant : « *Par Vénus et Lilith, que X (elle nomme son époux) revienne en mon ventre comme y monte cette fumée, fût-il en pays inconnu. Que le ciel sur sa tête soit brûlant comme celui de l'Enfer, que la terre sous ses pieds soit comme le foie d'un chien, afin qu'il revienne vite, vite, jusqu'à ce tendre endroit.* »

Cœurs dessinés

[506] Pour faire venir l'être aimé : Sur une feuille de papier bleu, dessiner à l'encre rouge trois cœurs entrelacés les uns dans les autres et y inscrire ses propres initiales et celles de celui/celle qui est parti. Enterrer ce papier au pied d'un arbre. L'attente de son retour peut durer jusqu'à 21 jours. Si la feuille de papier est placée sous un téléphone, il/elle rappellera pour s'expliquer sur les raisons de la rupture.

Cœur de cire percé à l'épine de citronnier

[507] Pour se faire aimer d'une personne et la faire revenir, acheter, le premier jeudi de la lune croissante, à l'heure de Vénus, de la cire blanche ou jaune, n'importe, de la verveine, du safran battu, du parchemin vierge, une plume et encre neuves, une petite boite de sapin blanc, du coton non filé, des épines de citronnier, neuf cierges d'un sol. Prendre le tout sans marchander et payer de la main gauche. De la cire, former la figure de la personne, et cela un vendredi à l'heure de Vénus ; en maniant la cire pour former l'image, dire la conjuration suivante : « *Je vous conjure par la vénération que vous avez pour le mystérieux nom de Saint Echiel, génie bienfaisant qui préside aux opérations qui se font en ce jour, je vous conjure Palavoth ! Minikenphani ! Elkuros ! vous-mêmes, avec toute la puissance que vous avez d'écarter et de mettre en fuite les esprits malins et ennemis des bonnes influences et opérations. Faites donc par cette puissante vertu, que je réussisse dans ce que j'entreprends ou que j'ai dessein d'entreprendre en ce jour consacré à Vénus.* »

La figure étant faite, lui faire un cœur puis, avec une épine de citronnier, piquer ce cœur jusqu'au travers du corps en disant : « *Ce n'est pas toi que je perce, c'est le cœur, l'âme, le soutien, les cinq sens de nature, de mouvement et d'esprit de N...(nom et prénom), et tous ses membres, afin qu'il ne puisse plus faire aucune fonction, ni rester en quelque position que ce soit, qu'il ne soit venu accomplir mon dessein. »*

Puis piler la verveine dans un mortier de bois, et en la pilant, réciter la conjuration trois fois de suite. Tirer le jus de la verveine, y mettre le safran et un peu de gomme d'Arabie. De cela, écrire sur le parchemin vierge le psaume *XLIV*, *Eructavit*, tout entier. Au verset 11 *Audi filia*, au lieu de *filia*, mettre le nom et prénom de la personne, puis continuer d'écrire le psaume, tout en faisant brûler un des cierges.

Quand tout cela sera fait, mettre la figure de cire dessus du coton dans la boîte, et le parchemin écrit dessus. Pendant neuf jours consécutifs, réciter le psaume *Eructavit*, en tenant le cierge allumé, chaque matin au lever du soleil. Porter ladite boîte toujours sur soi. Pour que le mal soit toujours aussi violent, renouveler les opérations aux mêmes heures et jours dits, jusqu'à celui ou celle qui est parti(e) revienne.

L'amour en photographies à la chaleur des bougies

[508] Pour qu'il/elle revienne : allumer deux bougies blanches à 21 heures et prendre dans sa main gauche la photographie de celui/celle qui est parti(e) ; prendre dans la main droite une photographie de soi-même.

Placer chacune des photos au-dessus d'une bougie, assez haut pour qu'elles ne s'enflamment pas, et dire : « *Par la clarté de ces flammes, que ton désir de moi se rallume, que ta passion renaisse et se fonde à la mienne, qui ne s'est jamais éteinte. Répéter trois fois son prénom.* » Rapprocher les deux photos et les plaquer face contre face. Les emballer dans une pièce de tissu bleu, avec un sachet de camomille (dans le langage des fleurs, la camomille symbolise la soumission). Moucher les bougies. Cacher le tout ; s'il était découvert, le charme deviendrait inopérant. Pour que le message se transmette dans l'éther, allumer les deux bougies blanches tous les soirs, à 21 heures, en répétant trois fois le prénom de celui/celle qui est parti(e), puis éteindre les bougies jusqu'au lendemain.

Il/elle devrait faire une tentative de réconciliation avant que les bougies aient totalement fondu.

Sacrifice du poulet noir

[509] Pour faire revenir une personne absente, vous achèterez un poulet noir sans marchander, et en l'achetant, vous direz : *« Poulet, je l'achète pour faire un sacrifice de ta vie à Jésus-Christ. »*

Étant arrivé dans votre chambre, vous allumerez du feu avec du charbon dans un réchaud. Le feu étant allumé, vous prendrez ledit poulet et le fendrez vivant par le milieu du ventre avec un couteau, écrirez avec son sang le nom et le prénom de la personne sur un petit morceau de peau ou de parchemin, et ferez en sorte que le reste de sang tombe dans le feu.

Attention, en le tuant, il faut dire : *« Créature, je fais sacrifice de ta vie à Notre Seigneur Jésus-Christ afin que Tel (ou Telle) vienne et satisfasse à ma volonté, et je prends ton cœur pour force celui (ou celle) que je veux faire venir. »*

Ayant le cœur du poulet à la main, vous le percerez avec quatre clous de girofle, en faisant le signe de la croix avant de les enfoncer, et en répétant à chaque fois : *« Au nom de Jésus-Christ ! En holocauste je te perce pour contraindre et forcer un Tel (ou une Telle) dont j'arrête les cinq sens de nature, qu'il ne repose en tel lieu qu'il puisse être, qu'il ne dorme ni jour ni nuit qu'il ne me soit revenu. Que tu sèches comme le figuier a séché par le commandement de Jésus-Christ ; et que tu souffres comme Jésus-Christ a souffert sur l'arbre de la croix ! Que cela soit dans neuf jours ! »*

Puis vous mettrez le cœur dans le parchemin. Vous aurez un petit pot neuf avec son couvercle. Vous mettrez le cœur dedans avec de l'eau et le ferez bouillir en trois reprises différentes. Vous y jetterez cinq gouttes de vinaigre, en disant : « Ainsi soit-il, comme il est vrai que Jésus-Christ a goûté du vinaigre sur l'arbre de la croix, avant de rendre l'esprit.

Ensuite vous retirerez le cœur que vous aurez mis dans le pot, avec la main droite, et vous aurez le genou gauche à terre. Vous l'envelopperez dans le même parchemin et le pendrez à la cheminée, et la personne reviendra.

Je suis une poupée de cire, une poupée d'argile...

[510] Retour du bien-aimé : « *J'ai fait de lui deux poupées, l'une en argile, l'autre en cire. L'argile durcit au brasier que tu attises, Amaryllis, fond au-dessus des mêmes flammes, qu'il en soit de même pour notre amour. Qu'il soit insensible à celles qui le tentent, qu'il soit tout ruisselant, tout faible dans mes bras. Bergeronnette magique, ramène-moi le bien-aimé.* »

L'officiant récitait cette évocation (qui date de l'antiquité grecque) tout en manipulant au-dessus du feu une poupée d'argile et une poupée de cire.

Grand cru à la rognure d'ongle

[511] Pour obtenir un retour d'affection, mélangez une petite pincée de vos propres rognures d'ongle, réduites en fine poudre, avec du vin rouge (du meilleur, dans les crus qu'il/elle préfère), tout en disant : « *Mon amour, je veux que tu le restes pour toujours, reviens-moi je t'en supplie, reviens-moi, ne m'oublies pas, ne nous oublies pas* » Servir le breuvage à l'infidèle lors d'une nuit de lune croissante, sans qu'il/elle en soupçonne le contenu.

Guérir d'un chagrin d'amour

L'oubli dans la bouteille

[512] Pour oublier un amour, écrire son nom sur une feuille de papier. Verser sur la feuille, en formant une croix, le contenu d'une bouteille d'eau minérale. Rouler la feuille et la glisser dans la bouteille, puis l'enterrer dans un endroit désert. Piétiner en disant : « *X (prénom) disparaît de ma mémoire et enfonce-toi là où j'enterre ton souvenir.* »

Partir sans se retourner.

Repentir à la chrysolithe

[513] La pierre précieuse appelée chrysolithe a la vertu de mettre le repentir dans le cœur de l'homme qui a fait des fautes.

(Secrets du Grand et du Petit Albert)

Prière à Sainte Madeleine

[514] Pour surmonter un grand chagrin d'amour, on peut évoquer sainte Marie-Madeleine (fête le 22 juillet). Devant une médaille la représentant, on récite, un vendredi, l'invocation suivante : « *Sainte Marie-Madeleine, toi qui as su te repentir de tes péchés et trouver la rédemption par l'humilité, tu sais combien les souffrances du cœur sont lourdes, et aussi douloureuses que celles du corps. Sainte Marie-Madeleine, toi qui par tes larmes as enfin su trouver le repos de ton âme, aide-moi à retrouver la sérénité, aide-moi à surmonter le chagrin qui me dévore. Sainte Marie-Madeleine, je suis seule, protège-moi comme une grande sœur. Amen.* »

Évocations d'un défunt

[515] **Jules Michelet**, dans La sorcière, raconte l'histoire d'une veuve éplorée suppliant une évocatrice du démon de lui faire revoir, encore un moment, celui qu'elle pleure. Alors la prêtresse du maudit lui dit : « — *Retourne à ta maison ; fermes-en bien la porte. Ferme encore le volet au voisin curieux. Tu quitteras le deuil et mettras tes habits de noce, son couvert à la table ; mais il ne viendra pas. Tu tireras du coffre le dernier habit qu'il porta, le baiseras. Et tu dira alors : "Tant pis pour toi si tu ne viens." Et sans retard, buvant ce vin amer mais de profond sommeil, tu coucheras la mariée... Alors sans nul doute il viendra.* »

Et Michelet de raconter qu'elle réussit, et que le bien-aimé lui promit de revenir toutes les nuits du dimanche si elle dormait sans s'éveiller.

[516] **Eliphas Levi**, célèbre ésotériste du XIXe siècle, dans son *Rituel de la Haute Magie*, donne la marche à suivre pour évoquer l'ombre d'une

personne aimée. S'installer dans l'appartement du défunt. Prendre les objets qu'il préférait, meubles, tableaux, livres, bijoux, etc., surtout ceux qui ont attiré ses derniers regards et occupé ses derniers moments. Tâcher de reconstituer la chambre mortuaire absolument telle qu'elle était au moment suprême. Si les accessoires à cette mise en scène font défaut, les remplacer par un portrait du mort vêtu comme aux derniers jours de sa vie. Ce portrait sera placé au-dessus d'un autel de marbre blanc que l'on placera contre le mur qui se trouve du côté de l'Orient. Ce portrait sera voilé de soie blanche et devant lui on placera une couronne de fleurs que la personne aimée préférait.

Sur la table de marbre de l'autel où scintillera une étoile de cuivre très pur à cinq pointes, on aura soin d'entretenir dans un brûle-parfum en forme de coupe un feu de bois d'aulne et de laurier. En face de cet autel du souvenir on aménagera un dais de soie vert émeraude. C'est sous ce dais que la personne évoquée apparaîtra lorsque le moment solennel (l'anniversaire de la mort est recommandé) sera venu.

Avant cette date, il faudra se livrer à une retraite de vingt et un jours durant laquelle on observera la chasteté la plus absolue d'actes et de pensées. Il faut, en effet, que rien ne vienne distraire de la pensée du défunt et surtout qu'on évite de donner à qui que ce soit au monde, les marques d'affection qu'on lui donnait de son vivant, car ce manque d'égard éloignerait à tout jamais l'ombre aimée que l'on tient à revoir.

Chaque nuit, à minuit, portant d'une main un cierge, de l'autre un sablier, on entera dans l'oratoire mystérieux et là, devant l'autel surmonté du portrait, on restera en méditation jusqu'à ce que le sable du sablier soit complètement écoulé. Enfin, le vingt et unième jour, à l'heure du repas du soir, il faut dresser dans l'oratoire une table recouverte d'une nappe de lin immaculée. Sur cette table, on posera deux coupes en cuivre, un pain et un flacon de vin très pur qu'on partagera entre les deux coupes. Ayant également rompu le pain par moitié, on offrira la part de ce repas à la personne défunte et on mangera l'autre à la clarté du cierge.

Alors, après avoir bu le contenu de l'une des coupes, on se retirera à reculons. A minuit, après s'être purifié, parfumé et avoir revêtu une robe de mage et s'être coiffé d'une couronne de verveine, on reviendra dans l'oratoire, toujours muni d'un cierge comme les nuits précédentes. Dans les brûle-parfums on jettera de la poudre de cyprès desséchée et mêlée de trois pincées d'encens, on éteindra le cierge, on s'agenouillera dévotement dans l'obscurité on adjurera trois fois la personne aimée de se montrer.

Si l'apparition ne répond pas à votre appel, on devra recommencer l'épreuve à l'anniversaire suivant. Et si, malgré cela, le cher défunt refuse de répondre, c'est qu'on l'a offensé et qu'on est définitivement indigne de le revoir, parce que manquant de pureté de cœur et de sincérité d'âme.

Deuxième partie :

Pour mettre toutes les chances de son côté

Quelles fleurs offrir

Langage des fleurs

[517] Bien avant que les hommes sachent lire et écrire, ils utilisaient les fleurs pour faire connaître leurs sentiments (et éventuellement confectionner des philtres d'envoûtement). Au Moyen Age, le langage des fleurs devint l'expression de l'amour courtois chanté par les troubadours. Si la dame de la tour plaçait sur la tête du chevalier amoureux d'elle une couronne de marguerites blanches, c'est qu'elle était honorée de son amitié, mais qu'il lui était inutile d'insister : il n'obtiendrait rien de plus d'elle ; en revanche, s'il se retrouvait ceint d'une couronne de roses, il pouvait en déduire qu'il était l'élu, et que du chemin de ronde, il passerait, le temps d'ôter son armure et de descendre de cheval, dans les appartements intimes de sa tresseuse de couronne, derrière la tapisserie à la licorne...

Le langage des fleurs a été souvent utilisé par les amoureux sous surveillance, qui pouvaient ainsi s'avouer leur tendresse en échangeant des bouquets en apparence anodins, sous les yeux des matrones, pères et maris jaloux. Les amoureux timides, eux aussi, ont utilisé les fleurs pour avouer une passion qu'ils étaient incapables d'exprimer par les mots...

Le langage des fleurs a été plusieurs fois codifié, et un même sentiment pour être symbolisé par plusieurs essences. Celui proposé ci-dessous regroupe ceux élaborés aux époques médiévale et romantique. Ceux qui ont des sentiments mitigés feront des bouquets mélangés, à condition d'avoir un bon fleuriste...

[518] *Abricotier (fleur)* : Mon amour est timide. Encouragez-le.

[519] *Acacia* : Vous êtes gracieuse.

[520] *Aconit* : Votre dédain me tuera.

[521] *Amaryllis* : Vous aimez trop briller.

[522] *Ancolie* : Je suis fou (folle) de vous.

[523] *Anémone* : Rupture. Partez !

[524] *Angélique* : Inspiration. je suis en extase ! Que vous êtes délicieux(se) !

[525] *Aristoloche* : Vous me tyrannisez !

[526] *Asphodèle* : Je regrette le passé.

[527] *Aster* : Élégance. M'avez-vous dit toute la vérité ?

[528] *Aubépine* : Doux espoir. Prière timide.

[529] *Azalée* : Votre passion est fragile et passagère.

[530] *Balsamine* : Vous m'avez offensé(e) et fait souffrir.

[531] *Basilic* : Je suis pauvre, hélas !

[532] *Bégonia* : Prenez garde ! Je suis fantasque.

[533] *Belladone* : je porte malheur.

[534] *Belle-de-jour* : Vous êtes une coquette !

[535] *Belle-de-nuit* : Je suis timide. Ou : À ce soir.

[536] *Bleuet* : Délicatesse. Charme innocent.

[537] *Boule-de-neige* : Calomnie. Ou : Je vous aime moins.

[538] *Bouton d'or* : Raillerie. Ne vous moquez pas de moi.

[539] *Bruyère* : J'aime la solitude.

Bruyère fanée : amour finissant.

[540] *Buglosse* : Mensonge. Vous êtes la fausseté même.

[541] *Buis* : Je ne change pas.

[542] *Camélia* : Constance. Je vous aimerai toujours.

[543] *Camomille* : Je vous suis soumis(e) et dévoué(e).

[544] *Campanule* : Vous êtes charmant(e) mais un peu fier(e).

[545] *Capucine* : Vous allumez une flamme d'amour.

[546] *Centaurée* : Notre amour est un bonheur parfait.

[547] *Chardon* : Je pique. Méfiez-vous de ma vengeance.

[548] *Chèvrefeuille* : Nous sommes l'un à l'autre.

[549] *Ciguë* : Gare à la trahison.

[550] *Colchique* : Le beau temps est fini. Séparons-nous.

[551] *Coucou* : Tu me trompes.

[552] *Cyclamen* : Adieu !

[553] *Cytise* : Vous m'avez brisé le cœur.

[554] *Cyprès* : Notre amour est mort.

[555] *Dahlia* : Beaucoup de mots, peu d'âme.

[556] *Digitale* : Beauté trop nonchalante, je vous crains.

[557] *Églantine* : Poésie. Printemps. Début d'amour : Vous m'avez charmé(e). Voulez-vous m'aimer ?

[558] *Ellébore* : Vous avez trop d'esprit !

[559] *Épine noire* : Que d'obstacles à notre affection !

[560] *Épine-vinette* : Vous avez mauvais caractère.

[561] *Eucalyptus* : Amour des voyages.

[562] *Fougère* : Confiance et Sincérité. Croyez en moi !

[563] *Fraisier* : Vous faites mes délices. Je suis gourmand de vous.

[564] *Fuchsia* : Vous êtes plein de prévenance mais vous perdez votre temps.

[565] *Fumeterre* : Méchant(e) !

[566] *Fusain* : Votre image est gravée dans mon cœur.

[567] *Gardénia* : je vous aime en secret.

[568] *Genêt* : Mes pensées pour vous (ou vos pensées pour moi) sont des papillons d'or.

[569] *Géranium blanc* : Vous êtes candide.

Géranium rose : Vous êtes naïf.

Géranium rouge : Vous êtes bête.

[570] *Gerbe d'or* : Vous êtes avare de vos faveurs.

[571] *Giroflée jaune* : Je voudrais, tout de suite…

Giroflée rouge : Comme vous me plaisez !

Giroflée mauve : Je reste dans ma famille.

[572] *Glaïeul* : Vous me percez le cœur.

[573] *Glycine* : Ce n'est qu'une amitié réciproque.

[574] *Groseillier* : J'adore les baisers.

[575] *Gui* : Je surmonte tout. Je triompherai.

[576] *Guimauve* : Vous êtes doux(ce). Soyez bienveillant(e).

[577] *Hélénie* : Larmes. Vous me faites du chagrin.

[578] *Héliante* : Méfiez-vous des apparences.

[579] *Héliotrope* : Enivrement d'amour. Je suis dans le ravissement.

[580] *Hémérocalle bleue* : Persévérance.

Hémérocalle jaune : Invitation à l'adultère.

[581] *Hortensia* : Vous êtes belle mais froide.

[582] *Houx* : Attention à vous.

[583] *Hyacinthe* : Voulez-vous jouer à l'amour ?

[584] *Immortelle* : Toujours à vous !

[585] *Iris bleu* : Bonne nouvelle prochaine.

Iris jaune : Pauvreté n'est pas vice.

Iris mauve : Vos yeux m'affolent.

Iris flammé : Je brûle d'amour pour vous.

[586] *Jacinthe blanche* : Bienveillance. Soyez bon(ne) !

Jacinthe bleue : J'ai des soupçons.

[587] *Jasmin blanc* : Notre amour sera si doux.

Jasmin jaune : Notre amour sera passionné.

Jasmin rouge : Notre amour sera de l'ivresse, jusqu'à la folie.

[588] *Jonc* : je vous suis soumis(e).

[589] *Jonquille* : Ardente sympathie. Je languis d'amour.

[590] *Julienne* : Vous avez commis une faute.

[591] *Jusquiame* : Je doute de vous.

[592] *Laitue (fleur)* : je suis désenchanté(e).

[593] *Laurier* : je triompherai de vous.

[594] *Laurier-rose* : Ce sera un simple flirt.

[595] *Lavande* : Amour fervent mais silencieux.

[596] *Lierre* : Éternelles amours. Je meurs où je m'attache.

[597] *Lilas blanc* : Premier rêve d'amour.

Lilas mauve : M'aimez-vous encore ?

[598] *Lin* : je vous sais gré d'être simple.

[599] *Lis blanc* : Vous respirez la pureté.

[600] *Liseron* : Humble persévérance. J'attendrai le temps qu'il faudra.

[601] *Lupin* : Besoin de calme. Laissez-moi quelques jours, mais ne désespérez pas.

[602] *Marguerite* : Innocence. M'aimez-vous ?

[603] *Marjolaine* : Je vous consolerai. Ou : Amour libertin.

[604] *Mauve* : Affection douce et pure. Cela vous convient-il ?

[605] *Mélisse* : Ayez plus d'audace et vous réussirez.

[606] *Menthe* : Amour exalté. Je ne dors plus, la nuit

[607] *Millefeuilles* : je suis guéri ! N'en parlons plus.

[608] *Mimosa* : Vous êtes la délicatesse même.

[609] *Monnaie du Pape* : Je suis désintéressé(e).

[610] *Mouron* : Rendez-vous accepté.

[611] *Mousse* : De l'amitié, pas plus.

[612] *Muguet* : Retour du bonheur. Réconcilions-nous

[613] *Myosotis* : Ne m'oubliez pas.

[614] *Myrte* : Amour partagé. Moi aussi je vous aime.

[615] *Myrtille* : Aveu de la tromperie.

[616] *Nénuphar* : Froideur. Vous êtes de glace.

[617] *Nicotiana* : L'obstacle est vaincu.

[618] *Nielle* : Invitation à la luxure.

[619] *Nigelle* : Liens d'amour.

[620] *Œillet blanc* : Vous m'inspirez des sentiments purs.

Œillet rouge : Vous m'inspirez des sentiments charnels.

Œillet rose : Je vous réponds favorablement.

Œillet violet : Vous ne m'inspirez que de l'antipathie.

Œillet panaché : Je réfléchirai.

Œillet de poète : Vous êtes la perfection en tout.

[621] *Olivier (branche)* : Réconciliation.

[622] *Oranger (fleur)* : Virginité. je ne pécherai pas.

[623] *Ortie* : Cruauté. Vous me flagellez le cœur.

[624] *Pâquerette* : Profitons de la jeunesse, elle est si courte !

[625] *Passerose* : Je vous donne ma beauté.

[626] *Pavot blanc* : Mon cœur sommeille. Attendez un peu.

Pavot noir : je vous ai oublié.

[627] *Pensée* : Pensez à moi comme je pense à vous.

[628] *Perce-neige* : Espérons des jours meilleurs.

[629] *Pervenche* : Doux souvenir d'heures charmantes.

[630] *Pétunia* : je suis furieux(se). Ou : Pourquoi cette colère ?

[631] *Pied d'Alouette* : Lisez dans mon cœur.

[632] *Phlox blanc* : Déclaration d'amour.

Phlox bleu : Illusion d'amour.

Phlox violet : Tendre rêverie.

[633] *Pimprenelle* : Vous êtes mon unique amour.

[634] *Pissenlit* : Sombre jalousie.

[635] *Pivoine* : J'ai honte de ce que j'ai fait.

[636] *Plantain* : Ce sont là des mensonges.

[637] *Polygala* : On a médit de vous (ou de moi).

[638] *Pomme de terre (fleurs)* : Je vous remercie.

[639] *Primevère* : Nous sommes jeunes. Aimons-nous !

[640] *Prunier (fleurs)* : Je vous rappelle vos promesses.

[641] *Pyramidale* : J'ai de l'énergie et de la volonté.

[642] *Queue de renard* : Vous êtes malicieux(se).

[643] *Quintefeuille* : Promenade au clair de lune.

[644] *Ramie (ortie blanche)* : Reproche.

[645] *Reine-Marguerite* : Je lutterai contre la fatalité.

[646] *Renoncule* : Raillerie. Et aussi : Perfidie, méchanceté.

[647] *Réséda* : Amour caché. Et aussi : je suis modeste.

[648] *Rhubarbe* : Ne perdez pas courage.

[649] *Romarin* : Amour exclusif.

[650] *Ronce* : Envie. Jalousie. Injustice.

[651] *Rose* : Vous êtes beau(belle). Je vous aime !

Rose rouge : Désir de volupté.

Rose blanche : Vous êtes innocent(e) et charmant(e).

Rose pompon : Ce ne sera qu'une amourette.

Rose mousse : Nous nous aimerons délicieusement.

Rose des Alpes : Je veux vous mériter.

Rose trémière : Je vous trouve beau(belle).

Rose-thé : Notre amour sera fécond.

Rose sauvage : Je vous suivrai partout.

Rose très épanouie : Prochain mariage.

[652] *Roseau* : J'aime la musique.

[653] *Rue sauvage* : J'aime l'indépendance.

[654] *Sabine* : Mes parents sont mécontents.

[655] *Safran* : Je vous rappelle à la modération.

[656] *Sagittaire* : Rupture.

[657] *Sainfoin* : J'hésite. Ou : Vous vous méprenez.

[658] *Salsepareille* : Je vous offre une réparation.

[659] *Sapin (branche)* : J'ai peur de souffrir.

[660] *Saponaire* : Amour sensuel.

[661] *Sardoine* : Je me moque de vous.

[662] *Sauge* : Je vous estime profondément.

[663] *Saxifrage* : je suis désespéré(e).

[664] *Scabieuse* : Vous m'abandonnez. Ou : Je vous abandonne.

[665] *Sceau de Salomon* : Le secret sera bien gardé.

[666] *Scolopendre* : Diffamations. Calomnies.

[667] *Scrofulaire* : Je me réhabiliterai auprès de vous.

[668] *Seigle (épi)* : Je suis pauvre, hélas !

[669] *Séneçon* : Je suis humble mais fier.

[670] *Sensitive* : Je suis très sensible. Ayez de la pudeur. Ne me faites pas de peine.

[671] *Seringa* : Vous me grisez.

[672] *Serpolet* : Imprudence. Vous avez fait une étourderie.

[673] *Soleil* : Fausse vertu. Fausse richesse. Ou : Mes yeux ne voient que vous.

[674] *Souci* : Inquiétude. Que devenez-vous ?

[675] *Spirée* : Ma volonté est tenace.

[676] *Stramoine* : Vos charmes sont trompeurs.

[677] *Sycomore (feuille)* : Je m'éloigne provisoirement.

[678] *Sylvie* : Ouvrez votre cœur.

[679] *Tabac (fleur)* : Je désire oublier.

[680] *Tamarin* : Je me tiens sur mes gardes. Ou : Tenez-vous sur vos gardes.

[681] *Tamaris* : Comptez sur ma protection.

[682] *Thlaspi* : Je vous consolerai.

[683] *Thym* : En vous voyant je suis ému(e).

[684] *Tilleul* : C'est l'amour conjugal que je désire.

[685] *Trèfle* : Doute. Incertitude. Puis-je espérer ?

[686] *Troène* : Je me tiens sur la défensive. Ou : Vous êtes bien jeune...

[687] *Tournesol* : Votre intrigue est démasquée.

[688] *Tubéreuse* : Volupté. Ou : Je songe à la mort.

[689] *Tulipe* : Vous êtes admirable !

Tulipe double : Vous réussirez. Nous réussirons.

[690] *Valériane* : Dissimulation.

[691] *Verge d'or* : Gronderie amicale.

[692] *Véronique* : Nos pensées s'accordent.

[693] *Verveine* : Amour platonique. Enchantement pudique.

[694] *Vespérine* : Voici nos derniers beaux jours.

[695] *Vigne (feuilles)* : Je suis ivre de vous.

[696] *Vigne-vierge* : Poésie. Imagination. J'aime votre âme.

[697] *Violette* : Modestie. Pudeur.

Violette de Parme : Laissez-moi vous aimer.

Violette double : Je partage votre amour.

[698] *Volubilis* : Liaison facile et sans conséquence.

[699] *Zinnia* : Faites attention. On nous épie.

Plantes fétiches

[700] En magie amoureuse, *figue, grenade* et *abricot* ont une connotation souvent érotique.

Le *basilic* est utilisé dans les recettes de protection ou pour susciter la joie et la gaieté.

Le *gui*, plante sacrée des druides, entre dans les recettes aphrodisiaques.

Le *jasmin* protège l'affection et l'amour et brûlé comme encens, inspire des rêves divinatoires.

Le *laurier* est symbole d'union heureuse et durable.

La *marguerite* prédispose au retour d'affection.

Le *nénuphar* augmente la sensualité.

Le *romarin* favorise les liaisons amoureuses.

La *rose*, surtout rouge, est de tous les rituels d'amour.

Quelles pierres précieuses offrir ?

Pierres précieuses : le message caché des couleurs

[701] Pierre bleu et rouge : *fidélité.*

Pierre brun et rose : *amour platonique.*

Pierre fauve et rose : *jalousie.*

Pierre incarnat et violet : *adulation.*

Pierre jaune pâle et rose : *amour trahi.*

Pierre jaune vif et gris : *concupiscence.*

Pierre jaune vif et incarnat : *bonheur.*

Pierre orangé et violet : *douce intimité.*

Pierre rose et noir : *désir violent.*

Les pierres blanches signifient : *pureté, foi, fidélité.*

Les pierres rouges signifient : *ardeur, force amoureuse.*

Les pierres bleues signifient : *constance, félicité.*

Les pierres jaunes signifient : *adoration amoureuse.*

Les pierres vertes signifient : *espérance.*

Les pierres violettes signifient : *amour, passion, souffrance.*

Les pierres orange signifient : *enthousiasme.*

Les pierres lilas signifient : *faible amitié.*

Pouvoirs des pierres

[702] Le *lapis*, pierre de la planète Vénus, donne de l'amour.

L'escarboucle signifie amour dévorant.

La *topaze* est symbole d'amour vrai et désintéressé, restreint la colère et la luxure, tout en accentuant la virilité.

La *perle* et le jaspe symbolisent les amours permis.

L'émeraude est la pierre des vierges, et symbolise le premier amour.

Le diamant excite sexuellement celle qui le porte.

L'ambre symbolise l'engagement amoureux et les fiançailles. À l'instar d'Eurymarque, un des prétendants de Pénélope qui, dans *l'Odyssée*, lui offre un collier d'ambre serti d'or pour attirer son amour, l'ambre reste le symbole de l'engagement amoureux. Au Moyen Âge, les princes fiancés échangeaient des bijoux d'ambre.

L'opale promet un amour malheureux à celle à qui elle est offerte. Les grimoires recommandent de ne jamais en offrir en cadeau.

Le *saphir* inspire le repentir des fautes et garde la chasteté.

Le *grenat* suscite la loyauté et la sincérité sentimentale.

Le *jaspe* apporte constance et bonheur conjugal.

La *cornaline* symbolise la joie et la paix, déjoue les trahisons et dissipe les pensées mauvaises.

La *turquoise* assure la victoire amoureuse.

Le *rubis* détruit la tristesse et les chagrins d'amour.

La *chrysolithe* protège de la folie amoureuse.

L'hyacinthe donne la fidélité.

Le *péridot*, pierre jaune vert à vert olive, est celle du coup de foudre. Le péridot favorise la rapidité des conquêtes sentimentales.

Le *sélénite*, variété cristalline de gypse, développe les amitiés ambiantes et réconcilie les amoureux fâchés.

L'œil-de-chat, une variété de quartz, préserve des envoûtements et du mauvais œil.

L’amour et les rêves

Rêves amoureux

Pour voir une femme nue en songe

[703] Prendre ½ once (15 gr) de semence de cerf ou de nature de biche calcinée, 3 onces de crâne de loup calciné (90 gr), 1 once de terre sigille (30 gr), 2 drachmes de bol d'Arménie (4 gr), de la noix muscade, 3 drachmes de tragacanthe (6 gr), ½ drachme de sel de nitre (1 gr). Pulvériser le mélange et s'en saupoudrer le sommet de la tête.

Le mélange de cette poudre avec un égal poids de graisse d'ours et 5 oncles d'huile de baleine, exposé au soleil pendant 40 jours d'été, forme un onguent aux merveilleux résultats.

Pour coucher avec une femme (en rêve !)

[704] Prendre 2 onces de racine de scamonnée et de camomille romaine calcinée, 3 onces d'arêtes de morue et d'écailles de tortue, mélanger dans 5 onces de graisse de castor mâle et 2 onces d'huile de scamonnée bleue cueillie dans les premiers jours du printemps. Bouilli avec 1 once de miel et de la rosée recueillie sur des fleurs de pavot, ce mélange, pour

donner des résultats, doit rester au soleil pendant deux mois d'été, puis passer tout un hiver en cave dans le sable frais.

Pour voir apparaître en rêve la personne aimée, laquelle se donnera entièrement à vous

[705] Prendre 2 onces de racine de scamonnée et de camomille romaine calcinée ; 3 onces d'arête de morue et d'écailles de tortue ; mélanger dans 5 onces de graisse de castor mâle et 2 onces d'huile de scamonnée bleue cueillie au premier jour du printemps. Faire bouillir avec 1 once de miel et 6 drachmes de rosée recueillie sur une fleur de pavot. Joindre un sixième d'opium. Mettre en bouteille fermée hermétiquement. Laisser au soleil deux mois d'été, puis mettre le tout en cave dans du sable frais durant l'hiver. Ce temps écoulé, retirer l'onguent prêt à être mis en usage.

Remède contre les mauvais rêves

[706] Contre les songes amoureux, prendre une petite lame de plomb, et se l'appliquer sur l'estomac, pendant son sommeil. Cela sert de remède contre les amoureuses inquiétudes et empêche que l'amour se mêlant parmi nos songes ne travaille nos corps en dormant et provoque des pollutions nocturnes. Il gardera ainsi toute sa liqueur pour emplir le vase de chair auquel elle est destinée.

Interprétation des rêves

Bonne abeille

[707] Si on rêve d'abeille, c'est annonce de bonne entente avec la personne que l'on aime, ou de mariage avantageux.

Accords d'accordéon

[708] Rêver d'accordéon est le présage d'une nouvelle passion amoureuse.

Acrobatie

[709] Rêver d'acrobatie, qu'on soit gymnaste ou raide et pataud, est le présage d'une aventure amoureuse qui suscitera plus d'ennuis que de satisfaction.

S'il s'agit d'acrobaties aériennes, un bonheur amoureux mais périlleux va bientôt vous tomber dessus.

Adultère

[710] Qui rêve d'adultère :

—*avec une personne qu'il connaît* est en état d'insatisfaction affective, et a un besoin – inavoué – de changer de partenaire.

— *avec une personne qu'il ne connaît pas* ne va pas tarder à apprendre la trahison, amoureuse ou matérielle, de l'un de ses intimes. Le(a) voilà prévenu(e) : il(elle) devra maîtriser ses nerfs.

Aigle

[711] Rêver d'un aigle (pas obligatoirement noir, comme celui de la chanteuse Barbara) est l'annonce d'un espoir de mariage, ou d'une nouvelle histoire d'amour.

Aiguille

[712] Si on rêve *d'aiguille enfilée*, c'est annonce d'union libre ou de mariage ; aiguille qui pique, grossesse.

Ail, aïe !

[713] Qui rêve d'ail souffre d'un amour perdu.

Qui rêve de manger de l'ail doit s'attendre à des querelles avec un être cher dont on a imprudemment minimiser les défauts.

Qui rêve de manger de l'ail avec dégoût est partagé(e) entre des désirs sexuels illicites ses principes moraux.

Aisselles

[714] Si on rêve d'aisselles, c'est annonce de plaisirs voluptueux dans un futur proche.

Anneau / Bague

[715] Rêver d'anneau ou de bague porté(e) par une femme est annonce de mariage ou de plaisirs sensuels, d'amour violent et exigeant.

Si l'anneau est brisé, une séparation douloureuse se prépare.

Si l'on rêve d'une bague portée par un homme, il y a du divorce, dans l'air, la fin d'une relation amoureuse.

Aquarium

[716] Qui rêve d'aquarium aspire à un amour ardent.

Asperges

[717] Qui rêve d'asperges (à la forme phallique) va connaître une passion amoureuse intense, mais courte.

Assassinat

[718] Qui rêve qu'il assassine par jalousie est aimé sans le savoir, et va vivre une nouvelle histoire d'amour.

Aubergines

[719] Qui rêve d'aubergine (le légume, pas la contractuelle) est aimé(e) d'une personne qu'il(elle) n'aime pas.

Baguette de pain

[720] Si l'on rêve de baguette de pain, et à sa forme phallique, c'est que l'on est prêt(e) à une expérience amoureuse très sensuelle.

Baisers donnés, baisers volés...

[721] Si l'on rêve de baiser :

— *reçu* : vous inspirez de la passion.

— *donné* : vous êtes en proie à une secrète passion.

— *chez des amis* : désir de débauche.

— *parmi des inconnus* : soucis cachés.

— *baisemain* : tendresse et respect.

— *sur la joue* : amitié fidèle.

— *sur les lèvres* : trahison amoureuse.

Barbe

[722] Si vous rêvez d'une barbe blonde, vous allez subir une duperie amoureuse.

Si vous rêvez d'une femme à barbe, reprenez-vous, vous allez commettre une monstruosité !

Bébé

[723] Rêver d'un bébé est signe que vous bouillez de partager votre ardeur amoureuse.

Bijoux / Boa

[724] Rêver de bijoux ou de boa : — bonheur en amour, malheur en affaires.

Bretelles (de vêtement)

[725] Rêver à des bretelles est signe qu'il y a de la tromperie amoureuse dans l'air.

Bûche

[726] Rêver de bûches signifie que votre amour sera aussi heureux que bref.

En cage

[727] Si on rêve de cage vide, c'est annonce de rupture ou de divorce.

Sa caille…

[728] Si on rêve de caille, c'est annonce de rupture et d'infidélité.

Canard pas boiteux

[729] Si on rêve de canard, c'est annonce de mariage avantageux.

Coup de canif

[730] Si on rêve de *canif*, c'est signe d'infidélité.

Carotte

[731] Rêver de carotte (symbole et substitut ô combien phallique) révèle le désir d'un amour malsain.

Casseur, casseuse

[732] Rêver que l'on casse :

— *du bois* : amour ardent.

— *des miroirs* : malheur.

— *du verre blanc* : réussite.

— *du verre vert* : rencontre malencontreuse.

Le bon temps des cerises

[733] Si on rêve de cerises, c'est annonce de joies amoureuses.

Au grand galop

[734] — Rêver d'un cavalier : désir inavoué de réaliser une sexualité insatisfaite.

— Vous êtes la cavalière : vous allez être seule pour mener à bien vos initiatives amoureuses.

— Un homme voit une cavalière : prochaine association avec une femme d'affaires.

— Un cavalier au galop : présage de succès, en affaires comme en amour.

— Cavalier tombant de cheval : vous allez devoir subir un revers de fortune mais réussirez à le compenser. Tracas amoureux provisoires.

Chat

[735] Rêver d'un chat annonce généralement de l'adultère ou de la trahison dans votre entourage proche. Mais il y a des variantes si le chat est :

— *blanc* : caresses et tendresse. Solution d'un litige amoureux.

— *tacheté* : amour passionné.

— *noir* : danger venant d'une personne trop passionnée ; perfidie et trahison.

— *en groupe* : vous allez tromper la personne que vous aimez, et allez en souffrir.

— *vous caressez un chat qui n'est pas le vôtre* : vous brûler de posséder la personne que vous aimez jusqu'ici en secret.

— *un chat vous mord et vous griffe* : méfiez-vous d'une personne de votre entourage qui convoite vos biens ou votre partenaire.

— *vous tuez un chat* : vous allez être libéré(e) d'une personne infidèle et déloyale.

— *vous nourrissez un chat* : mauvais présage pour celui/celle qui partage votre vie : vous allez le/la trahir !

Chaussures

[736] Si vous rêvez de chaussures :

— *neuves* : liaison nouvelle et heureuse, s'accompagnant d'une belle réussite matérielle.

— *usées, trouées* : chagrin.

— *chaussures trop étroites* : libérez-vous de vos angoisses, sinon vous n'arriverez à rien.

— *chaussures de femme, si vous êtes un homme* : pulsions érotiques exaucées. Éventuellement tendances homosexuelles ou fétichistes inavouées. Préparez-vous à faire votre *coming-out* !

Chemise

[737] Si vous rêvez de chemise :

— *propre* : présage heureux.

— *vous l'enfilez* : amour prochain.

— *chemise de nuit* : union (physique) prochaine.

— *vous êtes en train de la coudre* : annonce d'un bonheur amoureux.

Cheveux

[738] — *Cheveux bien coiffés* : un avenir lumineux s'annonce.

— *Cheveux noirs* : un désir amoureux va se réaliser dans l'immédiat.

— *Cheveux blonds* : promesse d'amour, mais sans passion excessive.

— *Cheveux châtains* : promesse de bonheur paisible avec votre partenaire.

— *Cheveux roux* : vous allez vous amouracher d'une personne volage.

— *Vous lavez des cheveux* : vous vous libérez d'une tutelle pesante, vous commencez à avoir les idées claires, et allez préparer votre rupture...

— *Vous perdez vos cheveux* : vous redoutez le vieillissement, et surtout la baisse de votre vitalité sexuelle.

Cheveux bouclés

[739] Rêver de cheveux bouclés, que l'on soit chauve ou pas, est signe d'une liaison durable et harmonieuse, dans un environnement joyeux.

— Si les boucles sont souples et légères, votre amour est fort et partagé.

— Si vous offrez des boucles, c'est l'aveu d'un amour jusqu'alors tu par timidité.

— Si vous coupez des boucles, vous voulez vivre un amour sans concession ni compromission, absolu, exclusif.

— Si vous perdez vos boucles, vous voulez rompre, et cherchez comment le lui dire...

Chèvre

[740] Rêver de chèvre est l'annonce d'un destin capricieux, ou d'une affection cachée dont vous êtes la cause.

Si la chèvre est blanche, vous allez vivre un caprice amoureux qui ne vous laissera que de bons souvenirs.

Cierge

[741] Rêver d'un cierge, s'il est allumé, est présage d'un événement amoureux heureux ; s'il est éteint, c'est que vos espérances vont être déçues.

Clef

[742] Rêver de clef peut signifier que vous allez recevoir – ou faire – des confidences.

— si cette ouvre une porte, vous allez réussir dans votre entreprise amoureuse.

— si elle ferme une porte, il ne vous restera plus que vos yeux pour pleurer un amour portant prometteur.

— si vous serrez la clef dans votre main, l'amour arrive, et avec lui des plaisirs sensuels.

— si vous serrez plusieurs clefs dans votre main, votre amour est partagé.

Cloches

[743] Si en rêve on entend sonner les cloches, c'est l'annonce d'un amour heureux, après une brève alarme.

Si en rêve on voit les cloches, c'est que l'amour s'en va…

Si en rêve on agite le battant pour faire sonner les cloches, c'est que l'on va réaliser enfin son désir amoureux.

Coût du collier

[744] Si on rêve de collier, c'est annonce d'union prochaine.

Coq

[745] Rêver d'un coq :

— *s'il chante* : plénitude sexuelle.

— *s'il ne chante pas* : querelles d'amoureux, sans gravité.

— *s'il cache sa tête sous son aile* : orages sentimentaux à venir.

Couleurs

[746] Rêver de : — *blanc* : insouciance, innocence, triomphe. Confiance dans l'avenir, et dans le grand amour qui va poindre.

— *bleu* : paix, sérénité, romantisme. Vos souhaits vont se réaliser.

— *rouge* : force, érotisme, victoire. Vous désirez vivre intensément. Promesse d'un amour fort, enivrant.

— *vert* : espoir et fermeté. Bonne santé, vie amoureuse sans problèmes, si vous osiez vous affirmer davantage.

— *orange* : richesse, joie, amitié.

Course (à pied)

[747] Si vous rêvez d'une course au cours de laquelle :

— vous franchissez la ligne d'arrivée : un être cher vous trompe.

— vous courez très vite : vous êtes porté(e) par la joie et par la chance. Si vous êtes amoureux(se), le mariage est pour bientôt.

— Vous courez nu(e) au milieu de personnes habillées : vous êtes sous la domination de votre entourage ou de votre partenaire, et vous aspirez à plus de liberté.

— vous courez mais n'avancez pas : des problèmes amoureux vous tourmentent, votre entourage, en perpétuelle agitation, vous perturbe.

Danse

[748] Si on rêve de danse, c'est annonce de scandale ou d'angoisses amoureuses.

Écluse

[749] Si vous rêvez d'écluse c'est qu'un obstacle va se dresser en travers de votre amour.

Ecrevisse

[750] Si on rêve d'écrevisse, c'est annonce de désunion.

Enterrement

[751] Si on rêve d'enterrement, c'est annonce de mariage prochain.

Étoiles

[752] Rêver d'étoiles annonce un amour heureux. Si ce sont des étoiles filantes, vos vœux seront exaucés, sauf si elles tombent verticalement, présage d'une humiliation de la part de votre partenaire.

Éventail

[753] Rêver d'un éventail est le présage d'une amourette prochaine.

Femme

[754] *Si vous êtes un homme et rêvez d'une femme :*

— habillée : désir.

— nue : passion exaltée.

— sage : désir de débauche.

— débauchée : soyez prudent ; amour perdu.

— riche : malversations dans votre entourage.

— pauvre : rigueur.

— blonde : fortune.

— brune : perte d'argent.

— rousse : sensualité et érotisme.

— en train de manger : passion violente inassouvie.

— en train de rire : désespoir.

— froide et insensible : sensualité latente.

— enceinte : bonne nouvelle pour bientôt.

— il y a une femme à vos côtés : vous allez tomber malade.

Si vous êtes une femme et rêvez d'une femme :

— autoritaire et méchante : présage de chagrins et querelles.

— il y a une femme à vos côtés : naissance d'un garçon.

Feu

[755] Le feu est symbole de purification et d'amour charnel. Si vous rêvez d'un feu :

— attisé : une personne jalouse veut vous nuire.

— que vous êtes en train d'éteindre : espoir déçu.

— vous allez vous y brûler : chance.

— vous échappez à un incendie : amour exténuant.

— visible de loin : bon présage d'argent.

— vous allumez un feu aux flammes hautes et claires : un événement important va survenir dans votre vie.

— votre maison brûle : vous vous laissez entraîner par des forces négatives.

— vos vêtements brûlent : vous sombrez dans la dépression, il faut vous reconstruire.

Figue

[756] Vous rêvez de figues ? Vous allez sombrer dans la débauche ! Variante : si vous rêvez de figues fraîches, un amour sensuel vous attend. De figues sèches ? un amour déçu se prépare.

Figuier

[757] Rêver de figuier augure de succès en amour, de sensualité jusqu'à la débauche.

Filet

[758] Rêver de filet (de pêche) signifie que vous êtes en attente de caresses amoureuses indécentes.

Si vous rêvez de pêche au filet, vous allez subir une peine d'amour.

Fleuve

[759] Vous rêvez qu'un fleuve vous emporte ? Votre bel amour est trahi !

Coup de fouet

[760] Si on rêve de fouet, c'est annonce de tracas domestiques.

Fourmis

[761] Si on rêve de fourmis, c'est annonce d'enfants (à faire au chant des cigales ?).

Fraises

[762] Si on rêve de fraises, c'est annonce qu'une femme va vous aider.

Fruits indigestes

[763] Si on rêve de fruits, c'est signe de complications sentimentales.

Gants

[764] Rêver de gants est annonciateur d'amoureuses conversations et de flirt. Si les gants sont neufs, l'entrevue va être agréable. S'ils sont sales ou déchirés, vous n'allez pas vous sentir à l'aise, et si dans votre songe ou avez perdu vos gants, c'est que vous allez gaffer, si vous ne vous contrôlez pas.

Gâteau

[765] — Si vous rêvez que vous préparez un gâteau, c'est que vous allez bientôt être invité(e) à une grande fête.

— Si vous mangez un gâteau, vous allez recevoir bientôt des nouvelles d'une personne qui vous est chère.

— Si vous mangez un gâteau, mais en cachette, vous n'êtes pas celui/celle que vous affectez d'être devant votre entourage. Soyez naturel(le), sinon le/la partenaire auprès duquel vous soupirez va se méfier de vous.

— Si vous offrez un gâteau, c'est que votre amour est à sens unique.

Grillon du foyer

[766] Si on rêve de grillon, c'est bon présage sentimental.

Grotte

[767] La grotte est un symbole de refuge, parfois de sein maternel.

— Si vous rêver que vous êtes dans une grotte, c'est que vous pressentez une trahison amoureuse.

— Si la grotte débouche sur une issue éblouissante de lumière, vous allez changer de vie, et vivre un amour ardent.

— Si vous êtes prisonnier(e) dans la grotte, c'est que les tabous sociaux, les contraintes conjugales et familiales vous étouffent.

— Si la grotte est marine, il faut vous résoudre à un mariage de raison.

Guitare

[768] Rêver de guitare est signe d'ardeur amoureuse envers une personne dont l'âge ne correspond pas au vôtre.

Haie

[769] Rêver de sauter... une haie est promesse de réussite en amour.

Hérisson

[770] Si on rêve de hérisson, c'est annonce de déception amoureuse.

Hirondelle

[771] Si on rêve d'hirondelle, c'est annonce de mariage.

Jambes

[772] Rêver de :

— jambes nues : passion à venir.

— jambes recouvertes de bas : désir inassouvi.

— jambes d'homme : immoralité latente.

— montrer ses jambes : mœurs douteuses.

—dissimuler ses jambes : impudicité mal maitrisée.

— jambe coupée : trahison amoureuse.

— jambe de bois : fausse promesse.

Jument

[773] Si on rêve de jument, c'est annonce d'une mauvaise liaison.

Lait

[774] Rêver de lait signifie chasteté, affection plus amicale qu'amoureuse.

Mais si l'on rêve qu'on achète du lait, c'est l'inverse : la liaison sera plus charnelle qu'affective, chargée d'érotisme.

Si vous renversez du lait, c'est présage d'une période amoureuse bénéfique, mais vous laissez du lait déborder dans une casserole, méfiez-vous de votre nouvelle conquête, sa bienveillance n'est que superficielle.

Lit

[775] Rêver de lit n'est guère surprenant, quand on est amoureux(se). Mais le présage change, selon l'état du lit.

— si le lit sur lequel vous êtes allongé(e) est soigneusement fait : ça ne marchera pas, avec *« l'autre »*...

— Si une personne inconnue est dans votre lit : votre impudeur excessive, vos obsessions sexuelles peuvent choquer. Maîtrisez-les, au moins au début, le temps que votre partenaire s'y habitue...

— Si le lit dans lequel vous êtes n'est pas le vôtre : adultère !

— Si le lit est cassé : crainte des rapports sexuels, ou envie de changer de partenaire.

— Si le lit est défait : grosse fatigue amoureuse (et sexuelle) !

— Si le lit est vide : votre liaison amoureuse est sans espoir.

Lune

[776] Rêver de la lune annonce des déboires amoureux, et si elle est en croissant indique une trahison amoureuse.

Montagne

[777] Si on rêve de montagne, c'est signe de difficultés amoureuses.

Moustaches

[778] Si on rêve de moustaches, c'est annonce de rupture.

Myrte

[779] Si on rêve de myrte, c'est signe de l'arrivée d'une femme galante.

Neige

[780] Rêver de neige annonce un amour naissant.

— Si la neige est boueuse et grise : hostilité dans votre entourage à votre encontre.

— Si la neige est en boules : vous allez, enfin, abandonner votre pruderie et vous laissez un peu aller.

— Si vous lancez des boules de neige : conflit amoureux.

— Si vous regardez tomber la neige : vous allez bientôt regretter votre vie actuelle.

— Si la campagne est ensevelie sous la neige : l'amour qui vient sera serein.

Nid

[781] Le nid est le symbole du refuge et du foyer, du bonheur domestique.

— Si vous rêvez d'un nid vide et si vous êtes célibataire : désir de rompre avec votre solitude.

— Si vous rêvez d'un nid vide et si vous êtes marié(e) : perte d'une amitié, rupture conjugale.

— Si vous rêvez d'un nid avec des oisillons : présage heureux d'amour.

— Si vous rêvez d'un nid avec des œufs : richesse et prospérité.

— Si vous rêvez d'un nid pillé : vous recherchez l'affrontement avec l'un de vos partenaires (votre situation amoureuse est compliquée à cause de vos mensonges).

— Si vous rêvez d'un nid de serpents : vous triompherez d'une série d'épreuves à de ne pas vous laissez pas abattre.

Noces

[782] — Si dans votre rêve vous voyez passer une noce : indice amoureux favorable.

— Si dans votre rêve vous participez à une noce : débâcle amoureuse.

— Si dans votre rêve ce sont vos propres noces : trahison de « *l'autre* ».

Nuit

[783] — Rêver d'une nuit claire, étoilée : amour secret.

— Rêver d'une nuit avec lune visible : désirs réalisés.

— Rêver d'une nuit noire : perversion ; chagrin.

— Rêver d'une nuit qui finit, et de l'aurore se lève : amour déçu.

Œufs

[784] Si on rêve d'œufs, c'est annonce de luxure prochaine.

Oiseaux

[785] Rêver d'oiseaux volant haut annonce de bonnes nouvelles en amour.

Olivier

[786] Rêver d'olivier annonce amour et richesse.

Si vous rêvez d'un rameau chargé d'olives, vous allez triompher en amour ou remporter une affaire grâce à votre habileté. Mais si vous rêvez d'olives noires, vous risquez de vous rendre coupable d'immoralités contre nature.

Ours

[787] Si on rêve d'ours, c'est annonce, pour une femme, qu'elle suscite des jalousies.

Papillon

[788] Si on rêve de papillon, c'est annonce d'amourette.

Parapluie

[789] Si vous rêvez de parapluie, une disgrâce amoureuse vous guette, si vous ne réagissez pas au plus vite. Avancez avec prudence, modérez vos désirs et vos ambitions.

Si vous rêvez d'un parapluie perdu : elle(il) vous oublie.

Mais si c'est un parapluie trouvé, vous allez faire une rencontre très agréable.

Si le parapluie est cassé, vous allez être déçu(e) par un partenaire peu loyal, et très opportuniste.

Si dans votre rêve il y a une femme portant un parapluie, cela signifie dispute amoureuse et malveillance.

Si on vous offre un parapluie rouge, attendez-vous à des propositions érotiques. S'il est blanc, l'amour restera platonique.

Si le parapluie est ouvert sous la pluie, votre amour est fidèle et sincère.

Si vous rêvez d'ombrelle, attendez-vous à un bonheur amoureux et des affaires bénéfiques.

Pâtisseries

[790] Rêver de pâtisseries est le présage d'une prochaine fréquentation avec une personne très sensuelle ; mais cette relation, sans lendemain, vous laissera beaucoup d'amertume.

— Si on vous les offre : avances amoureuses prochaines.

—Si vous les offrez : soyez patient, ne cherchez pas à précipiter les choses.

Pendu

[791] — Si en rêve vous voyez un pendu : nouvelle inattendue ; bon présage.

— Si en rêve vous dépendez un pendu : amours tumultueuses et, finalement, amères.

— Si en rêve vous voyez un pendu se pendre : impuissance à raviver un amour qui s'éteint.

— Si en rêve vous être pendu par un bourreau : vos hésitations rendent difficiles votre histoire d'amour.

Perdrix

[792] Si on rêve de perdrix, c'est annonce de bonnes fortunes ou de grossesse.

Pied

[793] Rêver de pied signifie en général que l'on va le « *prendre* » en amour.

— Si dans le rêve vous marchez pieds nus, des rencontres positives vont survenir prochainement.

— Si dans le rêve vous avez mal aux pieds, la jalousie vous rend malade, et va vous fâcher avec de bons amis.

— Si dans le rêve vous avez les pieds coupés, votre situation amoureuse va s'embrouiller...

— Si dans le rêve vous donnez un coup de pied, vous regrettez vos maladresses verbales, mais le mal est fait.

— Si dans le rêve vous avez le pied déformé, c'est que vous manquez de confiance en vous.

Pigeon

[794] Si on rêve de pigeon, c'est annonce de nouvelles prochaines d'un être cher.

Plumes

[795] Si vous rêvez de plumes, c'est présage d'amours agitées.

— Si les plumes sont blanches : amusements érotiques.

— Si les plumes sont noires : déchirements dus à la jalousie.

— Si les plumes sont colorées : doux aveux et tendresse mutuelle.

Poisson

[796] Si on rêve de poisson, c'est annonce de liaison amoureuse.

Pomme

[797] La pomme symbolise à la fois l'harmonie familiale et le péché de chair.

— Si vous avez rêvé que vous croquiez une pomme, vous êtes amoureusement insatisfait(e), vous voudriez plus.

— Si vous avez rêvé que vous cueilliez des pommes sur un arbre : joie et amitié sincère sont à venir.

— Si vous avez rêvé que vous coupiez des pommes : une personne qui vous est chère va s'éloigner de vous.

— Si vous avez rêvé que vous peliez une pomme : vous allez subir une petite déception amoureuse.

— Si vous avez rêvé de pommes pourries, surveillez vos arrières, un danger vous menace.

Prune

[798] Si on rêve de prune, c'est signe de succès amoureux.

Puits

[799] — Si vous rêvez d'un puits rempli d'eau claire : abondance, mariage prochain dans la famille, mais pas forcément le vôtre.

— Si vous rêvez d'un puits rempli d'eau trouble : mariage malheureux.

— Si vous rêvez d'un puits vide, asséché : veuvage, abandon conjugal. Un enfant à naître, selon d'autres.

— Si vous rêvez que vous tombez dans un puits : ruine, divorce. Fortune, selon d'autres.

— Si vous rêvez d'un puits d'où l'eau en jaillit : vos secrets amoureux ne vont pas le rester longtemps. Possibilité d'une maternité, si vous êtes une femme.

— Si vous rêvez d'un puits que vous creusez : vos approches amoureuses bientôt récompensées.

Raisins

[800] — Rêver de raisins en grappes : désirs érotiques, jouissance.

— Rêver d'être en train de manger du raisin : votre passion fait scandale.

— Rêver de raisins secs : amour platonique.

Renard

[801] Si on rêve de renard, c'est annonce de mariage malheureux.

Rendez-vous

[802] — Rêver d'un rendez-vous où vous êtes à l'heure : succès amoureux.

— Rêver d'un rendez-vous où vous êtes en retard : séparation.

Robe

[803] — Rêver d'une robe portée par un homme : débauche.

— Rêver d'une robe portée par une femme inconnue : amour, occasion amoureuse à saisir.

Rose

[804] — Rêver de roses épanouies ; réussite totale.

— Rêver de roses en boutons : espérance.

— Rêver de roses données : amour partagé.

— Rêver de roses dont vous faites un gros bouquet : désir de plaisirs et de divertissements érotiques.

— Rêver de rosier fané : cessez de vous complaire dans le passé et le souvenir d'un amour enfui qui ne reviendra plus.

— Rêver qu'on vous offre des roses : vous vivrez un amour partagé.

— Rêver que vous vous piquez sur des épines de roses : conflit avec une personne que vous aimez.

Sable

[805] Rêver de sable est annonce d'un amour précaire. Rêver d'être allongé(e) sur le sable témoigne d'une envie de rapports sexuels.

Sang

[806] Rêver de sang est un présage très négatif, ou positif, selon les interprétations.

— *en voir couler* : amour, mais aussi infortune.

— *en toucher* : désir amoureux.

— *le cracher* : violente querelle domestique.

— *saigner du nez* : prochaine rupture amoureuse ou amicale.

Sein

[807] — Si dans le rêve il y a deux seins : débauche sexuelle.

— Si dans le rêve il n'y en a qu'un sein : bonne fortune amoureuse.

— Si dans le rêve le sein est tété par un bébé : votre honneur va être bafoué par votre partenaire.

— Si dans le rêve le sein est caressé : affection déçue.

Serpent

[808] Rêver de serpent est symbole de débauche amoureuse.

Si un serpent s'enroule autour de vous, redoutez une trahison, ou méfiez-vous de votre nature sensuelle avide d'érotisme.

Soleil

[809] Rêver de soleil est un présage favorable, sauf si son apparition se termine par une éclipse ou par la nuit.

— *vous êtes avec un inconnu sous le soleil* : luxure.

— *vous êtes avec plusieurs inconnus* : débauche.

— *vous avez un coup de soleil* : votre succès amoureux sera assombri par la maladie, ou la malveillance.

— *soleil levant* : la chance est avec vous, pour séduire.

— *soleil couchant* : relations amoureuses déclinantes.

Tourterelle

[810] Si on rêve de tourterelle, c'est annonce d'amour partagé.

Veau

[811] Si on rêve de veau, c'est annonce de grossesse.

Verre (à boire)

[812] — Rêver d'un verre plein : belle amourette en perspective.

— Rêver d'un verre vide : les apparences sont trompeuses ; insuccès à venir.

— Rêver d'un verre brisé : réussite prochaine.

Vin

[813] Rêver de vin signifie qu'il va y avoir des obstacles à surmonter. Avec des variantes :

— si le vin est répandu : bonheur.

— si le vin est rouge : réjouissance.

— si le vin est blanc : plaisir léger.

— si le vin n'est que du vinaigre : jalousie.

Volcan

[814] Si on rêve de *volcan en éruption*, c'est signe de passion amoureuse ; *volcan éteint*, aventure sans lendemain mais douloureuse.

Secrets de l'écriture

[815] *Il est utile de connaître les secrets de l'écriture quand on reçoit des lettres d'amour, ou qu'on en envoie.*

L'écriture témoigne du tempérament.

Une écriture avec des courbes à la base des lettres et des finales rondes témoigne de la *douceur* du calligraphe.

Une écriture harmonique, inclinée, arrondie, sans crochets convergents témoigne de la *bonté* du calligraphe.

Une écriture inclinée, arrondie, égale et légère, témoigne de la *tendresse* du calligraphe.

Une écriture inclinée mais ronde, large avec les a, o, g ouverts dans le haut témoigne du *besoin d'affection* du calligraphe.

Une écriture arrondie, plus inclinée et plus épaisse que la précédente témoigne du *don de soi* et de *l'amour* du calligraphe.

Une écriture égale, liée, ronde, très inclinée et sans crochets convergents témoigne de la *pitié* du calligraphe.

Une écriture inclinée, volontaire, inégale, vive, tourmentée, témoigne de la *passion* du calligraphe.

Une écriture arrondie, qui fait la liaison de la majuscule à la minuscule suivante, témoigne de *l'amabilité* du calligraphe.

Une écriture ronde, égale, vive, appuyée, témoigne de la *serviabilité* du calligraphe.

Une écriture inclinée, montante, ronde, espacée, ferme, témoigne du *dévouement* du calligraphe.

Une écriture inclinée de façon constante et régulière témoigne de la *douceur* du calligraphe.

Une écriture très inclinée à crochets rentrants témoigne de la *jalousie*, *orgueil* et *égoïsme* du calligraphe.

Une écriture très inclinée, inégale en hauteur témoigne de la *susceptibilité* et de la *vanité* du calligraphe.

Une écriture redressée, sobre, anguleuse témoigne de la *sécheresse de cœur* du calligraphe.

Une écriture inclinée, à crochets rentrants, appuyée, témoigne de *l'aversion* du calligraphe.

Une écriture assez droite, à crochets rentrants, anguleuse, témoigne de la *médisance* du calligraphe.

Une écriture inégale témoigne de la *versatilité* du calligraphe.

Horoscope amoureux

Portraits zodiacaux

Bélier *(du 21 mars au 20 avril) - Signe de Feu*

[816] Tempérament bilieux. Impulsif et sauvage, plein d'énergie créatrice, identifié au dieu Mars. C'est un fonceur, un guerrier, enthousiaste et franc, jusqu'à l'emportement. Sportif et aussi idéaliste. À trop dépenser son énergie, il s'épuise, d'où des dépressions fréquentes.

La tête est le point faible des natifs de ce signe. Stress dû au travail, yeux fatigués, une histoire mal terminée, tout cela contribue à leur provoquer de terribles migraines contre lesquelles les médicaments n'ont souvent aucun effet.

Une méthode pour calmer ces douleurs consiste à frictionner les tempes avec des feuilles de menthe fraîche et d'origan. Avec les feuilles séchées, on prépare des tisanes qui redonnent, en un clin d'œil, énergie et fraîcheur mentale.

Taureau *(du 21 avril au 20 mai) - Signe de Terre*

[817] Tempérament nerveux. Gastronomie et sensualité. Amour des plaisirs de la vie. Identifié à la déesse Vénus, il aime l'apparat, les bijoux, le

luxe. Charmeur, mais aussi parfois trop âpre au gain. Il sait attendre le bonheur et le consolider.

Le visage, gouverné par le signe du Taureau, présente souvent d'inesthétiques cernes sous les yeux, véritable damnation pour les natives de ce signe qui veulent paraître toujours belles et lumineuses. Pour les éliminer ou, tout au moins, les atténuer, il est conseillé de faire, chaque soir avant de se coucher, une compresse à base d'extrait de thym. Après avoir ainsi revitalisé la peau, on peut apporter une touche finale grâce à un masque au concombre.

Gémeaux *(du 21 mai au 21 juin) - Signe d'Air*

[818] Tempérament sanguin. Pédagogie et amour de la vie, identifié au dieu Mercure. Astucieux, malin, avec une tendance à se montrer superficiel, pour mieux déguiser ses sentiments. Son insouciance est un leurre : il est précis, rapide, efficace, et profond, quand il veut s'en donner la peine. Ill peut se révéler volage.

Le tabagisme est le vice typique des Gémeaux des deux sexes, éternels nerveux. Leurs poumons sont fragiles, et ils ont la toux et la bronchite faciles. Si la respiration est particulièrement difficile, ils peuvent recourir à des inhalations d'essence de lavande, en en versant un peu dans de l'eau très chaude.

Cancer *(du 22 juin au 22 juillet) - Signe d'Eau*

[819] Tempérament lymphatique. Volontiers tourné vers le passé, nostalgie de l'enfance. Identifié à la Lune, c'est un ambitieux et un intuitif qui se projette dans le futur, éventuellement pour fuir le présent. Son romantisme latent peut lui faire oublier toute prudence, mais il saura toujours revenir au concret.

Plus que de maladies dans le sens physique, on peut parler, pour le natif de ce signe, de maux psychosomatiques. Par exemple, si, le soir, il se dispute avec son conjoint, il est fort probable qu'il ne fermera pas l'œil de la nuit, victime d'une insomnie tenace. Anxiété, angoisse et stress influent profondément sur l'équilibre des Cancers des deux sexes, dont le problème crucial est de parvenir à les dominer. De fréquentes tisanes à base de mélisse peuvent leur redonner le calme nécessaire pour affronter les problèmes quotidiens.

♌ **Lion** *(du 23 juillet au 22 août) - Signe de Feu*

[820] Tempérament bilieux. Stabilité, maturité. Identifié à la royauté, il est volontiers orgueilleux et dominateur, voire violent, facilement jaloux, mais sa bonté naturelle reprend vite le dessus. Il se passionne facilement.

Parler de médecine et de décoctions aux Lions n'a pas beaucoup de sens puisque, heureusement pour eux, les natifs de ce signe ont une santé à toute épreuve. Il leur arrive cependant d'être de temps en temps incommodés par quelques petites douleurs. Pour les éliminer et redevenir plus fringants que jamais, ils peuvent masser la partie endolorie avec des feuilles fraîches de laurier.

♍ **Vierge** *(du 23 août au 22 septembre) - Signe de Terre*

[821] Tempérament nerveux. Identifié à la Déesse-Mère, il ressent le besoin de construire, d'édifier. Intelligent, il sait séduire, par son magnétisme. C'est un compagnon précieux et exigeant avec, dans l'intimité, une tendance à l'exubérance et au laisser-aller.

Attentifs au moindre détail comme ils le sont, les natifs et natives de la Vierge sont une proie facile aux anxiétés et aux angoisses, le plus souvent injustifiées. Les conséquences de tels états de tension sont nervosité et constipation. Pour y remédier, les Vierges trop stressés peuvent s'en remettre à la valériane, qui présente des propriétés calmantes sans pour autant enlever cette lucidité mentale à laquelle les natifs tiennent tant. Deux ou trois comprimés par jour suffiront.

♎ **Balance** *(du 23 septembre au 22 octobre) - Signe d'Air*

[822] Tempérament sanguin. Besoin de communiquer. Il est raffiné, artiste, souvent combatif, mais fréquemment indécis quand il s'agit d'agir, préférant la diplomatie et la subtilité à l'affrontement. Avec l'âge, montre une tendance au pessimisme.

Le signe de la Balance gouverne les reins ; un mauvais fonctionnement de ceux-ci peut avoir des conséquences sur l'état de santé général, avec des répercussions sur l'aspect physique, nuisant au moral. L'infusion d'achillée résout ces problèmes : par son action diurétique elle stabilise les reins, tandis que des compresses, appliquées matin et soir sur le visage, dégraisseront la peau, la rendant plus souple et lumineuse.

♏ **Scorpion** *(du 23 octobre au 21 novembre) - Signe d'Eau*

[823] Tempérament lymphatique. Goût du pouvoir et de la sexualité. Il a de l'attirance pour le secret, et sa détermination ne lui évite pas de se fourvoyer dans des situations difficiles.

Le Scorpion est particulièrement sensible aux inflammations, surtout dans les zones génitale et anale ; en périodes de stress, il est fréquent que les natives souffrent de troubles menstruels. De plus, nombreux sont les Scorpions des deux sexes souffrant d'hémorroïdes, même s'ils l'admettent difficilement. Ils peuvent soigner tous ces maux grâce à la rue, en s'adressant à un bon herboriste qui saura leur conseiller le dosage optimal, au cas par cas.

♐ **Sagittaire** *(du 22 novembre au 20 décembre) - Signe de Feu*

[824] Tempérament bilieux. Volontiers philosophe, désir de spiritualité. Identifié au dieu Jupiter, il aime l'activité ; son manque de souplesse peut lui être socialement néfaste, d'autant qu'il est volontiers moralisateur. Mais il a l'intelligence du cœur, est efficace et honnête. Fidèle en amour, il ne supporte pas la trahison.

Sportifs comme ils sont, les Sagittaires des deux sexes n'ont pas de gros problèmes de santé. Avançant en âge, ils peuvent souffrir de problèmes liés à l'excès de graisse et au cholestérol : la sauge, tonifiante et purifiante, est l'herbe qui leur convient. Une tisane juste après le déjeuner ou au milieu de l'après-midi est une bonne habitude à prendre.

Capricorne *(du 21 décembre au 19 janvier) - Signe de Terre*

[825] Tempérament nerveux. Il sait attendre et cristalliser son énergie. Cet émotif, malgré les apparences, est très vulnérable. Ambitieux, il n'accorde pas facilement sa confiance, mais se révèle un compagnon fidèle et chaleureux, agréable à vivre.

Le Capricorne gouverne les os en général ainsi que la peau ; en hiver, en plus des rhumatismes, beaucoup de natifs et natives souffrent de gerçures. Pour ces dernières, l'huile de lierre appliquée le soir sur les mains et le visage les soulagera, tout en renforçant l'action de crèmes nourrissantes riches en vitamine E.

Verseau *(du 20 janvier au 19 février) - Signe d'Air*

[826] Tempérament sanguin. Amour de la paix et de la liberté. Identifié à Uranus, cet intuitif est doué pour les arts et l'introspection. Volontiers rebelle, détestant la routine, il affiche son originalité. C'est un compagnon agréable, mais imprévisible.

Les Verseaux jouissent généralement d'une bonne santé, mais ils peuvent présenter des problèmes liés à la circulation sanguine, avec des répercussions sur la vue. Pour rééquilibrer le système circulatoire et retrouver ainsi une condition parfaite, les natifs peuvent recourir à des tisanes à base de branches de romarin, deux fois par jour, après les repas principaux ; en outre, ils peuvent utiliser, à chaque fois qu'ils le peuvent, le romarin comme condiment.

♓ ***Poissons*** *(du 20 février au 20 mars) - Signe d'Eau*

[827] Tempérament lymphatique. Ouverture sur le monde, sur l'extérieur. Mais aussi sentimental ou mystique, doux et compatissant. Caméléon social, il peut s'intégrer partout, dans un parti politique comme dans une secte. L'amour seul peut le détourner du militantisme : il y met la même ferveur, le même abandon de soi.

Les natifs du dernier signe du zodiaque souffrent souvent de problèmes aux pieds, douleurs, enflures, luxations... Par ailleurs, certains jours, ils se retrouvent sans force. La rose peut remédier à ces différents ennuis : pour les pieds fatigués, préparer un bain d'eau bouillante où on aura jeté sept boutons de rose-thé ; pour combattre la fatigue psychique, boire au petit déjeuner un thé fort, toujours à la rose, abondamment sucré.

Amour et zodiaque : les bons côtés et les mauvais de chaque signe

Le zodiaque peut-il nous aider à trouver l'âme-sœur? La réponse est oui. Bien sûr, cela doit être considéré avec un minimum de bon sens, en tenant compte du fait que le destin dépend de nous et de nos choix. Le mieux que l'on puisse faire est de lui donner un petit coup de pouce et c'est justement le but de ce chapitre, qui donne des indications sur chaque signe zodiacal, pour les hommes comme pour les femmes, aussi bien pour leur aspect positif (+) que négatif (-), à partir desquelles chacun pourra ensuite faire son choix.

Bélier

Homme *Bélier +*

[828] Premier signe du Zodiaque, le Bélier à l'impulsivité légendaire vous conquiert avec sa spontanéité et son exubérance. S'il a décidé que vous êtes la femme de sa vie (c'est-à-dire pour les deux ou trois jours à venir), aucun obstacle posé sur sa route ne lui semblera insurmontable ; si vous êtes déjà prise, il tentera quand même. Si vous lui faites comprendre que vous êtes vraiment amoureuse de votre partenaire, il reportera son attention ailleurs, restant cependant toujours à votre disposition quel que soit le moment où vous aurez besoin de lui (ou presque).

C'est un excellent ami, très amusant, bien que d'une naïveté désarmante : il commet un tas de bévues mais il repart chaque fois avec le même enthousiasme et le même élan. Pour faire sa conquête, vous devez vous placer sur le plan de la compétition, en étant cependant bien attentive à lui laisser croire que c'est lui le plus fort : il a tendance à se montrer machiste, mais avec un peu d'habileté, il est possible de maintenir cette tendance à des niveaux acceptables. C'est un bon amant, sans complexes ni tabous particuliers, mais il a tendance à négliger ces préliminaires si importants pour tant de femmes. Une dernière chose : veillez à ne pas faire preuve de paresse car c'est un défaut que le Bélier ne supporte dans aucun domaine.

Homme *Bélier –*

[829] Le Bélier *« négatif »* se caractérise par une extrême violence qui se manifeste dans tous les aspects de la vie quotidienne. Il a la main leste, prétend avoir toujours raison et n'hésite pas à passer ses frustrations sur celui qui ne peut se défendre. Même au lit, il a tendance à agresser sa partenaire et, bien qu'il se vante d'être un grand amant, il privilégie la quantité à la qualité. Si vous êtes tombée sur un Bélier de ce type et que vous ne savez comment vous en libérer, craignant pour votre sécurité,

ne vous inquiétez pas : il parle beaucoup mais, quand il verra avec quel champion de lutte libre vous le trahissez, ce ne sera plus qu'un agneau.

Femme *Bélier +*

[830] La femme Bélier est un véritable volcan en éruption, toujours pleine d'énergie et d'initiatives. Enthousiaste, elle peut s'avérer quelque peu autoritaire et fatigante à qui ne possède pas la même force vitale qu'elle. Elle cherche à enrôler tout le monde dans son groupe et ne supporte pas les paresseux et les mous. En ce qui la concerne, elle n'est pas du genre à s'apitoyer sur son sort : si les choses ne prennent pas le bon chemin, elle s'emploie simplement à faire en sorte que la situation s'améliore.

C'est une incorrigible optimiste qui doit faire très attention car elle est aussi très naïve : habituée à parler et à agir ouvertement, elle a tendance à penser que tous les autres se comportent de même. En raisonnant ainsi, elle tombe de déceptions en déceptions qui la blessent, mais qui lui sont nécessaires pour mûrir. Ses choix sont dictés par l'impulsion du moment et ont souvent des conséquences catastrophiques. Elle aspire à un rapport où intensité et respect sont équivalents et forment quelque chose de toujours différent et excitant, mais elle doit chercher beaucoup avant de trouver l'homme qui parvienne à tenir tête à son caractère piquant. Elle n'a pas d'inhibitions particulières par rapport au sexe ; faire l'amour avant le mariage ne la gêne pas, mais il est essentiel que la passion soit présente; au moment opportun, attention aux brûlures car elle est très chaude !

Femme *Bélier –*

[831] L'énergie du signe monte, monte, monte... jusqu'à provoquer un court-circuit. La Bélier « *négative* » est toujours sur les nerfs, prête

à agresser, souvent hors de propos, comme la Reine de Cœur d'Alice au pays des merveilles et elle ne dédaigne pas de passer aux voies de fait : elle ne touche pas aux bibelots coûteux, mais gare aux assiettes ! Elle a une façon très particulière de s'exprimer où prédominent le mode impératif et le pronom personnel « *moi* », ou plutôt « *Moi* » avec une majuscule et beaucoup d'emphase.

A cause de la tension dans laquelle elle vit, elle souffre de terribles migraines qui la rendent encore plus nerveuse. L'impression que l'on a, en la voyant, est celle d'un énorme gaspillage d'énergie. Non dépourvue de charme, elle gâche tout par son impulsivité qui, avec l'obstination, est son défaut le plus marqué.

Les hommes se sentent intimidés par elle, mais, une fois surmonté le premier moment, ils l'envoient au diable. Au total, elle fait de la peine, car c'est une femme profondément seule. Si vous voulez la quitter d'une façon civilisée, garnissez vos oreilles d'épais tampons d'ouate.

Taureau

Homme *Taureau +*

[832] Quel délice si vous êtes tombée sur un Taureau du meilleur type ! Dès le début, vous vous rendez compte que vous avez à faire à une personne de confiance, pleine d'attentions, de prévenance, et que le plus beau c'est cette douceur qui émane de chacun de ses gestes, de chacune de ses paroles. Très souvent, les Taureaux ont une voix superbe qui, écoutée les yeux clos, semble une caresse. Vous ne tarderez pas à découvrir qu'il est extrêmement jaloux ; gare à celui qui vous regarde (même seulement par erreur) : il est très capable de l'affronter séance tenante et d'en faire de la chair à pâté. Au lit, c'est un poème, une musique céleste ; vous fondriez littéralement entre ses bras.

Mâle et en même temps très doux, le Taureau est très contenu depuis l'adolescence; apparemment, faire sa conquête peut sembler une entreprise désespérée ; en réalité, un sourire, un regard à la fois complice et assassin, et il est déjà tout à vous. Le retenir n'est pas difficile s'il est vraiment amoureux : les autres femmes, il ne leur prête pas le moindre intérêt, et son affection comme son dévouement ne diminuent pas avec le temps. Une fois installé, il est bien là où il est et ce n'est pas lui qui s'en va ; c'est vous qui décidez de le congédier.

Homme *Taureau –*

[833] Le Taureau positif est aussi adorable que le Taureau négatif peut être désagréable. La douceur devient balourdise, la faiblesse de caractère une constante. Il est ignorant et obtus, et se complaît à l'être, se lamentant ensuite parce qu'on l'embrouille.

Non dépourvu d'une certaine beauté, il se néglige volontairement et son rapport avec la propreté est tout à fait discutable. En ce qui concerne la nourriture, soit il s'empiffre comme un pourceau (jusqu'à en prendre les formes) soit il la refuse totalement. Cela ne serait encore rien ; le pire se produit dans le domaine sexuel ; cela va du simple voyeur au véritable maniaque, passant par toutes les déviations et perversions possibles. Malheureusement, les Taureaux de ce type sont de véritables sangsues ; il faut se les arracher du dos car eux, même s'ils ne vous aiment plus, ils vous considèrent comme une de leurs propriétés. Et comment fait-on pour se débarrasser des sangsues ? On les écrase, bien sûr.

Femme *Taureau +*

[834] Les femmes Taureau pèchent peut-être par un amour excessif de la stabilité, mais, pour le reste, ce sont d'excellentes amies et des cuisinières émérites. Leurs invitations à déjeuner ou à dîner sont de véritables attentats à la ligne, d'autant que, en plus de cuisiner vraiment bien, elles se vexent si vous ne mangez pas tout ce qu'elles ont préparé ; autant se résigner.

La femme Taureau est idéale pour celui qui aime le train-train quotidien et l'idée d'une vieillesse en pantoufles : elle consacre toute son énergie à son mari et à ses enfants (souvent nombreux), faisant ses petites folies au bon moment. Il est rare qu'elle perde patience (et avec elle sa bonne humeur coutumière), mais quand cela arrive, cela signifie que vous l'avez vraiment cherché : ses colères, comme celles de tous les gens tranquilles, sont terrifiantes.

Il lui faut un peu de temps pour se calmer, mais elle le fait tôt ou tard, car elle n'aime pas vivre sous tension. Toutefois, un côté désagréable de son caractère est qu'elle a tendance à reprocher un tas de choses, même quand il y a prescription.

Faire sa conquête n'est pas difficile, à moins qu'elle n'ait décidé que vous lui êtes vraiment antipathique et, dans ce cas, il y a peu à faire. C'est une femme très sensuelle, bien que souvent freinée par des inhibitions : sachez la réchauffer grâce à de nombreux câlins et son ardeur vous surprendra.

Femme *Taureau –*

[835] Si la femme Taureau développe plus les défauts que les qualités attribués à son signe, vous avez affaire à quelqu'un de terriblement entêté, et très (trop) attachée à ses biens. C'est la mère classique qui considère ses enfants comme une extension narcissique d'elle-même, donc sa propriété exclusive, et qu'elle ne dédaigne pas d'utiliser (même inconsciemment) pour accéder à une situation sociale plus élevée. Elle justifie ses excès par la formule : *« Ce n'est pas pour moi que je le fais, mais pour ma famille »*.

Depuis sa jeunesse, elle a tendance à prendre des mensurations de matrone ; elle s'en plaint mais, comme elle a horreur du moindre effort, en particulier physique, elle ne songe même pas à s'inscrire dans un gymnase et encore moins à suivre un régime. De même, en ce qui concerne les hommes, elle attend qu'ils se jettent à ses pieds, munis bien sûr d'un confortable patrimoine. Une fois qu'elle en a attrapé un, elle ne le lâche plus ; la seule façon, peut-être, de s'en libérer, est de se montrer un fainéant accompli. Au lit, elle est frigide ou vous presse comme un citron...

♊ *Gémeaux*

***Homme** Gémeaux +*

[836] Quels lutins spirituels et imprévisibles que ces Gémeaux ! La grande caractéristique de ce signe c'est l'intelligence et, même s'ils n'ont guère poursuivi leurs études, ils conservent tout au long de leur vie une remarquable vivacité intellectuelle.

Ils se tiennent constamment informés sur ce qui se passe dans le monde et, avec eux, l'ennui est un sentiment inconnu ; ils ont un sens de l'humour inné et leur point fort réside dans les réparties : ils en lancent en rafales, toujours différentes et amusantes.

En amour, ce sont plutôt des papillons et il est rare qu'ils *« se casent »* très jeunes ; avant, ils veulent s'amuser un peu. Mais il faut reconnaître qu'une fois qu'ils ont trouvé celle qui leur convient, ils sont très fidèles. Pour les séduire, ne comptez pas autant sur l'aspect physique (bien sûr, cela les intéresse, mais il s'agit plutôt de curiosité), que sur l'aspect intellectuel. Avec eux, sachez discuter de tout, contredisez-les si nécessaire, mais, surtout, étonnez-les, en étant unique autant que multiple, toujours différente et imprévisible. De plus, s'ils sont vraiment amoureux de vous, vous découvrirez en eux une douceur d'autant plus agréable qu'elle est insoupçonnée.

***Homme** Gémeaux –*

[837] Un voyou de la pire espèce, voilà ce qu'il est, le Gémeaux négatif. Il jure par tous les saints qu'il vous aime à la folie, puis vous découvrez qu'il disait la même chose à cinq ou six autres femmes qui vous ont précédée. C'est un menteur-né, dont l'imagination est entièrement vouée à l'élaboration des histoires abracadabrantes qu'il vous raconte.

Un miroir constitue le cadeau idéal pour un Gémeaux ; il a un toupet incroyable et même découvert, il nie l'évidence, vous laissant sans souffle avec ses réparties vachardes. Il se sert de l'intelligence caractéristique du signe à des fins négatives, jusqu'à celle de démonter chacun de vos projets. Il n'est fidèle à personne et trahit souvent celui qui se fie à lui, ami ou compagnon, pour le pur plaisir de le voir souffrir. Inconstant, il lui arrive de renoncer à vous tourmenter de façon systématique, aussi ne devriez- vous pas avoir de problèmes si vous décidez de le quitter. Cruel, mais pas foncièrement méchant longtemps...

Femme *Gémeaux +*

[838] La Gémeaux typique est toujours en train de faire mille choses à la fois. Ce pourrait être un mode de vie stressant, mais, avec elle, il n'y a rien de plus excitant : l'ennui et la monotonie sont bannis et le rapport de couple devient un pari renouvelé chaque jour et toujours plus stimulant. La gamme de ses points d'intérêt est très vaste et variée : elle s'intéresse à tout sans approfondir vraiment rien. Elle n'a pas de préjugés, adore lire, puis potine un peu au téléphone avec ses amies. Son rythme de vie briserait n'importe qui, à moins d'être, comme elle, une éternelle clochette désinvolte et carillonnante. On ne peut être plus panier percé qu'elle et il n'y a aucun moyen de la changer car elle a horreur des contraintes.

Elle demande beaucoup à l'homme ; au premier soupçon d'ennui, elle s'enfuit ; elle n'est pas portée sur les grandes passions et il ne faut pas tomber amoureux d'elle à en perdre la tête car, avec l'ironie qui la caractérise, elle détruirait son partenaire. Le sexe l'attire surtout par curiosité et elle collectionne flirt sur flirt jusqu'à ce qu'elle rencontre l'homme fait pour elle, vif et intelligent (s'il est beau et riche, cela ne gâche rien). Pour lui, elle est même capable de devenir fidèle.

Femme *Gémeaux –*

[839] Parmi les représentantes classiques des Gémeaux *« négatives »*, on trouve ces femmes qui, la cinquantaine passée (sinon plus), s'habillent comme des adolescentes, dépensent des fortunes en liftings, veulent concurrencer leurs filles de vingt ans : elles pensent être encore très

séduisantes sans se rendre compte qu'elles ne sont que pathétiques. Il s'agit là d'un cas limite, mais, en général, toutes les Gémeaux « *négatives* » ne parviennent pas à se résigner au temps qui passe et s'imaginent pouvoir lutter contre lui.

Elles croient aveuglément en la puissance de l'argent et, pour en avoir plus, elles seraient prêtes à passer sur le cadavre de leurs meilleures amies ; à vrai dire ce n'est pas qu'elles en aient beaucoup, car elles ne supportent pas de n'être pas toujours au centre de l'attention et, tôt ou tard, la jalousie vient à bout de toute relation.

Autres Gémeaux « *négatives* » typiques, celles qui, le sourire aux lèvres, se proclament votre amie, tandis qu'elles déversent des torrents de méchancetés derrière votre dos. Elles traitent très mal celui qui tombe amoureux d'elles: elles le trompent sans compter et ne manquent pas de faire remarquer leur total manque de plaisir au cours des rapports sexuels : avec leurs insinuations faussement ennuyées, elles parviendraient à miner l'assurance de l'homme le plus solide. Pour leur faire passer de mauvais quarts d'heure, ignorez-les complètement; effacez-les de votre vie : l'indifférence est la seule chose qu'elles ne supportent vraiment pas, alors sachez l'utiliser habilement.

Cancer

Homme *Cancer +*

[840] L'homme Cancer ressemble beaucoup au Taureau, avec une différence fondamentale : lui, il cherche une maman qui le cajole et s'occupe de lui comme le faisait la sienne quand il était petit, sans pour autant prétendre vous substituer à elle, qui restera toujours unique.

Cela n'est pas difficile à faire dans le sens où ces hommes inspirent de la tendresse au premier regard : même lorsqu'ils sont des hommes d'affaires importants, il y a toujours en eux quelque chose qui trahit un insatiable besoin de câlins. Pour vous conquérir, aucune attention et aucune pensée ne leur sembleront irréalisables : ce sont des hommes dont la sensibilité confine à la télépathie, capables de comprendre et de satisfaire des désirs que vous-même, peut-être, ignoriez avoir.

Très vulnérables, lorsqu'on les quitte, ils souffrent énormément. Dans 90% des cas, la cause de cet abandon est à imputer à leur seul grave défaut : la possessivité. Si cela vous pèse vraiment, il faut leur en parler : pour préserver votre amour ils essaieront, sinon de l'éliminer, au moins de la tenir sous contrôle. Leur sensibilité est intense et ils vous feront passer beaucoup, beaucoup d'agréables moments. Et si vous avez la *« migraine »* ? Pas de problème, ils ne s'imposeront pas. Toutefois, ne l'ayez pas trop souvent...

Homme *Cancer –*

[841] Pire que le lierre, il tue ceux auxquels il s'accroche. La possessivité du Cancer type est portée à l'extrême et la paresse devient indolence absolue. Il ne s'intéresse à rien, ne prend aucune initiative et la seule chose qui soit en mesure de le tirer de son éternelle léthargie sont ses amis du bar le plus proche, où il dépense tout l'argent du ménage.

Souvent, il est totalement sous l'emprise d'une mère au caractère très fort. Comme tout enfant gâté, il estime que tout lui est dû. Cette façon de penser, dans le domaine sentimental, fait que le Cancer négatif demande beaucoup en ne donnant presque rien en échange. Et si cet état de choses ne vous convient pas et que vous protestez, il vous accusera, d'un ton plaintif, de ne pas l'aimer assez, que toutes les femmes sont comme ça et que seule sa mère sait le comprendre et l'aimer. Après quoi il vous boudera... Au lit, il ne fait l'amour que quand lui en a envie. Le quitter n'est pas un problème, il suffit de rester sourde à son chantage à la moralité.

Femme *Cancer +*

[842] L'image que la femme Cancer se fait de la vie idéale, c'est une maison soignée et bien rangée, avec un mari attentif qui s'occupe d'elle et ne lui fait manquer de rien, en termes aussi bien économiques

qu'affectifs, et veille sur sa famille, la plus nombreuse possible. Elle reconnaît l'importance de l'émancipation de la femme mais, en ce qui la concerne, elle est heureuse de revêtir le rôle d'épouse et de mère : aucune profession, aussi gratifiante et rémunératrice soit-elle, pourrait remplacer la joie qu'elle éprouve à élever ses enfants en mère poule.

En plus d'être très attachée à la famille, elle a un caractère un peu (beaucoup) lunatique : il suffit d'un mot prononcé sur un ton plus irrité que d'habitude pour qu'elle se mette à bouder, mais elle cesse dès qu'on la cajole. Elle est très possessive envers ceux qu'elle aime et maintient que deux personnes doivent partager chaque moment de la vie à deux ; néanmoins, si elle sait qu'elle peut avoir confiance en vous, elle ne vous refuse pas quelques parcelles de liberté.

Comme la femme Taureau, elle adore cuisiner et ne se préoccupe pas trop de sa ligne, ni de celle de son entourage. Sensible comme elle est, elle ne peut qu'être une bonne amante, très attentive aux détails et à l'atmosphère. Elle est capable de réchauffer même le plus froid des hommes.

Femme *Cancer –*

[843] Celui qui n'a pas un caractère suffisamment fort risque de rester englué avec cette femme possessive. Sa voix varie de la pleurnicherie au cri, toujours prête à vous rappeler quelque chose: elle n'arrive pas à comprendre comment vous avez pu survivre jusqu'à présent sans ses « *précieux conseils* ». Sa sollicitude qui, au début, vous avait semblé si charmante, devient insupportable au bout de quelque temps : être éternellement pris pour un enfant de trois ans exaspère tout un chacun.

La femme Cancer « *négative* » a une mémoire incroyable en ce qui concerne les torts qu'elle a soi-disant subis et elle ne les oubliera que lorsqu'elle se sera vengée. A son travail, elle excelle dans les prises de bec et les méchancetés, mais, quand elles se retournent contre elle, elle se plaint de la vilenie du monde et de l'injustice dont elle se croit victime.

Sexuellement, elle est très *« chaude »*, et si vous ne parvenez pas à l'amener à l'orgasme qu'elle réclame, elle y remédiera elle-même, avec ou sans accessoires.

Lion

Homme *Lion +*

[844] Etre Lion, cela signifie se sentir tel : le vrai Lion possède un charisme inné, il *« sait »* qu'il est quelqu'un sans avoir besoin de l'afficher. La première chose qui frappe, c'est justement cette assurance que l'on perçoit au premier regard, qui enchaîne et fascine. C'est un homme qui se plaît et qui sait qu'il plaît et qui se comporte en conséquence: il est toujours entouré d'amis et d'admirateurs, surtout du sexe féminin. Il ne souffre pas de la solitude, mais il aime avoir une compagne à sa hauteur, qu'il puisse montrer avec orgueil ; il aime les belles choses et ne lésine pas sur les moyens pour se les procurer, femmes comprises.

Il est très généreux, même si parfois il pèche un peu par arrogance et prétention, mais nul n'est parfait. Faire sa conquête peut être une entreprise ardue, dans le sens où il attache beaucoup d'importance à l'aspect physique. Essayez donc de mettre le plus possible vos avantages en valeur ; il fera le reste, comme il se doit, avec son assurance contagieuse. Après deux mois passés à ses côtés, même la plus timide des Balances ne peut faire autrement que se sentir une reine : le problème consiste à conserver ce statut.

Conseils : ne ménagez pas vos louanges à son propos (surtout après une performance sexuelle réussie), soyez toujours sincère et passez sur ses éventuelles gaffes : la vie avec lui sera vraiment hors du commun.

Homme *Lion –*

[845] Chez le Lion négatif, c'est le triomphe du kitsch et de la vulgarité. Physiquement il ne passe pas inaperçu et il s'en sert pour collectionner

les conquêtes. Ce besoin de séduire cache en réalité un manque d'assurance fondamentale. Ce qu'il n'arrive pas à obtenir par les flatteries, il l'obtient par les menaces: un exemple est la soi-disant « *preuve d'amour* », théoriquement spontanée, mais qui, avec lui, ne l'est jamais.

Il se vante d'être un merveilleux amant mais, lorsqu'il s'agit de passer aux actes, les plus délurées se rendront compte qu'il y a plus de bruit que de besogne.

Veillez cependant à ne pas montrer que vous avez compris son petit manège : il peut devenir violent. Les hommes de ce type conçoivent la vie selon la dichotomie droit- devoir où, autant le dire, eux seuls ont des droits et les autres seulement des devoirs.

Inutile de chercher à raisonner, ce serait peine perdue. La seule façon de le quitter c'est... de se faire quitter. Tâchez seulement, ensuite, de ne plus y retomber, car ce petit jeu ne fonctionne pas à tous les coups.

Femme *Lion +*

[846] On naît lionne, on ne le devient pas. Etre une femme Lion, cela signifie posséder une dignité royale que rien ne peut entamer : dégageant une classe inégalable, elle peut même se permettre d'aller au bureau en robe du soir sans que personne se moque. Elle se sent une reine et tient à ce que ce soit bien clair aux yeux de tous. Elle peut parfois paraître prétentieuse, mais, en général, elle sait se limiter. Elle aime tout ce qui est grandiose et voyant parce que cela lui donne une intime sensation d'exaltation. La mesquinerie la déprime. Lui conviennent les grandes passions brûlantes, surtout si elles sont contrariées.

Pour l'homme qu'elle aime, elle est prête à affronter le monde entier, à condition cependant qu'il ne la déçoive jamais. Avec elle, l'ironie est déconseillée : elle ne l'apprécie pas. Elle est sensible aux titres ronflants et à l'éclat de l'argent, mais n'est pas vaniteuse. Parfois, son caractère passionné lui joue de mauvais tours. Quand elle est sûre d'être aimée, elle devient une chatte irrésistible...

Femme *Lion –*

[847] Pour ces femmes, ce que vous êtes ne compte pas tant que ce que vous possédez : elles sont attirées par l'argent comme des guêpes par le sucre et sont prêtes à tout pour en avoir toujours plus. Contrairement à la Lion « *positive* » qui possède une classe innée, la « *négative* » représente le triomphe du mauvais goût, et de la vulgarité.

Elle demande, commande, exige, mais elle ne songe même pas à donner la moindre chose en échange : tout lui est dû. De temps en temps le doute l'effleure, mais elle le repousse comme un insecte indésirable ; elle est d'une prétention insatiable. Comme elle ne supporte pas la solitude, elle se contente, si elle n'a pas de millionnaire sous la main, de vous, homme au chéquier moins rempli, modeste mais attention, elle n'en reste pas moins à l'affût d'un meilleur parti, pour lequel elle vous plaquera sans remords.

Elle est cruelle avec celui qui l'aime : elle lui fait beaucoup de promesses, mais n'en tient aucune. Ce n'est que lorsqu'on l'abandonne dans dans sa prison dorée qu'elle se rend compte de ce qu'elle a perdu.

♍ Vierge

Homme *Vierge +*

[848] Les hommes Vierge, lors des fêtes, font tapisserie jusqu'à ce que vous leur laissiez la parole ; ils vous font alors passer une soirée des plus agréables. Timides et effacés (en apparence), ils inspirent de la tendresse et font de cette façon beaucoup de conquêtes. C'est un des signes les plus séducteurs du zodiaque, justement parce qu'il l'est inconsciemment.

Il aime la simplicité ; pour faire sa conquête, pas besoin de mini-jupes ou de jouer à la vamp. Il faut l'aborder avec beaucoup de précautions, pour éviter qu'il ne s'enfuie épouvanté, dans les bras d'une autre, plus habile que vous pour prendre l'apparence d'une innocente enfant. Ce n'est pas un passionné et, en général, il ne succombe pas aux coups de foudre ; mais si cela arrive, c'est une expérience bouleversante, car sa personnalité n'est pas entraînée à la vivre : c'est, en effet, une personne méthodique et ordonnée ; à l'école, il est fréquent qu'il brille en maths et dans les matières scientifiques.

Dans la vie de tous les jours, c'est un être tranquille et affectueux, sur lequel on peut compter, même s'il est un peu tatillon avec sa manie de l'ordre et de la propreté mais, avec un baiser, il sourira et laissera faire. Sexuellement, il a besoin de temps ; une fois sûr de vos sentiments, il s'abandonnera et ce sera une expérience inoubliable.

Homme *Vierge –*

[849] En apparence, le Vierge « *négatif* » ne diffère pas beaucoup du « *positif* » : façons d'agir timides, presque humbles, il a l'air du classique brave garçon que l'on peut sans crainte présenter à la famille. Mais, quand vous le connaîtrez mieux, vous vous rendrez compte que vous avez affaire à quelqu'un de terriblement avare : de ses biens, de lui-même, de tout. Il devient hystérique en présence d'un grain de poussière et, à la première quinte de toux, il craint d'avoir une tumeur au poumon: inutile de dire qu'il déteste férocement les fumeurs, en dépit de la liberté d'opinion qu'il défend en public.

Il critique tout et tout le monde et gare à qui le contredit; il est profondément convaincu d'être la personne la plus intelligente du monde mais, le pauvre, c'est un génie incompris. Même si beaucoup de femmes croient pouvoir les changer, ces hommes n'aiment jamais qu'eux-mêmes et cajoleries et affection, de leur point de vue égocentrique, sont des mots au sens obscur. Le sexe ? Agréable, oui, mais que de microbes ! Quittez ce natif quand il vous proposera de faire l'amour dans le freezer.

Femme *Vierge +*

[850] Sa terreur pour des vétilles peut parfois faire un peu rire, mais la vie de la femme Vierge est faite de détails : si tout n'est pas parfaitement à sa place, elle se sent plus ou moins victime d'un tremblement de terre. Elle est incroyablement méthodique et routinière (comme les chats avec lesquels elle s'entend très bien) : avec elle il n'y a pas risque de surprises.

Les maladies sont sa terreur: son armoire à pharmacie est plus fournie que celle d'un hôpital.

Quand les courses et les soins de la maison lui laissent un peu de temps libre, elle va aider ceux qui sont dans le besoin, en particulier les enfants et les vieilles personnes.

Elle a la beauté discrète, et est prise de complexes avant même que de se regarder dans un miroir : vous ferez un grand chemin vers elle si vous lui faites comprendre qu'il n'est pas important pour vous qu'elle soit mal peignée...

Faire sa conquête n'est pas facile, mais une fois ensemble, vous pourrez compter sur une compagne fidèle, qui fera tout pour vous rendre heureux à condition que vous respectiez ses petites manies. Par rapport au sexe, son attitude est ambivalente: d'un côté, elle en a envie, mais, de l'autre, elle en redoute les excès. Guidez-la, vous ne le regretterez ni l'un ni l'autre.

Femme *Vierge –*

[851] La femme Vierge *« négative »* critique continuellement, et dans un rayon d'action plutôt vaste : le monde entier, ou presque. Elle est acide comme le citron (dont elle prend même la couleur dans les moments d'extrême nervosité) et vit toujours sous tension car il y a toujours quelque chose qui lui tape sur les nerfs. Eternelle insatisfaite, elle ne tolère pas d'autre point de vue que le sien : quand elle s'y met, elle réussit à se montrer vraiment insupportable.

En dehors du fait que personne ne veut d'elle, c'est aussi à cause du sexe que la Vierge « *négative* » ne se marie pas. Ses motivations sont variées: soit elle le refuse totalement, soit elle l'apprécie tant qu'elle n'accepte pas les devoirs imposées par le mariage (toujours le même partenaire, quel ennui !). Une façon efficace (mais inélégante) de s'en libérer consiste à l' « *oublier* » dans quelque coin perdu dont elle ne connait pas la langue.

♎ Balance

Homme *Balance +*

[852] C'est un homme profondément équilibré, toujours prêt à venir à la rencontre de tous. Il y a dans son visage et sa façon de faire quelque chose qui inspire confiance au premier regard. C'est la personne idéale pour arbitrer une dispute, évitant de se laisser entraîner par les passions et, avant de juger, prenant en considération les opinions des deux parties en cause. Il possède un sens profond de la justice qui, s'il est atteint, le porte à se durcir : dans ce cas, il

Sa sérénité est souvent prise pour de la froideur ou même de l'indifférence, mais il suffit de parler avec lui pour comprendre qu'il n'en est rien. S'il y a au monde une chose qu'il a horreur de faire, c'est de décider ; il cherchera donc à déléguer les décisions qu'il doit prendre à son entourage (dont vous, madame). Attention ! vous devrez deviner ses désirs et, par conséquent, le seconder quand c'est possible.

En amour, sa frimousse fait des ravages ; jeune, même s'il aspire à un rapport stable, il a de nombreuses relations avant de rencontrer celle qui se rapproche le plus de son idéal féminin. Une fois établi, il est très fidèle. Pour faire sa conquête, faites en sorte qu'aucune disharmonie ne perturbe votre caractère et votre aspect physique, l'homme Balance ne le tolérerait pas. Le sexe ? Tout va bien.

Homme *Balance –*

[853] Le Balance *« négatif »* est caractérisé par un manque d'assurance extrême qui se manifeste dans tous les domaines de la vie. Décider à sa place devient une obligation. Il est extrêmement vulnérable et, pour le masquer, il se déguise en dur, quitte à prendre les jambes à son cou quand les circonstances exigent qu'il tranche. L'indécision typique du signe s'accompagne d'un manque total de fiabilité et d'une aversion marquée envers les responsabilités ; le Balance *« négatif »* fait le difficile pour éviter de montrer toutes ses peurs. Il a tendance à mépriser le milieu dans lequel il vit, considéré comme inadapté aux exigences d'une personne délicate comme lui : ce snobisme lui attire plus d'une antipathie qu'il sait cependant faire tourner à son avantage au moment opportun.

Si vous êtes tombée amoureuse de lui, car malgré tout il sait se montrer attirant, pensez-y bien avant de l'épouser: au début, tout semblera aller pour le mieux mais, bien vite, en raison de son immaturité foncière, il commencera à devenir toujours plus intolérant par rapport à votre ménage, cherchant à l'extérieur les évasions que, dit-il, vous ne lui offrez plus. Il se comporte comme un enfant capricieux qui veut tout.

Il ne se décidera jamais à vous quitter, alors faites-le. Il ne fera pas d'histoires et, peut-être même, à la fin, vous remerciera-t-il. Même par rapport au sexe, il se montre plutôt indécis : d'un côté, cela l'attire, bien sûr, d'un autre, il craint de ne pas être à la hauteur. Le résultat pratique de telles angoisses est fréquemment l'éjaculation précoce.

Femme *Balance +*

[854] Les femmes Balance, si élégantes et sophistiquées, sont l'orgueil de leurs parents et de leurs compagnons. L'art de plaire aux autres, chose essentielle à leur équilibre psychique, est une de leurs caractéristiques innées, comme la coquetterie que, de leur côté, elles ne considèrent que comme un jeu innocent. Si quelqu'un s'y laisse un peu trop prendre,

elles le remettent à sa place sur-le-champ, d'un regard glacial, à moins que ce ne soit celui qu'elles voulaient justement.

Quand elles vivent seules, elles aiment papillonner, mais une fois qu'elles ont trouvé le compagnon qu'il leur faut, elles sont absolument fidèles. Dès qu'elles commencent à parler mariage, soyez sûr qu'elles vous considèrent comme l'homme de leur vie : elles n'ont pas de problèmes à vivre en concubinage, mais elles préfèrent être en règle avec la loi. Ce sont des romantiques et des rêveuses incorrigibles, qui gardent cependant toujours la réalité présente à l'esprit. Les conseils de la femme Balance sont très recherchés car, en vertu de l'objectivité qui les caractérise, ils s'avèrent être les meilleurs.

Sa douceur est bien connue, mais celui qui pense pouvoir en abuser se retrouve face à une détermination inébranlable ; de toute façon, chaque fois que possible, la Balance évite les positions extrêmes, contraires à sa nature médiatrice. L'amour est le pivot de sa vie, même si elle a parfois tendance à l'idéaliser un peu (trop). Ne lui proposez jamais de faire l'amour en voiture: elle a besoin de se sentir à l'aise pour se laisser aller ; un lit confortable, des lumières diffuses (si ce n'est l'obscurité totale) lui conviennent davantage. Après quoi, elle se montre pleine de fantaisie.

***Femme** Balance –*

[855] Les Balances « *négatives* » peuvent passer des journées entières sans rien faire : la paresse du signe est exaltée et prendre des décisions devient à chaque fois une affaire d'état. Elles se lamentent sur l'ennui de la vie qu'elles mènent sans cependant rien faire pour changer cette situation ; même leur voix est monotone, haut perchée et presque irritante. Sous une apparence faussement modeste, elles dissimulent une incroyable considération d'elles-mêmes, ainsi qu'un profond mépris pour le monde entier ; elles vous critiquent ouvertement avec leurs amis, mais, ensuite, quand vous leur demandez de vous expliquer ce qu'elles veulent, elles ne savent pas quoi répondre, car elles l'ignorent.

Leur façon de faire hypocrite et mielleuse trompe un peu, mais, fondamentalement, on arrive à deviner ce qu'elles pensent réellement. Toutefois, si elles entrevoient que vous pouvez leur être utile de quelque manière, elles ne ménagent ni les cajoleries ni les simagrées, pour reprendre leur attitude glaciale une fois qu'elles ont obtenu ce qu'elles voulaient. Leur manque de spontanéité se dévoile notamment lorsqu'elles font l'amour : la différence entre elles et un iceberg ne se situe qu'au niveau des dimensions. Un système très efficace pour s'en libérer est de leur faire une scène en public, en dévoilant éventuellement quelque petit secret.

Scorpion

Homme *Scorpion +*

[856] On dit beaucoup de choses sur les hommes du Scorpion mais, si vous avez trouvé un représentant « *positif* » de ce signe, gardez-le précieusement, car c'est un homme en or. Il a vraiment un caractère particulier, semble invulnérable et indifférent à tout ; en réalité, son attitude souvent distante n'est qu'une façon de cacher une sensibilité profonde et un besoin d'amour tout aussi impérieux. Il tire toute sa force de son moi intime, conscient comme personne de son individualité: essayez de le mépriser et vous verrez ce qu'il sera capable de faire.

De la même façon, il est impossible de décrire toute la gamme d'émotions que l'on éprouve à ses côtés : pour la femme qu'il aime il est capable de faire vraiment n'importe quoi. Il admire beaucoup celui qui réussit à lui tenir tête, car il considère l'admiration comme une composante fondamentale de l'amour: ne l'oubliez jamais. Efforcez-vous d'ignorer son air de beau ténébreux, et répliquez-lui sur tout ou presque, en veillant à posséder de solides arguments (ainsi qu'une bonne dose de charme personnel).

Avec ses yeux aussi beaux qu'intuitifs, il comprend sur le champ si vous mentez ou si vous trichez et ne vous le pardonne pas. Intriguezle jusqu'à la douleur, donnez-vous et retirez-vous (règle valable pour tous, mais avec le Scorpion, c'est la seule qui fonctionne) mais, surtout, démontrez-lui que vous avez compris que le rapport avec lui est une lutte et que vous êtes en mesure de la soutenir. La fidélité varie d'un natif à l'autre, mais, en général, le Scorpion n'est pas fidèle : si cela peut vous consoler, il ne trahit qu'avec son corps et, pour lui, c'est comme s'il ne l'avait même pas fait.

Homme *Scorpion –*

[857] Les Scorpions *« négatifs »* sont des voyous avec le sourire aux lèvres. Malgré leur habileté à se camoufler en braves gens, un observateur attentif a toujours l'impression que quelque chose ne va pas en eux : parfois, c'est un physique particulier, désagréable, parfois, ce sont des éléments imperceptibles (par exemple, une lueur particulière dans les yeux), qui restent inconsciemment gravées dans l'esprit.

Il faut faire très attention avec eux, car ce sont des êtres profondément destructeurs ; réussir à entraîner le plus de gens qu'ils peuvent à leur niveau de bassesse les excite. Très vite, même la femme la plus désarmée et la plus naïve se rend compte qu'il s'agit d'un homme cruel, qui se sert du sexe pour blesser et qui ne se pose des barrières morales que pour mieux les transgresser. Pour s'en libérer, il faut posséder beaucoup de fermeté, du fait qu'ils ne renoncent jamais à l'idée de vous tourmenter.

Femme *Scorpion +*

[858] Beaucoup de Scorpions ne se retrouvent pas dans les descriptions données généralement à propos des femmes nées sous ce signe : théoriquement toutes séductrices, mantes religieuses, et ainsi de suite. S'il en était vraiment ainsi, le monde serait bien monotone. La seule chose que toutes les Scorpions partagent, ce sont de très beaux yeux ; lumineux et vifs, ils ont dans le fond une étincelle plus ou moins intense qui les rend tout à fait uniques.

Et, quand elles sont amoureuses, leur expression est littéralement transfigurée. Au cours de l'adolescence elles connaissent des déceptions terribles qui les aident à mûrir. Elles voudraient que chaque minute de leur existence soit unique et inoubliable et pour cela essaient de vivre le plus intensément possible : elles s'amusent comme des enfants à créer des situations absurdes, pour leur plus grand plaisir et le désespoir de leur entourage.

Elles demandent beaucoup à l'homme qu'elles aiment, mais donnent tout autant en échange ; elles font les mystérieuses parce qu'elles sont convaincues que la vérité est l'ennemie de l'amour, et jouent les effrontées pour vaincre leur timidité. Le secret de leur charme réside peut-être dans leur capacité à cacher leurs émotions tout en donnant une impression d'absolue spontanéité ; vous ne saurez jamais pourquoi elles sont irrésistibles aujourd'hui et si falotes demain, c'est ainsi, voilà tout. Ce ne sont pas des femmes faciles mais, en contrepartie, elles sont imprévisibles et jamais ennuyeuses ; elles savent être à vos côtés dans les moments de crise et, s'il le faut, elles vous défendent contre le monde entier. Le sexe, avec elles, est vécu intensément, mais jamais séparé de l'amour.

Femme *Scorpion –*

[859] Les représentantes négatives du signe du Scorpion sont des femmes extrêmement dangereuses : elles se vexent pour un rien La sensibilité du signe devient un instrument pour vous frapper là où vous êtes le plus vulnérable, avec une véritable méchanceté.

Lorsqu'un homme est en jeu, elles seraient prêtes à passer sur le cadavre de leur meilleure amie (qu'elles n'ont pas) dans le sens où toute femme est considérée comme une rivale. Elles vous surveillent et font des scènes terribles, impliquant le plus de gens possible ; il ne faut jamais commettre l'erreur de les sous-estimer car, dans le cas contraire, elles vous le font amèrement regretter. La querelle est leur pain quotidien, surtout quand elles réussissent à mettre quelqu'un en pièces (si possible une femme) avec leur langue venimeuse ; ne jamais les laisser seules en compagnie de personnes sentimentalement vulnérables : elles les traumatiseraient à vie.

Quand elle n'arrive pas à décocher ses flèches, elle utilise son corps, si c'est possible : la femme Scorpion « *négative* » s'amuse à séduire pour soumettre l'homme et l'humilier, ou bien, parfois, parce qu'elle ne parvient pas à dominer ses sens. Il n'est pas rare qu'elle s'adonne à la prostitution occasionnelle, elle est sadomasochiste et apprécie toutes les perversions. Si vous voulez vraiment la bouleverser et la blesser, montrez que vous lui préférez une femme qui, peut-être, n'est pas aussi sexy et agressive qu'elle, mais qui, en revanche, vous donne beaucoup d'amour.

♐ *Sagittaire*

Homme *Sagittaire +*

[860] La première chose qui frappe chez l'homme du Sagittaire, c'est qu'il ne s'arrête jamais ; depuis sa jeunesse il est pratiquement impossible de le brider. Son enthousiasme pour la vie se manifeste dans sa passion pour le sport et les voyages : les grèves et les agitations ne le démontent absolument pas, car il adore également les imprévus, qui lui permettent de mettre ses compétences en avant (qui, la plupart du temps, n'est pas beaucoup plus que du dilettantisme, mais ne le lui dites pas, cela offenserait sa bonne foi).

Sa confiance en ses propres moyens est inébranlable ; alliée à une bonne dose de naïveté, cela l'amène à commettre de nombreuses bévues qui ne l'abattent pas le moins du monde. On ne peut jamais douter ni de sa bonne foi, ni de sa loyauté. Ces qualités font de lui un ami fidèle et sympathique, toujours prêt à organiser quelque chose et à faire participer ses amis à ses projets. Il aime beaucoup s'écouter parler mais, s'il exagère et que vous le lui dites, il se modérera et en rira avec vous.

Jeune, ce n'est pas vraiment un compagnon exclusif et il fait la cour à toutes, en plaisantant, mais pas tant que cela. En fait, il n'est pas capable d'être fidèle. Si vous voulez de lui, votre mentalité doit être semblable à la sienne : vous ne devez être ni possessive ni jalouse, et prête à partager avec enthousiasme chacune de ses initiatives, aussi extravagantes puissent-elles paraître, et considérer le sexe et la vie en général sans trop de problèmes. Avec le temps, il se calme, devenant un monsieur distingué et sérieux, mais dont les yeux s'illuminent parfois d'une lueur coquine au souvenir des galopades de sa jeunesse.

Homme *Sagittaire –*

[861] Les représentants *« négatifs »* du Sagittaire ont tous un élément en commun : ils parlent beaucoup, trop. Leurs interlocuteurs, étourdis par un flot de paroles, acquiescent par épuisement : le Sagittaire *« négatif »* brise ainsi toute velléité de répliques dont, de toute façon, il ne tiendrait aucun compte. S'il ne l'est déjà, ce serait un parfait avocat ou, mieux encore, un politicien. Derrière une apparence brillante, il cache un esprit cynique et blasé, profondément pessimiste. Ici, l'idéalisme typique du signe a perdu beaucoup de sa substance pour laisser place à des mots et des mots... L'ennui est le mobile secret de ces hommes ; ils cherchent par tous les moyens à le fuir, entre autres en passant d'une femme à l'autre, sans en aimer et en respecter vraiment aucune. Le pire, c'est quand ils se mettent à se plaindre : ce sont alors de véritables pleurnicheries qui mettent à dure épreuve votre patience.

Pour comprendre à quel genre d'homme vous avez à faire, observez son rapport avec l'argent : si vous offrir un verre lui fait venir d'étranges couleurs et diverses grimaces, une vaine tentative de cacher un début de syncope, vous êtes face à un Sagittaire chez lequel prévalent les défauts du signe. Au lit, cela n'est pas mieux : il se fatigue souvent avant même d'avoir commencé. Le quitter n'est pas un problème dans le sens où, heureusement, il s'en va de lui-même.

Femme *Sagittaire +*

[862] Les Sagittaires *« positives »* sont des compagnes très gaies dont la valise est toujours prête. Voyager est leur grande passion ; elles se sentent citoyennes du monde et connaissent bien, en dehors de la leur, au moins une autre langue. Elles n'ont pas de problèmes d'adaptation car, où qu'elles aillent, elles se font très facilement des amis. Quand elles ne sont pas en voyage, il est fréquent qu'elles rendent la politesse à quelque ami ou amie qui, de son côté, leur a offert l'hospitalité. D'ailleurs, l'amitié est très importante pour la femme Sagittaire et une composante essentielle de l'amour: serments éternels, adieux déchirants, en plus d'être fatigants, la font bâiller d'ennui ; mieux vaut une relation dans laquelle le partenaire n'abuse pas de l'autre et où il est prêt à partir avec elle en Ecosse, dans les Highlands peuplées de fantômes, avec un simple sac de couchage.

En général, elle s'habille sans trop se préoccuper de sa féminité, mais, quand elle veut, elle sait se montrer très séduisante, exploitant au mieux son corps, modelé par les trois ou quatre sports qu'elle pratique habituellement. Y figure le sexe qui est la gymnastique la plus agréable et amusante qu'elle connaisse. La seule chose qui puisse lui créer quelque problème est sa naïveté excessive : elle a tendance à penser que tout le monde est franc et ouvert comme elle et est très déçue de découvrir qu'il n'en est pas ainsi.

Femme *Sagittaire –*

[863] La Sagittaire *« négative »* possède une remarquable dose d'énergie, complètement canalisée par l'impossible objectif de changer les autres. Elle s'estime, en toute bonne foi, l'unique dépositaire de la Vérité, avec un V majuscule. Son terrain idéal est celui de la politique, où elle se distingue par une foi aveugle dans ses idées : elle est prête à discuter, même trop, mais elle ne bouge pas de ses positions, finissant au contraire par confondre son interlocuteur par sa volubilité. A défaut du monde, elle peut se contenter de réformer sa copropriété, sa famille,

et ainsi de suite. Au début, sa ferveur peut attirer, surtout celui qui n'a pas un caractère très fort, mais, avec le temps, on arrive à ne plus la supporter : elle ne laisse pas d'espace à son entourage (jusque dans le sens physique : elle l'occupe à elle seule) et aime mettre son nez dans la vie d'autrui, naturellement pour juger et potiner un peu. Son expression préférée est la suivante : « *Si j'étais toi...* ».

Même si elle vit à la ville depuis son enfance, elle a une mentalité typiquement provinciale : le sexe est une chose condamnable, peut-être parce qu'elle est intimement frustrée et qu'elle utilise la psychologie à des fins terroristes. Il est impossible de s'en libérer, aussi faites attention à ne pas vous laisser piéger.

♑ Capricorne

Homme *Capricorne +*

[864] Etrange destin que celui des Capricornes « *positifs* » : leurs qualités étant peu visibles, on suppose qu'elles n'existent pas et l'on a tendance à ne mettre en avant que les côtés négatifs de ce signe. On pense qu'ils sont asociaux et qu'ils ont peu d'amis, en négligeant le fait qu'à l'égard de ces derniers ils se montrent extrêmement généreux, pleins d'égards et d'initiatives. Même s'ils ont quelques difficultés à s'intégrer dans les groupes, une fois surmonté l'obstacle du premier contact, ils se révèlent d'authentiques farceurs. Parfois, inexplicablement, ils se sentent avec le moral au plus bas, déprimés et nerveux et se renferment alors sur eux-mêmes, s'isolant de tous. La mélancolie est le grand problème des hommes nés sous ce signe : si vous réussissez à faire rire un Capricorne sans lui sembler stupide ou envahissante, il vous en sera profondément reconnaissant.

Pour comprendre le caractère d'un homme Capricorne, il faut penser à la période où il voit le jour: c'est le cœur de l'hiver, les jours sont courts et le soleil ne parvient pas à réchauffer la terre gelée. Que faire, sinon serrer les dents en attendant le retour du printemps ? C'est ce que fait l'homme Capricorne : il attend, il attend toujours, peu importe combien de temps (et, s'il est mystique, toute une vie...) car il sait instinctivement que, tôt ou tard, tous ses efforts seront récompensés.

Quelquefois, il joue aux romantiques ; laissez-le faire, l'important est de savoir qu'il ne l'est pas. Il préfère vivre avec des femmes plus âgées que lui, sans doute parce qu'il les considère plus mûres ; il aime recevoir d'elles les attentions auxquelles il n'a pas eu droit quand il était petit. Et alors, bienvenue aux caresses, aux câlins, mais aussi aux fessées : avant, après et (pourquoi pas ?) pendant l'amour.

Homme *Capricorne –*

[865] Les Capricornes *« négatifs »* sont des individus secs et froids, dont la vie est consacrée à l'accumulation de l'argent et du pouvoir, sans jamais avoir assez ni de l'un ni de l'autre. Probablement poussés par un profond complexe d'infériorité, ils réagissent avec des délires d'omnipotence. Ils ne savent même pas ce qu'est la pitié, dans le sens où ils méprisent ceux qui sont plus faibles qu'eux et prennent plaisir à les vexer. Toujours soupçonneux et méfiants, ils n'arrivent pas à jouir de la vie : ils s'en plaignent, mais ils ne font rien pour changer cette situation, car cela impliquerait le renoncement à leur égoïsme.

Poussés par un impérieux besoin de posséder, ils se consacrent entièrement à l'étude, puis au travail auquel ils sacrifient toute vie affective, qu'ils considèrent comme une faiblesse détournant l'individu de son but. La rigidité est leur marque distinctive dans tous les domaines de la vie. En amour, ils n'ont rien à donner et n'ont pas beaucoup de scrupules envers leur femme ou leur maîtresse. Le sexe n'est vécu qu'à leur bon plaisir, en évitant tout engagement profond. Si leur compagne ne les satisfait pas, ils y remédient tout seuls et les perversions ne sont pas rares. Ce sont des hommes à l'orgueil démesuré : pour vous en libérer, exploitez leur terreur des humiliations.

Femme *Capricorne +*

[866] La Capricorne « *positive* » cache sous une sombre carapace de discrétion beaucoup de qualités, qu'elle a cependant peur de montrer. Depuis l'enfance, elle craint les sentiments ainsi que les manifestations d'affection excessives, un peu par inclination innée, un peu en raison d'expériences négatives à ce sujet. N'étant pas excessivement portée sur la maternité, c'est le domaine du travail qui lui donne le plus de satisfactions : grâce à la rigueur et au sérieux qui la caractérisent, elle réussit bien dans tout ce qu'elle entreprend. Bien que n'étant pas d'une nature expansive, elle a besoin de chaleur pour se laisser aller et alors, elle se révèle spirituelle.

Sa profonde sensibilité, souvent mal comprise, est à l'origine des crises de mélancolie qui la tourmentent : elle vous sera infiniment reconnaissante si, avec patience, vous arrivez à lui faire extirper ce qui l'empoisonne. Elle tombe profondément amoureuse, mais ne dédaigne pas les mariages de convenance. Le sexe l'attire tout en la repoussant, mais, une fois débloquée, elle se révèle être une amante passionnée, capable de faire perdre la tête à plus d'un homme.

Femme *Capricorne –*

[867] Les Capricornes « *négatives* » sont lourdes à supporter : rigides et intolérantes, elles ne recherchent que le profit personnel. Elles se servent du sexe comme d'un instrument d'ascension sociale, bien qu'étant pratiquement frigides. Quand elles veulent quelqu'un ou quelque chose, aucun obstacle ne les arrête, tant elles sont dépourvues de scrupules.

Elles font partie de ces femmes qui reversent sur leur mari et leurs enfants leurs propres ambitions frustrées, les poussant sans pitié à obtenir toujours plus. Gare à eux si les pauvres s'arrêtent, ne serait-ce qu'un court instant, pour reprendre souffle : dans ce cas, c'est un déluge d'insultes et d'invectives. La vie, avec et pour ces femmes, est une infinité de devoirs, grise et aride. Les câlins et les gentillesses, elles ne savent même pas ce que c'est. Pour vous en libérer, essayez de les contredire sur tout, de dépenser une belle somme d'argent en une seule fois et de contester leur sacro-saint devoir au travail : cela devrait marcher.

♒ Verseau

Homme *Verseau +*

[868] Rencontrer un homme du Verseau signifie entrer dans le monde de l'utopie : aucun projet ne lui semble trop hasardeux ou à contre-courant, car il est attiré par tout ce qui est nouveau et inhabituel. On est immédiatement frappé par l'originalité qu'il exprime aussi bien dans sa façon de se vêtir que par son mode de pensée, attitude qu'il ne limite pas à lui-même, bien que ce soit l'expression qu'il se sent unique, même au sein d'une collectivité.

Les problèmes relatifs au social le passionnent : son rêve secret est de contribuer à la création d'un monde où tous pourraient vivre dans la paix et la fraternité, dans un total respect des libertés individuelles. Utopie, justement. Il n'est pas conseillé aux femmes passionnelles ; en effet, bien que vous désirant de toutes ses forces, il respecte trop votre liberté pour vous forcer de quelque façon que ce soit, et vous pourriez vous retrouver au lit ensemble à discuter jusqu'au matin des problèmes du monde, sans qu'il se passe absolument rien. Sa plus grande expression de passion est un regard intense, suivi d'une rougeur tout aussi intense.

Pour faire sa conquête, il faut une mentalité très ouverte, prête à le suivre dans chacune de ses projections en avant sans perdre de vue la terre : il vous en sera silencieusement reconnaissant. L'imprévisible le fascine. Le Verseau véritablement amoureux est très fidèle et, au lit, c'est le divertissement assuré, car il cherche les positions les plus absurdes ; de plus, lorsqu'il le veut, il sait être d'une extrême tendresse.

Homme *Verseau –*

[869] Les représentants *« négatifs »* du Verseau ont une *« légère »* tendance au fanatisme : ils proclament tout haut la liberté de pensée mais, en réalité, ils ne veulent entendre dire que ce qu'ils pensent eux. Surtout, les idéaux qu'ils prétendent professer sont sujets à de notables changements au cours de leur vie, suivant l'état plus ou moins florissant de la situation économique. A première vue, ils sont charmants : souvent, ils ont beaucoup voyagé et donnent l'impression d'être des aventuriers repentis.

Vous vous rendrez vite compte que vous n'êtes qu'une parmi tant d'autres, peut-être en cohabitation avec deux ou trois femmes en même temps : les Verseaux *« négatifs »* sont, par nature, incapables d'être fidèles. Ce sont des hommes très enfants qui voudraient tout obtenir sans lever le petit doigt et prennent acte de la présence d'autrui avec un certain malaise : ils vivent dans les nuages et se disputent férocement sur la terre. Les câlins ne rencontrent pas leur sympathie et, au lit, il semble toujours qu'ils fassent l'amour pour vous faire une faveur, très attendue en vérité. Si vous les quittez pour un gourou indien, ils accepteront plus facilement votre trahison.

Femme *Verseau +*

[870] S'il est une femme vraiment ouverte, disponible et attentive aux exigences d'autrui, c'est bien la Verseau *« positive »*. Elle possède le don rare de la lucidité même si, parfois, elle pèche par excès d'idéalisme. C'est la mère sur laquelle tout fils sait qu'il peut compter, aussi compréhensive que sévère quand il le faut ; si sa fille veut dormir avec un garçon qu'elle aime, qu'elle le fasse, et peu importe ce que diront les gens ! Malgré elle, la Verseau va à contre-courant et ne peut faire autrement que suivre ses idées le plus souvent anticonformistes. Elle demande beaucoup de liberté à l'homme qu'elle aime, mais elle lui en donne tout autant en échange ; elle cherche surtout la communion spirituelle ; le sexe est un moyen comme un autre de se tenir compagnie. Jalousie et possessivité

la mettent littéralement en furie, car elle les considère comme une offense à la largeur de ses conceptions : elle est alors même capable de devenir rigide envers qui a osé la *« défier »* ainsi. Elle a tendance à idéaliser l'amour, s'en faisant une idée très romantique et exaltée ; pour faire sa conquête, il faut lui démontrer que vous tenez à elle, sans pour autant la limiter. Ensuite, tenez compte du fait que, sexuellement, elle est très curieuse et qu'elle peut tout vous demander.

Femme *Verseau –*

[871] La Verseau *« négative »* est lunatique et casse-pieds, toujours prête à déchaîner des tempêtes dans un verre d'eau à propos de stupides questions de principe : toute sa façon de faire et de penser est empreinte de rébellion gratuite, même contre elle-même. Elle est fréquemment anarchiste et asociale, dans le sens où son excentricité la pousse à affronter un peu tout le monde. Dans le cas où elle accepte de s'adapter au système, elle reste de toute façon une personne rigide et chicaneuse chez laquelle l'idéalisme a été remplacé par l'opportunisme. Quelquefois, cependant, prise par ses rêves, elle accomplit des actes absurdes qui déconcertent son entourage. Son rapport avec l'argent est conflictuel et oscille entre des périodes de grande avarice et d'autres où elle fait des dépenses folles. On ne sait jamais comment la prendre, et encore moins comment la satisfaire ; sexuellement, elle vous harcèle avec son obsession d'être anormale ou frigide. Ne vous étonnez pas si vous découvrez qu'elle vous trompe avec une autre femme : c'est normal (pour elle, bien sûr).

♓ Poissons

Homme *Poisson +*

[872] Les natifs du dernier signe du zodiaque sont la joie et le désespoir de nombreuses femmes, et de leur mère en premier. Dès l'enfance, le natif des Poissons aime, en effet, se réfugier dans un monde bien à

lui, impénétrable pour les autres. Bien qu'étant intelligent, peut-être plus qu'aucun autre signe, il préfère se laisser transporter là où il veut par son intuition : celle-ci est quasi médiumnique et préserve l'homme Poissons de situations problématiques. Même s'il semble toujours un peu dans les nuages, en réalité, il se rend parfaitement compte du monde qui l'entoure et s'y adapte autant que sa nature pleine de fantaisie le lui permet. Ce qui frappe en lui, ce sont, d'une part, son expression (sérieuse chez le neptunien et rêveuse chez le jupitérien) et, d'autre part, ses yeux, beaux et lumineux, qui révèlent que l'essence de cet homme est tellement riche et multiple qu'elle en devient insaisissable. Un jour, il se montre euphorique, le lendemain, il est tellement dépressif qu'il pense au suicide : il n'y a pas d'explication et encore moins de faute de votre part, c'est ainsi. Même après quarante ans de vie commune, on ne peut prévoir ses réactions.

L'homme Poissons remporte beaucoup de succès peut-être en raison de son air toujours un peu perdu : il aime penser être votre prince charmant mais, avec lui, en plus de princesse, il faut également être mère, amante, maîtresse, un peu bourreau, etc. Les neptuniens sont en général des ascètes, tranquilles et aucunement jaloux, très attachés à leurs habitudes. De leur côté, les jupitériens jouent à faire les passionnés, avec un grand déploiement de drames et de scènes au détriment du sentiment. La façon d'aimer des deux est tendre et très intense à la fois.

Homme *Poisson –*

[873] Les Poissons *« négatifs »* se perdent très vite dans un chaos existentiel sans fin: l'imagination devient rêvasserie, ou bien une prison qu'ils essaient de fuir toute leur vie, sans trop de succès. Le temps est un concept très relatif : ils prétendent être ponctuels et arrivent avec deux heures de retard (s'ils arrivent). Ces hommes n'entrent en contact avec la réalité que quand cela leur convient. Ils s'ennuient ou se mettent à crier, exactement comme des enfants capricieux. Ils se vexent pour un rien et rendent tout le monde fou avec leurs sautes

d'humeur. Sexuellement, les choses ne vont pas beaucoup mieux dans le sens où, en plus d'être paresseux, ils sont un peu trop attirés par les talons aiguille et les cravaches. A l'occasion de son énième tentative de suicide, offrez à ce Poissons « *négatif* » un beau jeu de rôles, sa passion. Le quitter n'est pas difficile, il faut simplement beaucoup de tact.

Femme *Poisson +*

[874] Romantique et rêveuse, la femme Poissons a besoin de quelqu'un de fort et de sûr de soi qui l'entraîne à la découverte du monde. En réalité, elle n'est pas si désarmée que cela, mais elle préfère que les autres la considèrent ainsi pour stimuler leur désir de la protéger. Avec les femmes du Scorpion, celles des Poissons ont les plus beaux yeux de tout le zodiaque ; dans leur cas, ils sont grands, lumineux et rêveurs. Ils reflètent comme un miroir leurs états d'âme, avec une gamme d'expressions quasi infinie. Elles s'émeuvent facilement à la vue de ceux qui souffrent et il n'est pas rare que, quand elles le peuvent, elles hébergent de nombreux animaux de toutes espèces.

Les femmes Poissons commencent à tomber amoureuses assez tôt et, une fois qu'elles ont commencé, elles n'arrêtent plus. Avec de la chance, elles trouvent le grand amour de leur vie quand elles sont relativement jeunes et vivent avec lui jusqu'à la mort; dans le cas contraire, elles ne se résignent jamais tout à fait à la solitude. Pour conquérir cette native, laissez libre cours au romantique qui est en vous (s'il n'y est pas, pourquoi vous intéressez-vous à elle ?) ; avec elle, plus vous êtes sucré mieux c'est. Une autre possibilité est de jouer l'homme des cavernes, avec classe. A vous de voir lequel vous convient le mieux. Une fois ensemble, oubliez que les autres femmes existent, car elle est jalouse et possessive comme personne. Détail : si elle tient à arriver vierge au mariage, vous pouvez être sûr que vous ne la ferez pas changer pas d'avis.

***Femme** Poisson* –

[875] Le sucre de la native du signe des Poissons *« négative »* donne la nausée, car il devient presque de la mélasse. Elle aime les scènes et les drames dont elle est l'unique et pathétique protagoniste ; les larmes inondent ses yeux au moins une fois par jour, à se demander si ce n'est pas sur commande. Elle est d'un égoïsme rare et, bien que le sachant parfaitement, elle récite l'air de la personne généreuse et altruiste envers son prochain. Avec le temps, elle a tendance à devenir pire encore, finissant par sortir, s'il n'y a rien de mieux, avec des garçons qui pourraient être ses (petits) enfants.

Sexuellement, on dit qu'elle est nymphomane ; c'est peut- être vrai, peut-être pas, mais il est sûr qu'elle ne fait rien pour faire mentir les mauvaises langues. Si vous voulez la quitter, dites-le lui de la façon la plus indifférente possible, ainsi vous ne lui donnerez même pas l'occasion de s'exhiber dans une mélodramatique scène finale.

Guide des couples planétaires

Celui qui possède quelques notions d'astrologie sait que le signe de naissance, en soi, ne dé-termine pas la personnalité, mais que celle-ci est plutôt le résultat de différents éléments, tels que le rapport des planètes entre elles (en astrologie, le Soleil, une étoile, et la Lune, satellite, sont également considérés comme des planètes) et leur position dans les douze maisons, sym-bolisant les douze signes et que l'on peut localiser à partir du calcul de l'Ascendant.

Mais, si l'on voulait se lancer dans une telle étude, nous devrions prendre en compte toutes les variables possibles d'un horoscope, ce qui exigerait un approfondissement dépassant le cadre de cet ouvrage. En outre, à la lumière de ces considérations, ne tenir compte que du signe de naissance serait trop limitatif. Dans la rédaction de ces petits portraits astrologiques (avec leurs affinités respectives), l'intention a donc été de représenter soit ceux qui, nés sous un signe déterminé (par exemple les Gémeaux), en ont les caractéristiques, soit ceux qui, bien qu'étant nés sous un autre signe, par exemple les Poissons, possèdent trois ou quatre planètes, ou bien la Lune ou l'Ascendant dans les Gémeaux et sont ainsi fortement influencés par ce signe. Pour ceux qui connaissent déjà leur thème astral, il n'y a pas de problèmes particuliers. Pour ceux qui ne le connaissent pas et ne se retrouvent pas dans leur signe de naissance, il sera bon de lire attentivement les différents portraits de base présentés dans les chapitres précé-dents et dans celui-ci jusqu'à *« se retrouver »* dans un signe déterminé qui revêt sûrement une importance particulière dans leur horoscope.

Si cela ne se produit pas, il est très probable que le sujet en question soit une de ces rares per-sonnes qui possèdent un horoscope homogène, dans lequel aucun élément ne l'emporte sur les autres.

L'expérience enseigne qu'il existe deux combinaisons « idéales » et qui reviennent souvent (Cancer-Poissons, de préférence homme Cancer et femme Poissons, et Gémeaux- Balance, avec femme Gémeaux et homme Balance) et un autre tout à fait déconseillé (Scorpion-Sagittaire, surtout entre un homme Scorpion et une femme Sagittaire).

Les couples sont valables pour les deux sexes ; là où il existe une différence, celle-ci est clai-rement signalée.

Bélier *(21 mars-20 avril)*

[876] *Comme tous ceux qui sont nés sous un signe de feu (Bélier, Lion, Sagittaire), les Béliers sont sympathiques, énergiques et il émane d'eux une véritable chaleur humaine. Grands meneurs de troupes, ils tendent cependant à l'inconscience qui est, avec l'impulsivité, leur principal défaut. En amour, ils sont enthousiastes, passionnels mais également autoritaires : leur volonté de vouloir passer tout de suite aux voies de fait peut poser problème.*

[877] ***Bélier-Bélier :*** à la flamme du début peut succéder un sérieux risque d'en venir mutuellement aux coups de corne, et ce n'est pas toujours qu'une métaphore. Note : **6-**.

[878] ***Bélier-Taureau :*** les Taureaux sont très attirés par les Béliers, à condition toutefois que le Taureau retourne ruminer paisiblement dans son pré, tandis que le Bélier continue à jouer les casse-cou. Note : **5**.

[879] ***Bélier-Gémeaux :*** le Bélier est trop impétueux et le Gémeaux trop subtilement ironique. Rapport très agréable au niveau du flirt. Note : **6+**.

[880] ***Bélier-Cancer :*** très difficile pour que cela fonctionne. Note : **3**.

[881] ***Bélier-Lion :*** avec un Lion, il est normal que le Bélier fasse des étincelles. Il vaut mieux que le Lion soit l'homme et la femme le Bélier. Dans le cas contraire il y a risque de « lèse- majesté ». Note : **7,5**.

[882] ***Bélier-Vierge :*** ce sont deux personnalités très différentes. Peut-être existe-t-il des couples de ce genre, mais nous n'en connaissons pas. Sans note.

[883] ***Bélier-Balance :*** ils illustrent la règle sur l'attirance des opposés, mais, à la longue, les conflits peuvent avoir raison de la Balance. En général, l'homme Balance s'enfuit au bout de quelque temps. Femmes Bélier, du calme ! Note : **5**.

[884] ***Bélier-Scorpion :*** ici, le Bélier est à son affaire, mais il risque gros : le Scorpion peut le frapper quand et comme il veut. Il vaut mieux que le couple se forme lorsque les deux ont atteint leur maturité et fait leurs expériences respectives. Note : **6-**.

[885] ***Bélier-Sagittaire :*** un couple crépitant. Jeunes, ils partent à la conquête du monde ; par la suite, le feu qui brûle dans leurs cœurs mettra longtemps à s'éteindre. L'unique risque serait une excessive naïveté. Note : **8**.

[886] ***Bélier-Capricorne :*** ils font surgir l'un de l'autre leur plus mauvais côté. Le Bélier essaie de briser la carapace sous laquelle le Capricorne cache sa sensibilité, mais sa « façon » de le faire ne plaît pas au Capricorne, lequel se durcit de plus en plus. Note : **2**.

[887] ***Bélier-Verseau :*** l'immense curiosité du Verseau est très attirée par la vivacité du Bélier qui, cependant, se révèle excessive à la longue pour le caractère du Verseau typique, qui prend le large en laissant le Bélier tout déconfit. Note : **5**.

[888] ***Bélier-Poissons :*** un certain type de femme Poissons se trouve très bien avec l'homme Bélier qui, de son côté, adore la protéger. Les femmes Poissons du second type et les hommes de ce signe, en revanche, ne se sentent pas bien du tout avec le Bélier: c'est l'entrée en contact de deux sensibilités et manières d'aimer trop différentes. Note : **6**.

Taureau *(21 avril-20 mai)*

[889] *Les natifs du Taureau, premier signe de Terre, sont des personnes fidèles et très affectueuses qui aiment jouir de la vie avec simplicité ; toujours calmes et tranquilles, les rares fois où ils explosent (et lorsque cela arrive c'est qu'ils sont vraiment parvenus aux limites du supportable), ils font beaucoup plus peur que d'autres signes notoirement plus agressifs. Leur principal défaut est l'entêtement qui, chez certains, devient un véritable blocage mental et, parfois, ils exagèrent leur tendance naturelle à s'attacher à ce qu'ils ont, qu'il s'agisse des personnes ou d'objets, avec des conséquences désagréables pour eux comme pour les autres.*

[890] ***Taureau-Taureau :*** ce rapport, très beau par certains côtés, se noie dans les petitesses de la vie quotidienne : les deux Taureaux ne sont disposés à céder sur rien et finissent par attribuer à leur obstination réciproque leurs disputes continuelles, sans comprendre que la faute revient aux deux. Note : **4**.

[891] ***Taureau-Gémeaux :*** le Gémeaux incarne tout ce que le Taureau n'est pas et qu'il voudrait être. Tandis que ce dernier le regarde avec envie, le Gémeaux lui lance un court regard entre compassion et ironie, et s'en retourne papillonner. Note : **4**.

[892] ***Taureau-Cancer :*** même amour pour la famille, même attachement excessif aux choses (le Taureau est attaché à ce qu'il possède) ou aux

êtres (le Cancer est attaché à ses souvenirs et à ses proches). Rapport profond, mais qui, par la volonté des premiers intéressés, risque de les isoler du monde et de les faire apparaître involontairement snobs. Sérieux risque d'anachronisme. Note : **7**.

[893] ***Taureau-Lion :*** rencontre-collision entre deux personnalités très fortes et (chacune à sa façon) très passionnelles. Le Taureau est extrêmement jaloux, le Lion absolutiste et la manière de camper chacun sur ses positions est peut-être encore plus excessive que chez le couple Tau-reau-Taureau. De plus, le Lion voit en grand et ne ménage pas l'argent, ne serait-ce que pour l'apparat; inconcevable pour le Taureau parcimonieux (pour ne pas dire avare) ! Note : **5+**.

[894] ***Taureau-Vierge :*** ils ont en commun l'élément Terre, qui leur donne sens pratique et clarté des idées : donc un couple pratique, dépourvu de lubies, avec les pieds bien sur terre et qui ne risque certes pas un mariage « réparateur ». Il y aura des enfants, c'est sûr, mais plus tard... Note : **7,5**.

[895] ***Taureau-Balance :*** très beau rapport dans la forme, mais moins efficace en profondeur. Note : **5**.

[896] ***Taureau-Scorpion :*** au secours, nous voici en plein mélodrame ! Drames, pleurs et réconci-liations foisonnent chez un tel couple. Si, néanmoins, ils parviennent à dépasser les puissants contrastes existant entre leurs deux signes opposés et complémentaires, Taureau et Scorpion peuvent tenir longtemps, grâce également à une attirance réciproque, constante dans le temps. Mieux vaut que le Scorpion soit l'homme et la femme Taureau. Note : **7**.

[897] ***Taureau-Sagittaire :*** le Sagittaire est vagabond par nature et le Taureau, en plus d'être exces-sivement paresseux, est surtout très jaloux, deux choses inacceptables pour un Sagittaire digne de ce nom, qui s'en va irrité. Note : **4**.

[898] ***Taureau-Capricorne :*** la douceur du Taureau comble la sensibilité du Capricorne, qui n'y est pas habitué et, ô miracle !, ce signe d'hiver

habituellement recroquevillé sur lui- même, s'ouvre comme une fleurette au printemps. Excellent rapport à tous les points de vue. Note : **8**.

[899] ***Taureau-Verseau :*** en général, ils ne se supportent pas car leurs natures sont trop différentes. Il existe de tels couples mais ils sont très déséquilibrés. Note : **2**.

[900] ***Taureau-Poissons :*** les opinions des astrologues, à propos de ce couple, sont très divisées. Parfois cela marche, d'autres fois non. Il est de toute façon indispensable que ce soit le Tau-reau qui gère les finances, sinon rien ne va plus. Sans note.

♊ ***Gémeaux*** *(21 mai-21 juin)*

[901] *Signe de cabotins par excellence, les Gémeaux typiques sont changeants, sympathiques, im-prévisibles. En amour, ils sont très cérébraux et, pour séduire les Gémeaux des deux sexes, il faut savoir charmer leur esprit toujours en mouvement. Ne leur parlez jamais du temps qui passe, de la vieillesse qui approche: cela les déprimerait et ils n'auraient plus de considération pour vous.*

[902] ***Gémeaux-Gémeaux :*** voici un jeu de miroirs très risqué dans lequel les deux participants ris-quent de se perdre. Au niveau du flirt c'est, en revanche, un rapport très divertissant et agréable. Note 5+.

[903] ***Gémeaux-Cancer :*** dans le fond, ce sont tous deux des enfants et, tant qu'ils jouent, il n'y a pas de problèmes. Mais dès qu'ils passent aux choses sérieuses... Note : **4**.

[904] ***Gémeaux-Lion :*** ils peuvent énormément s'amuser ensemble, comme les monarques d'autrefois et leur cour, où il y avait toujours le bouffon, lequel se moquait souvent du roi et de sa suite (en restant, bien sûr, dans certaines limites) pour le plus grand amusement de tous. Entre Gémeaux et Lion, on retrouve une situation similaire. Le seul inconvénient, c'est que les Gémeaux outrepassent parfois les limites

et offensent vraiment le Lion, lequel, en bon signe fixe, ne le pardonne plus. Note : **6+**.

[905] ***Gémeaux-Vierge :*** malgré l'apparente incompatibilité de leurs éléments respectifs (Air-Terre), Gémeaux et Vierge ont en commun le domicile de Mercure, ce qui leur permet d'établir une excellente entente intellectuelle, sur laquelle baser tout le reste. Note : **7**.

[906] ***Gémeaux-Balance :*** nous en arrivons à un des couples les mieux assortis du zodiaque : leur entente est parfaite sur tout. Que dire de plus ? On ne peut rêver mieux. Note : **10**.

[907] ***Gémeaux-Scorpion :*** pour une fois, les Gémeaux pèchent par naïveté : croyant prendre au piège le Scorpion (qui, de son côté, le leur laisse croire, très amusé), ils se retrouvent aux prises avec une passion d'une profondeur qu'ils n'avaient jamais connue jusque-là. Ils ne savent pas quoi en faire, ce qui les rend très mal à l'aise. Note : **2**.

[908] ***Gémeaux-Sagittaire :*** grande attraction physique mais, très vite, l'ingénuité et la candeur du Sagittaire finissent par irriter les Gémeaux. Ils peuvent pourtant faire ensemble de beaux voyages, la grande passion du Sagittaire. Note : **5**.

[909] ***Gémeaux-Capricorne :*** les Gémeaux et le Scorpion sont pratiquement les seuls à être ca-pables de faire rire aux éclats un Capricorne ; dommage pourtant que les Gémeaux trouvent ce signe trop froid et ennuyeux. Là, il faut faire remarquer la superficialité des Gémeaux, car ils iraient très bien ensemble. Note : **6**.

[910] ***Gémeaux-Verseau :*** ils voyagent sur les rails d'une grande entente intellectuelle, bien qu'ils ne dédaignent pas du tout le sexe, au contraire. Tous deux d'un esprit très ouvert, ils ne tar-dent cependant pas à découvrir leurs défauts respectifs, arrivant à se reprocher leur excessive froideur réciproque, agrémentée de trahisons. Note : **6**.

[911] ***Gémeaux-Poissons :*** la duplicité aérienne des Gémeaux s'empêtre dans la duplicité océane des Poissons. De deux choses l'une : ou ils meurent

d'asphyxie, ou ils prennent la fuite,c e qui se produit dans l'immense majorité des cas. Note : **4**.

♋ *Cancer* *(22 juin-22 juillet)*

[912] *Le Cancer, premier signe d'eau, est celui des romantiques, éternels enfants à la douceur ex-trême. L'homme Cancer adore faire le père et en même temps être cajolé comme un fils, tandis que la femme vous charme d'un regard et vous fait retourner, par ses soins et ses attentions, dans le monde ouaté de l'enfance. Comme tous les signes cardinaux (Bélier, Cancer, Balance et Capricorne), le Cancer est plutôt impulsif, même si cela ne se découvre souvent qu'un peu après avoir fait sa connaissance.*

[913] ***Cancer-Cancer :*** ce serait un couple parfait s'ils ne recherchaient pas l'un chez l'autre cette stabilité et cette protection qu'ils ne possèdent pas. Ils se déçoivent mutuellement. Note : **5**.

[914] ***Cancer-Lion :*** s'il s'agit d'un vrai Lion, tout va bien. Seulement, dans le lot, il y a beaucoup de… chats, chez lesquels l'apparence arrogante cache une profonde faiblesse ; avec de tels Lion-chats, le Cancer ne peut que se sentir mal. Note : **6**.

[915] ***Cancer-Vierge :*** ce peut être un amour digne d'un roman, mais aussi un petit béguin tiède, selon les acteurs. Note : **7**.

[916] ***Cancer-Balance :*** imaginez la scène : par un beau clair de lune, le Cancer, dont la sensualité intense est aiguisée par le charme de la Balance, commence à déclamer de doux vers à un(e) partenaire en extase. Dans le même temps il tente une main polissonne et la Balance se raidit. Le Cancer se démonte un peu mais n'en démord pas ; au bout d'un moment, il tente à nouveau, mais la réaction est la même, accompagnée d'un « Mais qu'est-ce que tu fais ? Et moi qui te croyais différent des autres, si spirituel… » irrité. A ce stade, le Cancer ne peut s'empêcher d'envoyer au diable cette pauvre Balance. Note : **4**.

[917] ***Cancer-Scorpion :*** l'unique chose qui les empêche d'être un couple parfait est cette pointe de sadomasochisme qui colore leur rapport.

Pour le reste, tout va bien, surtout en ce qui concerne le sexe, dans lequel ils sont vraiment proches de la perfection. Note : **8**.

[918] ***Cancer-Sagittaire :*** le Cancer ne veut pas comprendre la soif d'indépendance de ce signe de Feu et cherche à la brider par tous les moyens. Le Sagittaire résiste quelque temps, mais ne peut que regretter, haut et fort, sa liberté perdue ; le Cancer se sent terriblement offensé et s'en va chercher ailleurs quelqu'un qui ne le néglige pas à ce point. Note : **3**.

[919] ***Cancer-Capricorne :*** ce signe de Terre se retrouve ensorcelé par la douceur de ce signe d'eau et, avec lui, abaisse ses défenses habituelles. Il a tort car les exigences affectives du Cancer sont très au-dessus de ses possibilités. Note : **3**.

[920] ***Cancer-Verseau :*** apparemment, ils n'ont rien en commun et pourtant, il peut en naître un grand amour. Etrange à dire, mais c'est presque toujours le Cancer qui abandonne le Verseau. Note : **7**.

[921] ***Cancer-Poissons :*** l'unique grande faiblesse de ce rapport réside dans le manque de sens pra-tique de ces deux signes. Mais, pour eux, perdus sur leur petit nuage, c'est bien ainsi. Note : **10**.

Lion *(23 juillet-22 août)*

[922] *En arrivant au texte le concernant, le Lion s'attend à se voir mis en valeur en caractères gras. Tous les natifs de ce signe ont, en effet, une haute opinion d'eux- mêmes qui, chez certains d'entre eux, confine à la présomption. Il est vrai qu'ils sont doués d'un grand charisme, que ce sont des leaders nés. En amour, ils donnent tout, mais ils ont tendance à considérer l'autre comme un appendice d'eux-mêmes.*

[923] ***Lion-Lion :*** ils s'aiment à la folie, mais échouent sur de petites choses. Aussi absolus l'un que l'autre, après une première période réellement inoubliable, ils commencent à ne plus rien se pardonner. Ils se séparent en mauvais termes mais ne s'oublieront jamais. Note : **5**.

[924] ***Lion-Vierge :*** la Vierge aime les petites choses, les détails que le Lion a tendance à ne même pas considérer, mais ce qui les sépare surtout, c'est le sens critique du signe de Terre. Le Lion le trouve amusant tant qu'il ne se retourne pas contre lui. Note : **4**.

[925] ***Lion-Balance :*** « Enfin quelqu'un de sûr de soi ! », pensent les Balances des deux sexes, tou-jours en proie à une indécision chronique. Loin de les décevoir, les Lions les réchauffent et leur donnent pleine satisfaction. Ces deux signes s'apportent beaucoup mutuellement quel que soit le lien qui les unit. Note : **8**.

[926] ***Lion-Scorpion :*** flammes rouges pour le Lion, flammes noires pour le Scorpion : le second peut affronter les premières, mais l'inverse n'est pas vrai. C'est néanmoins un grand amour. Mieux vaut que la femme soit Lion et l'homme Scorpion. Note : **7**.

[927] ***Lion-Sagittaire :*** un oui enthousiaste à ce couple, qui aime jouer, se stimuler, voire se disputer, mais toujours en s'aimant et en se respectant beaucoup. C'est un amour qui réchauffe et même brûle, mais agréablement. Note : **9**.

[928] ***Lion-Capricorne :*** le seul fait de regarder un homme Capricorne refroidit la femme Lion ; l'homme du signe, en revanche, apprécie beaucoup la femme Capricorne et, s'il s'agit d'un vrai Lion, il réussit à gagner sa confiance et, par conséquent, son amour. Rapport très tourmenté mais inoubliable. Note : **6,5**.

[929] ***Lion-Verseau :*** ils aiment s'agacer mutuellement, mais, assez vite, l'instabilité notoire du Verseau se dévoile de manière presque inattendue. Chez les Verseaux dominés par Saturne, il est moins probable que cela arrive. L'histoire se complique encore si c'est la femme qui est Lion, dans le sens où elle est moins disposée à chercher ces points d'entente absolument né-cessaires avec un homme du Verseau. Grande attirance physique. Note : **6=**.

[930] ***Lion-Poissons :*** ils se fascinent l'un l'autre; au début, tout va très bien, mais, ensuite, la diffé-rence fondamentale entre leurs deux natures se

révèle, entraînant ressentiments et hostilité. Meilleur rapport d'amitié. Note : **4**.

♍ Vierge *(23 août-22 septembre)*

[931] *Le plus souvent, deux signes se succédant sur le cercle du zodiaque sont aux antipodes l'un de l'autre, ce qui est tout à fait le cas entre Lion et Vierge : autant le premier est fort et sûr de soi, autant le second est timide et réservé. Mais cela ne signifie pas qu'il soit dépourvu de qualités, simplement, les Vierges des deux sexes sont tellement modestes qu'ils sont incapables d'éprouver la même autosatisfaction. Cette attitude se reflète jusque dans leurs relations sen-timentales : apparemment froids, les Vierges offrent à qui a la patience et la ténacité de les chercher, des trésors de douceur et de dévouement, ainsi qu'une bonne sécurité économique.*

[932] ***Vierge-Vierge :*** ils ont du mal à trouver le courage de se déclarer et encore moins de se mettre ensemble. Ils s'admirent, mais, d'une certaine façon, se craignent. Belle amitié. Note : **5**.

[933] ***Vierge-Balance :*** un sentiment délicat que les deux acteurs doivent veiller à ne pas malmener dans la vie chaotique de tous les jours. Ils ne doivent pas écouter ceux qui les accusent d'être froids et ennuyeux : ce n'est que de l'envie à l'égard de leur sérénité. Note : **7–**.

[934] ***Vierge-Scorpion :*** le mieux est qu'« elle » soit du signe de la Vierge et « lui » du Scorpion : il la tourmentera, la trahira,, mais elle ne pourra faire autrement que se sentir vraiment aimée. En revanche, la. femme Scorpion est trop exigeante pour l'homme Vierge, et même trop... tout. Note : **6**.

[935] ***Vierge-Sagittaire :*** s'ils savent trouver le bon équilibre entre leurs respectives exigences de sécurité et de liberté, ils resteront longtemps ensemble. La simplicité de la Vierge ensorcelle le Sagittaire dans le cœur duquel se cache un tranquille pater familias. Note : **7–**

[936] ***Vierge-Capricorne :*** souvent, les hommes Capricorne estiment peu les femmes nées sous le signe de la Vierge ; c'est une antipathie dont

on ignore l'origine et sur laquelle ils se taisent prudemment. Peut-être s'agit-il d'un complexe d'infériorité, inadmissible pour un Capricorne, toujours est-il que cela ne marche pas. Au contraire, entre « un » Vierge et « une » Capricorne, l'entente est excellente et même conseillée. Note : **7**.

[937] ***Vierge-Verseau :*** ils se disputent continuellement pour les motifs les plus absurdes, mais une ressemblance fondamentale les maintient unis malgré eux. Note : **5**.

[938] ***Vierge-Poissons :*** opposés inconciliables, un peu comme le Cancer et le Capricorne. Il faut beaucoup de bonne volonté et d'amour de la part des deux pour faire fonctionner un tel couple. Note : **5**.

♎ Balance *(23 septembre-22 octobre)*

[939] *Les natifs de ce signe d'Air sont des personnes très affectueuses, avec un besoin inné de séré-nité et d'équilibre. Dotés d'un charme irrésistible, ce sont des diplomates nés, même si, sou-vent, leur aversion pour les discussions (pour ne pas parler des litiges !) les porte à subir un peu trop. En amour, les Balances des deux sexes, mais surtout les femmes, ont besoin de quelqu'un qui les soutienne et les protège sans les étouffer : ils ont donc besoin d'affection mais sont également très exigeants.*

[940] ***Balance-Balance :*** est-ce parce qu'ils se ressemblent tant qu'ils s'ennuient tant ensemble ? Note : **4**.

[941] ***Balance-Scorpion :*** Aïe, aïe ! Chère Balance, il y a onze autres signes avec lesquels chercher un équilibre ; le Scorpion vous fait perdre la tête, mais c'est un signe qui, pour des raisons qui lui sont propres, aime tourmenter et être tourmenté et cela, à la longue, est insoutenable pour vous. Au bout d'un certain temps, les femmes le comprennent ; les hommes, malheureusement pour eux, non. Note : **2**.

[942] ***Balance-Sagittaire :*** curieusement, ces deux signes dépourvus de tendance à la jalousie, se jalousent mutuellement. Ils se considèrent comme semblables mais, en réalité, sont très diffé-rents. Note : **6–**.

[943] ***Balance-Capricorne :*** ce ne sera jamais une passion bouleversante, mais cela peut durer longtemps, à condition que la Balance sache user de toute la diplomatie dont elle est capable pour aller toujours à la rencontre de son coriace de compagnon. Mieux vaut qu'« il » soit Balance et « elle » Capricorne. Note : **6**.

[944] ***Balance-Verseau :*** théoriquement, c'est une union idéale ; dans la pratique, cela ne dure presque jamais : le Verseau est trop amoureux de la liberté ; la Balance est trop respectueuse pour le retenir. Flirt fantastique. Note : **7**.

[945] ***Balance-Poissons :*** entre ces deux êtres romanesques il ne peut naître qu'un grand amour. Les problèmes surviennent au contact avec la réalité : chacun s'attend à ce que ce soit l'autre qui s'en occupe et les attentes des deux sont déçues. Note : **4**.

♏ ***Scorpion*** *(23 octobre-21 novembre)*

[946] *Le Scorpion, deuxième signe d'Eau, est de tous celui dont on peut le moins tirer de générali-tés ; pour le décrire de manière exhaustive, une encyclopédie ne suffirait pas tant chacun de ses natifs est une histoire à lui seul : métaphoriquement parlant, on va de l'infra-rouge à l'ultra-violet en passant par toutes les couleurs du spectre. Ce qui leur est commun, c'est leur caractère passionné dans tous les domaines de la vie. Ce ne sont pas des gens faciles, mais on ne peut faire autrement que les admirer.*

[947] ***Scorpion-Scorpion :*** aimer un de ses compagnons de signe, voici le défi extrême qu'un Scor-pion peut lancer au destin : ce n'est pas une chose de ce monde et cela fonctionne une fois sur mille. Unis, ils peuvent affronter n'importe qui. Sans note.

[948] ***Scorpion-Sagittaire :*** comme le Lion et la Vierge, ces signes voisins sont très différents. Les Sagittaires, malheureusement pour eux, ont tendance à perdre la tête pour les Scorpions ; ils partent convaincus du contraire et ce n'est que par la suite qu'ils réalisent combien ils sont amoureux, tandis qu'ils prennent conscience que le Scorpion est en

train de se jouer d'eux. Si, à ce stade, ils ne prennent pas la fuite, le prix qu'ils paieront, en termes d'affection, de dignité et d'orgueil, sera très élevé. Note : **2**.

[949] ***Scorpion-Capricorne :*** s'ils arrivent à gagner la confiance l'un de l'autre, il en résulte un rapport intense qui peut les mener très loin. C'est un lien étroit, intense et très passionnel : quand il se brise, cela se produit d'une façon très laide des deux côtés. Note : **7,5**.

[950] ***Scorpion-Verseau :*** le goût pour l'aventure est le même pour ces deux signes ; ils diffèrent d'intensité dans leur façon d'aimer. L'entente intellectuelle est parfaite, mais, seule, celle-ci ne suffit pas au Scorpion. Mieux vaut laisser le tout au niveau du flirt. Note : **4**.

[951] ***Scorpion-Poissons :*** c'est une torture très douce et en même temps terrible, qui les fait se sen-tir profondément vivants. Note : **8**.

♐ Sagittaire *(22 novembre-20 décembre)*

[952] *Ce sont de vrais vagabonds, aussi bien dans le sens physique que mental ; avec le temps, la première tendance s'apaise, tandis que la seconde se maintient et leur permet de se sentir jeunes jusqu'au bout. Ce sont d'incurables optimistes, incroyablement naïfs et toujours entou-rés de nombreux amis qui les aident à surmonter les moments difficiles. Dans leur jeunesse, il est très difficile de les brider, mais, ensuite, une fois mariés, ils se révèlent d'excellents com-pagnons, peut- être pas toujours très fidèles, mais toujours et de toute façon respectueux de la liberté d'autrui.*

[953] ***Sagittaire-Sagittaire :*** ils ne s'attirent pas mutuellement ; il y a de la sympathie, du respect même, mais la fameuse étincelle ne se produit pas. Note : **5**.

[954] ***Sagittaire-Capricorne :*** « Mais comme il est ennuyeux ! », pense le Sagittaire. Il ne peut pourtant pas faire autrement que de le fréquenter, tandis que les années passent... Dans 80 % des cas, ce sont des roses qui fleurissent. Note : **6**.

[955] ***Sagittaire-Verseau :*** quand l'un s'en va l'autre arrive, si l'un arrive, l'autre s'en va. Cela suffit à comprendre qu'il ne s'agit pas d'un rapport conventionnel. Il n'y a pas de certitudes, mais pas non plus d'angoisses ; les drames de la jalousie se trouvent ailleurs. Ils vivent à l'enseigne d'une totale liberté réciproque, jusqu'à ce que l'un des deux se lasse et aille se marier ailleurs. C'est, de toute façon, un rapport superbe tant qu'il dure. Note : **7**.

[956] ***Sagittaire-Poissons :*** les petits Poissons perdent la tête pour les Sagittaires mais ils se prépa-rent à verser beaucoup de chaudes larmes. Note : **3**.

♑ Capricorne *(21 décembre-19 janvier)*

[957] *Comme le Scorpion, c'est un signe un peu maltraité, dans le sens où certaines caractéristiques de sa personnalité ne contribuent pas à le rendre particulièrement sympathique : les Capri-cornes sont souvent considérés comme boudeurs, grognons, amorphes, asociaux, etc. Plutôt que de l'être réellement, ils ont tendance à le devenir: même s'ils ne le laissent pas voir, ils tiennent beaucoup au jugement de ceux qui les entourent et si l'on n'essaie pas d'aller conti-nuellement vers eux, ils se referment sur eux-mêmes, car ils sont très timides et souffrent sou-vent d'un complexe d'infériorité prononcé. Sous leur sombre carapace, ils cachent une sensi-bilité particulière et un sens de l'humour très original.*

[958] ***Capricorne-Capricorne :*** ils se comprennent mais n'aiment pas aller l'un vers l'autre. Ils n'ont pas la force nécessaire pour se satisfaire mutuellement. L'entente sexuelle est bonne, mais dépourvue de réels transports. Note : **4+**.

[959] ***Capricorne-Verseau :*** cela commence comme un grand amour et s'achève dans un néant de fait. Note : **4–**.

[960] ***Capricorne-Poissons :*** le Capricorne peut perdre la tête pour une personne du signe des Pois-sons mais il est difficile que se produise l'inverse. C'est un couple très rare. Note : **5+**.

♒ **Verseau** *(20 janvier-18 février)*

[961] *En plus de celui d'Uranus, le Verseau partage avec le Capricorne le domicile de Saturne qui donne à ces deux signes une certaine réserve au niveau du don de soi. Pour le reste, sur le plan du caractère, ils sont aux antipodes : ouverts et tolérants, les Verseaux sont disposés à écouter tout le monde sauf s'ils se durcissent en bons signes fixes, en cas de déception. L'idéalisme est une constante de leur caractère, surtout en amour, où ils vont à la rencontre de nombre de désillusions avant de trouver (s'ils le trouvent) le compagnon ou la compagne fait(e) pour eux.*

[962] ***Verseau-Verseau :*** ils sont très bien ensemble à condition de ne pas chercher à dénaturer, en croyant à une grande passion, un rapport qui est surtout une très belle amitié. Note : **7**.

[963] ***Verseau-Poissons :*** c'est une illusion réciproque qui a plus de chances de durer si c'est « lui » qui est du signe du Verseau et « elle » des Poissons. Note : **6,5**.

♓ **Poissons** *(19 février-20 mars)*

[964] *Le dernier signe du zodiaque est également le plus imprévisible. Beaucoup d'artistes et de musiciens ont vu le jour sous ce signe qui est le royaume du rêve et de l'imagination. Les natifs des Poissons peuvent être « jupitériens » ou « neptuniens ». Les premiers aiment rêver, mais, dans le même temps, sont des personnes très actives. Les seconds, en revanche, ont tendance à fuir la réalité, vivant dans une dimension qui leur est propre. S'ils pouvaient choisir dans quelle période historique vivre, ils n'auraient aucune hésitation : l'époque romantique.*

[965] ***Poissons-Poissons :*** ils risquent de se perdre face à leur respective angoisse-attraction par rapport à l'infini. Mieux vaut chercher des signes plus sûrs. Note : **5=**.

Tableau récapitulatif des couples planétaires

[966]

LUI / ELLE	♈	♉	♊	♋	♌	♍	♎	♏	♐	♑	♒	♓
♈	6-	5	6+	3	7½	s.v.	5	6-	8	2	5	6
♉	5	4	4	7	5+	7½	5	7	4	8	2	s.v.
♊	6+	4	5+	4	6+	7	10	2	5	6	6	4
♋	3	7	4	5	6	7	4	8	3	3	7	10
♌	7½	5+	6+	6	5	4	8	7	9	6½	6=	4
♍	s.v.	7½	7	7	4	5	7-	6	7-	7	5	5
♎	5	5	10	4	8	7-	4	2	6-	6	7	4
♏	6-	7	2	8	7	6	2	s.v.	2	7½	4	8
♐	8	4	5	3	9	7-	6-	2	5	6	7	3
♑	2	8	6	3	6½	7	6	7½	6	4+	4-	5+
♒	5	2	6	7	6=	5	7	4	7	4-	7	6½
♓	6	s.v.	4	10	4	5	4	8	3	5+	6½	5=

Magie druidique

Talisman pour être aimé

Vous désirez être aimé(e) d'une personne ?

[967] Transformez, avec l'alphabet des arbres, en nombres vos nom et prénom, et ceux de la personne. Faites la somme des deux nombres et faites graver le nombre obtenu (ou faites-le vous-même si vous êtes assez habile) sur un bijou représentant la feuille de l'arbre de son mois lunaire de naissance. Offrez le bijou, et si la personne le porte, vous ne devriez pas tarder à voir votre amour accepté et être aimé(e) en retour.

Alphabet des arbres

[968] *Alphabet druidique, réalisé à partir de l'alphabet des arbres, dit Beth-Luis-Nion, du nom des trois premières lettres-arbres, Bouleau/Beth, Sorbier/Luis et Frêne/Nion.*

A — *Ailm : Épicéa. nombre 1.*

B — *Beth* : Bouleau. nombre 5.

C — *Coll* : Noisetier. nombre 9.

D — *Duir* : Chêne. nombre 12.

E — *Eadda* : Peuplier blanc. nombre 2.

F — *Fearn* : Aulne. nombre 8.

G — *Gort* : Lierre. nombre 10.

H — *Uath* : Aubépine. nombre 0.

I — *Idho* : If. nombre 3.

J — *Idho* : If. nombre 3.

K — *Coll* : Noisetier. nombre 9.

L — *Luis* : Sorbier. nombre 14.

M — *Muin* : Vigne. nombre 6.

N — *Nion* : Frêne. nombre 13.

O — *Onn* : Ajonc. nombre 4.

P — *Pethboc* : Hièble (roseau). nombre 7.

Q — *Quer* : Pommier sauvage. nombre 9.

R — *Ruis* : Sureau. nombre 15.

S — *Saille* : Saule. nombre 16.

T — *Tinne* : Houx. nombre 11.

U — *Ur* : Bruyère. nombre 5.

V — *Ur* : Bruyère. nombre 5.

W — *Ur* : Bruyère. nombre 5.

X — *Saille* : Saule. nombre 16.

Y — *Idho* : If. nombre 3.

Z — *Straif* : Épine Noire/Prunellier. nombre 16.

Exemple : Pierre Dupont + Anne Durand

Pierre	= 7+3+2+15+15	= 42	= 4+2	= **6**		
Dupont	= 12+5+7+4+13+11	= 52	= 5+2	= **7**		
Anne	= 1+13+13+2	= 29	= 2+9	= 11	= 1+1	= **2**
Durand	= 12+5+15+1+13+12	= 58	= 5+8	= 13	= 1+3	= **4**
Nombre à graver :	6+7+2+4	= 19	= 1+9	= 10	= 1+0	= **1**

Mois lunaire de naissance :

[969] Le calendrier druidique est placé sous la symbolique des arbres, et est fondé sur treize mois lunaires de 28 jours. Selon la date de naissance de la personne, indiquée ci-après, on choisira la feuille de *« son »* arbre.

Ceux/Celles qui sont né(e)s du 24 décembre au 21 Janvier : feuilles de Bouleau.

Ceux/Celles qui sont né(e)s du 21 Janvier au 15 Février : feuilles de Sorbier.

Ceux/Celles qui sont né(e)s du 16 Février au 17 Mars : feuilles de Frêne

Ceux/Celles qui sont né(e)s du 18 Mars au 14 Avril : feuilles d'Aulne

Ceux/Celles qui sont né(e)s du 15 Avril au 12 Mai : feuilles de Saule

Ceux/Celles qui sont né(e)s du 13 Mai au 9 Juin : feuilles d'Aubépine

Ceux/Celles qui sont né(e)s du 10 Juin au 7 Juillet : feuilles de Chêne

Ceux/Celles qui sont né(e)s du 8 Juillet au 4 Août : feuilles de Houx

Ceux/Celles qui sont né(e)s du 5 Août au 1er Septembre : feuilles de Noisetier

Ceux/Celles qui sont né(e)s du 2 Septembre au 29 Septembre : feuilles de Vigne

Ceux/Celles qui sont né(e)s du 30 Septembre au 27 Octobre : feuilles de Lierre

Ceux/Celles qui sont né(e)s du 28 Octobre au 24 Novembre : feuilles de Roseau Hièble

Ceux/Celles qui sont né(e)s du 25 Novembre au 22 Décembre : feuilles de Sureau

Selon cette répartition, il manque une journée aux treize mois lunaires pour que l'année soit complète. Il s'agit du 23 Décembre, jour marquant le solstice d'hiver et qui entame leur croissance lumineuse ; les natifs de ce jour choisiront, au choix, le Bouleau ou le Sureau.

Horoscope druidique

Si vous êtes né(e) sous le signe du bouleau

[970] Pendant les périodes suivantes :

- 25 janvier au 3 février
- 25 mai au 3 juin
- 24 septembre au 3 octobre

Vous avez la faculté de rester au-dessus de ce qui est vulgaire, de vous diriger d'instinct vers les choses raffinées et nobles. On vous écoute et vous aimez que l'on recherche vos conseils. Généreux, vous n'hésitez pas à vous sacrifier même si vous n'en récoltez que des déceptions. Pédagogue, vous avez l'art de communiquer avec simplicité et de rendre aisées les choses les plus compliquées. C'est un peu l'image que donne la loupe de bouleau avec ses circonvolutions multiples, d'une grande beauté mais presque indéchiffrable, mystérieuse comme la vie de la nature. C'est vers la compréhension de ses mystères intérieurs que celui qui se relie à un bouleau devra s'attacher.

Si vous êtes né(e) sous le signe du châtaignier

[971] Pendant les périodes suivantes :

- 1er mars au 10 mars
- 5 juillet au 14 juillet
- 12 novembre au 21 novembre

Le châtaignier fait de vous un éternel insatisfait car vous avez le souci de la perfection et la volonté de toujours aller chercher plus loin ce qui paraît inaccessible aux autres. Ce besoin d'absolu fait de vous un impitoyable critique ; on n'en appréciera que mieux vos éloges, toujours sincères, et votre sens de la justice. Vous haïssez les menteurs et les gens sans aveu, sans pudeur et superficiels. Votre parole est ferme et définitive et, lorsque vous promettez, on est certain que vous tiendrez parole et que dans ce que vous entreprenez, vous irez jusqu'au bout, quoi qu'il arrive. Dans le langage floral, les fleurs du châtaignier désignent la justice et l'équité. C'est vers un tel objectif que devront tendre les méditations du « *protégé* » de cet arbre, afin qu'il trouve un équilibre dans ses pensées et ses actes. Ensuite seulement il pourra retrouver son équilibre dans la société.

Si vous êtes né(e) sous le signe du chêne

[972] Pendant les périodes suivantes :

- 21 mars au 31 mars
- 26 juillet au 4 août
- 2 décembre au 11 décembre

Vous êtes doté d'une forte personnalité, comme l'arbre qui vous protège, qui représente la force et l'énergie vitale. Vous avez un grand besoin d'espace, tant en profondeur pour y plonger vos racines qu'en hauteur pour tutoyer les dieux avec votre frondaison. Attachement et élévation sont vos deux besoins vitaux. Cela se traduit par un profond respect des traditions, coutumes, terroirs, ancêtres, et parfois une grande incompréhension pour ce qui est moderne et superficiel. Le besoin de spiritualité vous éloigne des faux-semblants et des futilités de la mode. On peut vous accuser parfois de rigidité mais, sous votre écorce, se cache un grand amour des autres avec qui vous aimeriez bien partager vos connaissances. Méditez sous les branches de cet arbre, et ses qualités vous pénétreront et atténueront ce qu'il y a de rugueux dans votre comportement. En cas de défaillance, le chêne saura vous redonner énergie, tonus et optimisme.

Si vous êtes né(e) sous le signe de l'érable

[973] Pendant les périodes suivantes :

- 11 avril au 20 avril
- 14 août au 23 août
- 3 décembre au 1er janvier

L'érable est symbole de résistance dans l'astrologie druidique. Cette tutelle désigne un tempérament complexe, recherchant sécurité et confort mais sans que ceux-ci soient indispensables à l'existence. Les protégés de l'érable ont la force morale de se séparer sans regret de tout ce qu'ils possèdent si cela est nécessaire. Leur seul luxe est la reconnaissance de leurs mérites, de leur valeur, de leur réussite. Ils sont épris de liberté et leur soif d'indépendance leur permet de s'isoler facilement du monde bruyant qui les entoure. Une bonne étoile veille sur leur destinée ; c'est du moins ce qu'affirmaient les druides, car l'érable était le messager des dieux. Ceux-ci parlaient aux hommes dans le souffle du vent agitant les hautes branches de l'arbre. C'est un érable immense qui dominait la fontaine de Barenton dans laquelle Merlin l'Enchanteur venait puiser des gobelets d'eau pure. Dans le langage floral, les fleurs d'érable désignent la réserve et le sens de l'observation.

Si vous êtes né(e) sous le signe du hêtre

[974] Pendant les périodes suivantes :

- 11 mars au 20 mars
- 15 juillet au 25 juillet
- 22 novembre au 1er décembre

Vous êtes quelqu'un de persévérant, tendu vers l'avant, ce qui ne vous empêche pas de regarder le passé et d'en tirer profit par une critique impitoyable. Contempler le hêtre peut vous amener à plus de compassion pour les anciens qui malgré leurs erreurs ont fait de notre société ce qu'elle est. Sachez modérer votre impatience et l'élan vital qui vous anime dans toutes vos entreprises. Vous êtes un constructeur, devenez aussi un sage, et pour se faire, suivez le conseil du hêtre tutélaire. Car le hêtre symbolise la patience et la douceur, une forte vitalité empreinte cependant de raffinement, de joie et de féminité. Les Celtes en firent un des symboles de l'attente paisible et de la patience. Pour les druides d'Irlande, il représentait aussi la connaissance écrite, ou symbolisée par des signes. Séjourner sous les magnifiques branches de cet arbre saura vous apporter le calme nécessaire pour aborder le tourbillon de la vie, et la force de résister aux trop nombreuses sollicitations d'une vie agitée et stérile. Il apportera la sérénité et la patience, deux vertus essentielles pour une bonne conduite de son existence.

Dans le langage floral, les fleurs du hêtre désignent la prospérité et le succès en société.

Si vous êtes né(e) sous le signe du noisetier

[975] Pendant les périodes suivantes :

- 1er avril au 10 avril
- 5 août au 13 août
- 12 décembre au 22 décembre

Le noisetier place votre existence sous l'égide de la fécondité et de la sensualité. Comme pour ce petit arbre, le nombre 9 est votre nombre favori, celui qui vous inspire, et se retrouve le plus souvent dans votre vie. Vous aimez le changement et marcher dans l'ornière des sentiers battus vous fait horreur. D'un caractère très marqué, vous êtes tout sauf moutonnier et vous personnalisez, perfectionnez ou embellissez, sans baguette magique, tout ce que vous avez en votre possession. Comme les druides, on peut dire parfois que vous êtes un enchanteur. Vous avez l'âme d'un héros, ce qui est votre force et votre talon d'Achille, car cette attitude vous expose à de nombreux dangers. La noisette symbolise la sagesse c'est pourquoi le noisetier est associé au puits et à un enseignement caché, difficile d'accès pour l'intelligence humaine. La méditation près d'un noisetier, sous lequel on peut sans danger demeurer pendant des heures, portera sur la connaissance et le savoir, l'expérience dont on tire des fruits, et la manière dont on doit s'ouvrir afin de recevoir de nouvelles connaissances. Comme les saumons sacrés et les druides, manger une noisette, ou se relier à un noisetier amène à un nouvel enrichissement.

Dans le langage floral, les fleurs du noisetier désignent le désir et la capacité de réconciliation, tant sur le plan individuel qu'au sein d'un groupe.

Si vous êtes né(e) sous le signe de l'olivier

[976] Pendant les périodes suivantes :

- 9 février au 18 février
- 14 juin au 24 juin
- 14 octobre au 23 octobre

L'olivier donne aux êtres qui sont sous sa protection un besoin de justice que rien ne tarit tant ils recherchent la perfection. L'olivier désigne une personnalité de premier plan, jouant un rôle important dans la communauté où elle se trouve. Sa prestance la rend apte à endosser les plus hautes responsabilités ou à assumer les tâches les plus humbles sans jamais se sentir au-dessus ou au-dessous de quiconque. Le protégé de l'olivier doit cependant veiller à ne pas tomber dans l'indolence car dans sa tendance à rechercher partout la paix et la sérénité, il peut être amené à refuser le combat. Son goût pour la conciliation peut l'amener à faire des concessions allant parfois contre ses propres intérêts. Cependant, généreux, l'olivier confère à ses protégés, ainsi qu'à tous ceux qui l'approchent, le bonheur et la prospérité ; leurs mots clés seront harmonie et équilibre. La méditation auprès, ou sous les branches, d'un olivier offre une énergie apaisante, et propose des solutions pacifiques aux problèmes de l'existence. Sérénité et sagesse ne signifient pas laisser-aller et mollesse. L'olivier, comme son tronc noueux le laisse voir, est un arbre qui a un vécu puissant ; cette force doit être utilisée pour surmonter les épreuves et acquérir paix et sagesse. Un tel objectif demande courage et volonté, que l'olivier tutélaire pourra aider à acquérir.

Dans le langage floral, les fleurs de l'olivier désignent la paix et le désir de l'établir durablement autour de soi.

Si vous êtes né(e) sous le signe du peuplier

[977] Pendant les périodes suivantes :

- 4 février au 8 février
- 4 juin au 13 juin
- 4 octobre au 13 octobre

Comme l'arbre, les individus marqués par le peuplier sont d'un caractère souple et possèdent une grande adaptabilité. Ils aiment les honneurs affichés mais aussi, à l'inverse, les mystères qu'ils tentent souvent avec succès de déchiffrer. L'aspect très malléable des peupliers fait que ses protégés peuvent apparaître parfois insouciants et factices, mais ce masque de légèreté cache une grande profondeur, et la soif de nouvelles connaissances.

Pour les druides, le peuplier symbolisait le vieil âge de l'homme en raison de ses feuilles blanches. Il marque l'équilibre du jour et de la nuit car, à compter de ce jour, les nuits rallongent.

Suivant la tradition qui relie nombre d'anciennes spiritualités européennes, le peuplier est un arbre attaché à l'Autre Monde, l'une des représentations de la mémoire et de la vie cyclique des âmes. Pour les humains, arbre de la mélancolie, du souvenir des êtres disparus, le peuplier abrite aussi la mémoire du monde et son devenir. Quelle que soit sa situation, le peuplier est toujours porteur d'espoir et promesse de régénérescence.

Ce sont toutes ces significations que l'on tentera d'intégrer en soi lors de méditations auprès du peuplier ; la découverte de la véritable mémoire passe par l'oubli des choses vaines, ce qui pour la conscience humaine est un exercice difficile.

Dans le langage floral, les fleurs de peuplier désignent le temps et le courage, la capacité d'attendre et la force d'entreprendre.

Si vous êtes né(e) sous le signe du pin

[978] Pendant les périodes suivantes :

- 19 février au 29 février
- 25 juin au 4 juillet
- 24 octobre au 11 novembre

Le pin signale un être prévoyant, protecteur, résistant aux épreuves, comme son protecteur ; il est pour les autres un éclaireur, un guide précieux sur le chemin de la vie. Prudent, parfois calculateur, le protégé du pin mesure trop ses actes, au point d'être angoissé à l'idée de devoir prendre des décisions. Il conserve cependant toujours son self-control et la maîtrise de ses énergies. Les êtres placés sous la tutelle du pin sont directs, n'hésitent pas à dire ce qu'ils pensent mais, idéalistes, sont parfois emportés par leur enthousiasme et se font quelques ennemis irréductibles. Cependant, ils espèrent toujours, car ils font confiance à la raison et à l'intelligence pour triompher de la violence et de la bêtise. Méditer sans se laisser aller au farniente est méritoire lorsque l'on s'installe sous un pin parasol, face à un paysage méditerranéen. Cependant la méditation auprès d'un pin, lorsque l'on songe à l'inexorable enchaînement des cycles de vie, de mort et de renaissance, amène à accepter positivement le destin et aide à mieux voir, dans l'amphore de vin, le breuvage qui reste à boire (et, qu'avec l'expérience, on saura mieux davantage apprécier et déguster) plutôt que de regretter celui que l'on a déjà bu !

Dans le langage floral, les fleurs du pin désignent la hardiesse et l'esprit d'entreprise, surtout en amour.

Si vous êtes né(e) sous le signe du pommier

[979] Pendant les périodes suivantes :

- 21 avril au 31 avril
- 24 août au 2 septembre

Le pommier symbolise l'amour et la perfection, le lien permanent qui unit l'homme à la nature. C'est ce qu'aiment et veulent vivre ses protégés qui pour cela sont capables d'efforts pénibles et longs. Rien ne semble les rebuter pour parvenir à leur but, y compris la diplomatie car ils ont une finesse d'esprit que beaucoup leur envient. Tolérants, ils admettent facilement l'opinion des autres même s'ils ne la partagent pas. Ni gourous ni disciples, ils tiennent à leur indépendance qui leur semble le bien le plus précieux sur la terre. Cela ne va pas sans contreparties parfois douloureuses, mais ils savent préserver un équilibre physique, psychique et spirituel. Le pommier manifestait la sagesse, la fécondité et la beauté. La médiation sous un pommier donna à Newton l'idée imagée de la force de la pesanteur, et lui permit de mettre en équations les lois physiques de la gravitation universelle. C'est dire combien les anciens druides avaient raison lorsqu'ils assuraient que la connaissance était l'attribut de cet arbre ! Le protégé du pommier aura à cœur de vérifier et de profiter de cette antique sagesse.

Si vous êtes né(e) sous le signe du sapin

[980] Pendant les périodes suivantes :

- 2 janvier au 11 janvier
- 1er mai au 14 mai
- 3 septembre au 12 septembre

Le sapin vous décrit comme étant d'une nature posée, plutôt réservée, sachant ne pas dépasser vos limites et vous protégeant par un détachement apparent qui cache votre gentillesse naturelle. Vos amis sûrs peuvent être assurés de votre fidélité car vous serez toujours sincère et de bon conseil. S'ils vous choisissent pour confident, acceptez cet honneur et mettez un peu plus de gaîté dans votre existence que vous n'en mettez d'ordinaire. Le sapin est un symbole de fécondité et de renaissance ; il l'illustre en restant vert au temps le plus sombre de l'hiver, ce qui détermina les Celtes à le choisir, longtemps avant le christianisme, comme symbole d'espoir toujours renouvelé des forces de lumière sur les ténèbres, et de la vie sur la mort. Le sapin, par son allure, sa forme évoque une nature grave et sérieuse, sa ligne élancée et sa couleur sombre affirment sa droiture et sa rigueur, sa fidélité et sa fermeté dans l'épreuve. Le sapin porte en lui l'énergie de la résistance, et la lumière de l'espérance, qu'il donne à celui qui sait les capter. Dans le langage floral, les fleurs du sapin désignent l'élévation d'esprit, l'idéal spirituel.

Si vous êtes né(e) sous le signe du tilleul

[981] Pendant les périodes suivantes :

- 12 janvier au 24 janvier
- 15 mai au 24 mai
- 13 septembre au 23 septembre

La tutelle du tilleul fait de vous un rêveur mais aussi un être inspiré, décelant dans les bruissements des feuilles et le souffle du vent les messages que les dieux adressent aux humains. Vous avez une grande capacité de ressentir les choses avant de les concevoir mentalement. Idéaliste, le monde, avec ses réalités terre à terre, ne vous satisfait jamais tout à fait et vous devrez toujours faire des efforts pour vivre le présent. Heureusement, comme tout être, vous pouvez concilier les deux pôles de votre personnalité en devenant à votre tour un messager initiant les autres à eux-mêmes, en leur donnant aussi le désir de connaître ce qu'ils ne savent pas, de découvrir ce qu'ils ne voient pas. Pour les Celtes, le tilleul symbolisait l'altruisme, l'art et la poésie ; ils prétendaient que sous ses branches et dans son ombre apparaissait la vérité, soufflée par les nymphes présentes dans ses ramures.

Méditer auprès d'un tilleul, c'est trouver SA vérité, percevoir sa propre destinée dans le respect de la vie, dans l'équilibre des énergies et de la justice.

Dans le langage floral, les fleurs du tilleul désignent l'harmonie et l'amour conjugal.

Divination amoureuse par les cartes

Secrets des cartes

[982] La cartomancie, ou divination par les cartes, eut son heure de gloire pendant la Révolution, l'Empire et la Restauration. L'impératrice Joséphine n'entreprenait rien sans tirer les cartes. Eteilla, puis Mademoiselle Lenormand furent les rénovateurs de la cartomancie, qui déjà au Moyen Âge, avait ses adeptes (Charles VI, le roi fou, fit dessiner son propre jeu de tarots).

Les méthodes pour tirer les cartes sont multiples. Les praticiens exercés recommandent de ne jamais tirer les cartes les jours pairs et les dimanches, et de marquer le dos des cartes d'un signe, afin de reconnaître quand elles sont droites, ou inversées, et de toujours couper de la main gauche. Lorsqu'on donne un oracle, on désigne le consultant par les cartes suivantes :

8 de cœur : femme blonde de moins de 30 ans.

8 de trèfle : femme brune de moins de 30 ans.

Dame de cœur : femme blonde de plus de 30 ans.

Dame de trèfle : femme brune de plus de 30 ans.

Valet de cœur : homme blond de moins de 30 ans.

Valet de trèfle : homme brun de moins de 30 ans.

Roi de trèfle : homme brun ou blond de plus de 30 ans.

Méthode divinatoire de Mlle Lenormand

[983] Parmi les différentes façons de tirer les cartes, celle de Madame (ou Mademoiselle) Lenormand, à pratiquer une fois par mois, et qui donne les tendances du mois à venir. Battre un paquet de 32 cartes, le couper et l'étaler devant soi, les figures cachées.

Tirer 5 cartes que l'on place devant soi sur une ligne verticale, en commençant par le haut (1, 2, 3, 4, et 5 sur le tableau). C'est *la ligne du destin*, celle de l'influence astrale.

Puis tirer 4 cartes que l'on place à gauche de la première ligne (6, 7, 8 et 9 sur le tableau). C'est *la ligne du matériel*.

Tirer enfin 4 cartes que l'on place à droite de la première ligne (10, 11, 12 et 13 sur le tableau). C'est *la ligne du spirituel*. On décrypte de la façon suivante, en ôtant les cartes concernées :

— Le 5 (destin) conduit à l'événement matériel 9.

— Puis le 4 (destin) conduit à l'événement spirituel 13.

— Puis le 8 (matériel) conduit à l'événement spirituel 12.

— Puis le 3 (destin) conduit à l'événement matériel 7.

— Puis le 2 (destin) conduit à l'événement spirituel 11.

— Puis le 6 (matériel) conduit à l'événement spirituel 10.

— Reste le 1, conclusion du tirage.

	1	
6		10
	2	
7		11
	3	
8		12
	4	
9		13
	5	

Signification des couleurs

[984] *Cœur* : cartes généralement favorables en ce qui concerne les questions de sentiment, d'amour, d'amitié.

Trèfle : cartes comportant réussite partout où intervient l'argent.

Carreau : cartes fréquemment défavorables, mais dont le pouvoir maléfique peut être fortement réduit ou même retourné par certains voisinages.

Pique : cartes inquiétantes, souvent synonymes de malchance et même de malheur si leur efficacité n'est pas atténuée par la présence de Cœurs et de Trèfles.

Signification des cartes

[985] Cette signification est celle d'un jeu de 32 cartes classiques. Les indications données concernent la position droite de la carte lors de son tirage. Si les cartes sont inversées (à l'envers, la tête en bas) les significations ont un sens plus défavorable. Lorsqu'il y a surabondance de cartes de même couleur ou de même valeur, on en déduira une accentuation de l'oracle : une profusion de Trèfles signifie une fortune plus rapide, une abondance de Piques fera redouter des ennuis répétés, de nombreux Cœurs annoncent une opportunité amoureuse... Un autre tirage, ou un complément avec une autre méthode divinatoire, sera alors nécessaire.

Cœurs

[986] ***As de cœur.*** Représente la maison du consultant, le bonheur domestique. Bonne nouvelle, lettre d'amour ou visite.

Roi de cœur. Homme blond ou châtain, marié ou veuf, ami sincère, serviable, riche et obligeant.

Dame de cœur. Femme blonde ou châtain clair, mariée ou veuve, amie sûre. Issue favorable dans une affaire.

Valet de cœur. Jeune homme blond, célibataire, galant. Pour une jeune fille, son prétendant.

10 de cœur. Amour dans la maison ou estime de ses concitoyens. Réalisation heureuse ou surprise avantageuse.

9 de cœur. Réussite en affaires et en amour. Victoire dans un procès ou une querelle.

8 de cœur. Joie pour soi ou un proche. La jeune fille blonde sera remarquée ; le jeune homme blond aura une épouse dotée de toutes les qualités de cœur.

7 de cœur. Bonheur calme ; prochain mariage selon ses désirs.

Carreaux

[987] ***As de carreau.*** Lettre prochaine (amour ou intérêt), annonçant bonne ou mauvaise nouvelle suivant les cartes voisines.

Roi de carreau. Homme marié ou veuf, militaire, étranger, volage ou autoritaire.

Dame de carreau. Femme étrangère, blonde, jalouse, et dont il faut se méfier en dépit des services qu'elle veut rendre.

Valet de carreau. Messager ; annonciateur de succès et de réussites, mais aussi jeune homme intéressé et flatteur.

10 de carreau. Voyage lointain, sentimental ou intéressé.

9 de carreau. Retard, contrariété ; bonnes nouvelles avec voisinage de Cœur ou Trèfle ; mauvaises avec Pique.

8 de carreau. Petit voyage, pour amusement ou intérêt.

7 de carreau. Pourparlers pouvant présenter des difficultés.

Trèfles

[988] ***As de trèfle.*** Présage certain de succès sous tous les rapports et particulièrement en affaires.

Roi de trèfle. Homme brun, marié ou veuf, puissant et dévoué. Présage de succès matériels, d'honneurs. Pour une jeune fille, mariage avec celui qu'elle aime. Rival, pour un homme.

Dame de trèfle. Femme brune, mariée ou veuve, riche, dévouée, sincère. Rivale, pour une femme. Mariage, pour un homme.

Valet de trèfle. Jeune homme brun, fidèle, dévoué, aimant, franc et loyal.

10 de trèfle. Réussite dans une importante affaire d'argent attendue ou ignorée ; prospérité, succès.

9 de trèfle. Réussite dans les affaires représentées par les cartes prochaines. Annonce d'un mariage inespéré.

8 de trèfle. Prospérité dans les affaires ; augmentation de fortune ou meilleure situation.

7 de trèfle. Réussite dans les entreprises, grâce à une jeune femme brune.

Piques

[989] ***As de pique.*** Réussite par persévérance, constance, malgré les nombreux obstacles rencontrés. Excellent augure.

Roi de pique. Homme de loi, médecin ou fonctionnaire, à influence défavorable ; homme méchant, faux ami. Rival pour un homme, amant pour une femme.

Dame de pique. Femme veuve, méchante, fausse amie, peu fortunée, dont il faut se méfier.

Valet de pique. Garçon méchant, faux, traître, hypocrite.

10 de pique. Chagrin, peine de cœur, maladie, deuil, divorce, espérances déçues.

9 de pique. Mauvais augure ; chagrins, rupture, solitude.

8 de pique. Larmes, contrariétés par envie ou malveillance ; se méfier des personnes qui vous entourent.

7 de pique. Ennuis, chagrins, mais aussi réussite sur les obstacles occasionnés par les autres cartes de pique. Infidélité en amour.

Pour des divinations plus imprécises, on peut faire des réussites. Elles sont multiples et permettent de répondre par oui ou par non à la question que l'on aura posée en battant les cartes.

Réussite par couples

[990] On retourne les cartes 2 par 2. On met de côté les couples d'As, de Rois, de Dames... Le jeu épuisé, on brasse les cartes non retenues et l'on recommence. Toutes les cartes doivent être sorties en 6 brassages.

Variante : on associe les couples de même couleur (au lieu de même valeur). Il ne doit pas y avoir plus de 4 brassages pour que la réussite se réalise.

Réussite des As

[991] On retourne les 13 premières cartes d'un jeu de 32. Si l'As de Trèfle est dans ces 13 cartes, la réponse est positive. On retourne 13 cartes et l'on met de côté les As. On rebrasse et on recoupe, on retourne 13 nouvelles cartes, et on met de côté les As. On recommence l'opération jusqu'à ce que tous les As soient sortis. S'ils l'ont été au cours des trois premiers tirages, c'est un succès. La réussite a « *réussi* ».

Divination amoureuse par le marc de café

Mode d'emploi

[992] Parmi les modes de divination les plus connus, se trouve l'emploi du marc de café.

On laisse sécher pendant trois jours le marc de café. On met ensuite ce marc mêlé d'un peu d'eau dans une casserole sur le feu et on le retire avant ébullition. Prenant une assiette blanche, plate et sans défauts, on y verse le marc et prenant l'assiette à deux mains, on l'agite doucement en l'inclinant en tous sens et en soufflant dessus. On voit alors le marc peu à peu se séparer de l'eau, s'étendre, se déposer au fond de l'assiette. Quand il y est bien collé, on incline à nouveau l'assiette pour que toute l'eau s'écoule et on laisse reposer.

Au bout d'un instant on constate que le marc a formé une multitude de signes, de dessins, de silhouettes. On en commence l'interprétation ; toute figure vague, douteuse, ne doit pas être prise en considération. On peut éventuellement se munir d'une loupe pour les pointillés.

Signification des dessins

[993] ***Une ligne droite*** : existence conjugale calme et tranquille.

Une ligne courbe : faux ami à craindre qui guette votre conjoint.

Plusieurs lignes courbes : plusieurs faux amis souhaitent votre désunion conjugale.

Une ligne brisée : chagrins du cœur.

Obliques traversant des lignes brisées : vous souffrirez et ferez souffrir par le cœur.

Carré bien régulier : bonheur dans l'amour. Chance d'héritage.

Triangle bien formé : espoir dans une entreprise amoureuse déjà commencée.

Couronne de triangles : succès amoureux.

Grand ovale : mariage à votre goût.

Cercle contenant des points : progéniture en perspective.

Cercle contenant trois points : vous aurez probablement un garçon.

Une croix : mort d'une ancienne maîtresse (ou d'un ancien amant).

Croix nombreuses : vie passionnelle agitée.

Couronne de croix : craignez pour la vie de l'aimé(e).

Maison avec toit et fenêtre : bonheur dans la famille.

Âne ou chameau : soucis, gêne dans le ménage.

Porc : vous êtes trop sensuel(le). Réprimez vos débordements.

Une figure humaine : quelqu'un vous aime.

Deux figures humaines : cet amour sera partagé.

Deux figures dans un cercle : cet amour finira par un mariage.

Deux figures séparées par une ligne : procès en divorce.

Oiseaux : long et heureux mariage.

Poissons : grosse désillusion d'amour.

Serpent : jalousie et trahison.

Plusieurs fleurs ou étoiles : triomphe d'amour.

Saule : regret et pleurs d'amours.

Fourche : petite contrariété d'amour.

Chaîne : liaison amoureuse.

Groupe de fourches : grosse contrariété d'amour et possible rupture.

Divination par le jaune d'œuf

[994] La divination par le jaune d'œuf est proche de celle du marc de café. L'analyse des signes est la même. Pour obtenir ces dessins, on fait cuire un œuf et quand il est encore liquide, on le casse en faisant tomber la calotte (et non le gros bout).

Puis on l'incline au-dessus d'une assiette ou d'une feuille de papier blanc et on laisse couler le jaune d'une hauteur d'une vingtaine de centimètres. Il se formera des taches, des éclaboussures qu'on interprétera quand elles seront bien sèches...

Numérologie : l'amour chiffré

[995] Une des convictions les plus anciennes et fondamentales de la pensée magique est que le nom d'une personne ou d'un objet contient déjà toutes les caractéristiques de cette personne ou de cet objet, de la même façon qu'un portrait d'une personne, un objet lui appartenant ou un de ses vêtements sont chargés de son essence, au point de permettre au magicien d'intervenir sur cette personne en agissant sur ses objets (c'est le principe sur lequel se fondent les sortilèges).

La numérologie est née dans la Grèce antique. Elle consiste à accoupler chaque lettre de l'alphabet avec un chiffre, en les additionnant tous jusqu'à obtenir un chiffre qui sera le nombre de ce nom. L'interprétation des nombres a des règles et des symboliques bien précises qui remontent, elles aussi, à la sagesse antique.

Dans la pratique, le portrait numérologique d'une personne peut être considéré comme un complément de son analyse astrologique même si, contrairement à cette dernière, il est beaucoup plus simple à réaliser, ne nécessitant ni éphémérides, ni tables des planètes.

Nous allons présenter la méthode la plus simple et la plus moderne pour appliquer la numérologie à son propre nom et à celui de son partenaire, avec les « *accouplements* » qui en découlent, plus ou moins favorables.

Comment trouver le nombre d'un nom ?

[996] Il faut transformer chaque lettre en un chiffre, selon la table suivante, tirée de l'alphabet hébraïque avec intégration du grec pour les lettres absentes de l'hébreu :

1	**2**	**3**	**4**	**5**	**6**	**7**	**8**
A	B	C	D	E	U	O	F
I	K	G	M	H	V	Z	P
Q	R	L	T	N	W		
J	S				X		
Y							

On notera l'absence du chiffre 9.

Écrivez votre nom et, sous chaque lettre, son équivalent numérique, par exemple :

P	I	E	R	R	E		B	R	E	T	O	N
8	1	5	2	2	5		2	2	5	4	7	5

Attention ! Utilisez le prénom (ou surnom) en usage, et non pas le prénom de l'état-civil, s'il n'est pas utilisé pour désigner habituellement la personne.

Additionnez les chiffres et, si le total comporte deux chiffres ou plus, additionnez-les entre eux jusqu'à obtenir un seul chiffre, appelé racine numérique. Dans notre exemple, nous trouvons :

8+1+5+2+2+5+2+2+5+4+7+5 = 48 (4+8) = 12 (1+2) = 3

[997] Le chiffre trouvé est le **nombre principal**, qui révèle le caractère, la personnalité, le tempérament, les tendances de vie, les motivations.

Il y a ensuite trois nombres secondaires :

[998] **Le nombre de cœur**, ou nombre intime, que l'on obtient en additionnant les voyelles, et qui donne des indications sur la partie la plus intime et profonde du caractère, sur l'émotivité, sur les désirs, sur les sympathies et les antipathies instinctives.

[999] **Le nombre de personnalité**, qui est donné par l'addition des consonnes et concerne l'aspect extérieur de la personnalité (aspect qui n'est pas forcément discordant par rapport à l'aspect intime), celui qui apparaît aux autres, les façons de se comporter, la conduite en public, le rôle social.

[1000] **Le nombre de naissance**, qui s'obtient en additionnant le jour, le mois et l'année de naissance (une personne née le 3 décembre 1965 calculera 3+12+1+9+6+5 = 36 = 9). Il précise le destin, c'est-à-dire la direction mystérieuse que les astres, au moment de notre naissance, nous ont donnée. Naturellement, le destin n'est qu'un trajet que l'on modifie par la volonté, le libre-arbitre et l'histoire personnelle de chaque individu. Si le verdict de ce nombre est en grande discordance avec le nombre principal, la personne sera inquiète et souvent déchirée par des conflits qui la mettront en lutte perpétuelle contre la fatalité.

Si votre nombre principal est :

UN - 1

[1001] Vous avez des objectifs clairs, déterminés et tout ce que vous entreprenez est mené à son terme. Quand vous avez une chose en tête, il est difficile de vous l'ôter. Vous êtes doté d'un caractère fort et très positif qui, dans les excès, peut entraîner obstination, entêtement et agressivité. Vous n'avez aucune difficulté à concentrer toute votre attention sur un problème qui vous tient à cœur. Vous aimez les nouveautés et avez des pulsions créatrices souvent très originales. Votre amour de l'indépendance peut vous amener jusqu'à l'isolement car il vous est difficile d'accepter les conseils et encore moins les ordres.

Votre caractère est parfois dur, dominateur, et vous rétrécissez parfois le cercle de vos amitiés et de vos affections en les mettant souvent à l'épreuve. A l'extrême, on peut trouver un tempérament tyrannique. Mais celui qui sait toucher les sentiments d'un « *nombre un* » est sûr de ne plus jamais les perdre.

DEUX - 2

[1002] Vos meilleures qualités sont le tact, la compréhension, la douceur. Un tempérament tendre et affectueux s'accompagnant d'une tendance à créer l'harmonie dans toutes les situations. Vous ne supportez pas les excès, la violence, la vulgarité. Vous aimez l'art, la beauté, l'harmonie.

Vous possédez de bonnes facultés d'adaptation qui font de vous le compagnon idéal pour un travail d'équipe ou des loisirs en groupe. Vos armes principales sont la persuasion et la diplomatie, que vous utilisez avec beaucoup d'habileté, bien que vous soyez parfois sujet à la timidité et à de soudains accès d'indécision qui vous paralysent. Vos défauts sont une certaine instabilité, non seulement du caractère mais aussi dans vos idées, qui à défaut d'être contrôlée pourrait faire de vous la classique « *girouette* », avec une certaine tendance à la superficialité.

En outre, vos talents de conciliateur, s'ils s'accompagnent de malice et d'intérêt, peuvent facilement vous rendre manœuvrier.

TROIS - 3

[1003] Vous êtes spirituel, brillant, plein de fantaisie, d'énergie, de vivacité et vous aimez vous exprimer. Toute occasion est bonne pour dire ce qui vous passe par la tête et vous le faites d'une manière originale qui attire l'attention. Cela vous donne un charme qui, s'il est bien utilisé, vous garantit le succès dans la vie. Un bon sens de l'esthétique ainsi qu'un certain talent vous prédisposent aux arts. Vous paraissez souvent béni par la chance mais, en réalité, c'est votre attitude mentale de légèreté et d'assurance qui vous facilite le succès, donnant l'impression que cela vous arrive tout seul, sans effort.

Tout cela, naturellement, si la situation générale est calme et si vous n'êtes pas troublé par des événements douloureux ou par des conflits affectifs. Dans ce cas, ce sont les aspects négatifs du type *« trois »* qui se manifestent, c'est-à-dire dispersion des énergies, tendance à la panique, un orgueil quasi infantile et un besoin exagéré d'approbation extérieure.

QUATRE - 4

[1004] Sous le signe des principes solides et du sens pratique, vous êtes des administrateurs et des organisateurs très efficaces. Le manque d'étincelle créatrice est amplement compensé par la constance, la réflexion, une solide intelligence, l'amour du travail et des réalisations. Vous ne craignez pas la fatigue ; au contraire, pour vous, le meilleur motif de satisfaction est d'obtenir quelque chose *« à la sueur du front »*. Vous êtes un ami et un compagnon loyal.

Le type *« quatre »* est un lutteur né ; s'il est également idéaliste, il est tenté par la politique et l'engagement social. Les tendances négatives sont la sévérité, la pédanterie. Si le *« quatre »* ne parvient pas à réaliser sa vie de façon satisfaisante, il aura tendance à accumuler de dangereuses frustrations qui pourraient déboucher sur la violence ou une mélancolie pernicieuse.

CINQ - 5

[1005] Vous avez un caractère instable et nerveux, sensible et impatient. Vous aimez les voyages, le changement, qui, dans le même temps, vous attirent et vous rendent agité. Vous êtes parfois bizarre, difficile à connaître à fond car, sous le brillant et l'originalité de vos manières se cache une nature inquiète, tourmentée parfois.

Le type *« cinq »* est toujours à la recherche de quelque chose, prêt à prendre des risques et, en raison de cette tendance, à subir de soudains renversements du destin. Vous êtes un joueur, un aventurier. Avec vous, on ne peut être sûr de rien : aussi fascinant qu'imprévisible, le

« cinq » n'est pas porté sur les liens durables. Il s'adapte facilement à des situations diverses, mais tend à les résoudre trop hâtivement, se fiant par instinct à la chance. Sa vie affective est plutôt instable. Portées à l'extrême, ses caractéristiques négatives peuvent déboucher sur des excès, le libertinage, la perversion.

***SIX* - 6**

[1006] Vous êtes une personne équilibrée, désireuse de paix et d'harmonie, qui se réalise dans la sérénité de la famille. Vous êtes honnête, juste et courtois, et la confiance que les autres vous accordent est toujours largement méritée. La maison est le pivot de votre vie : étant donné votre caractère franc et ouvert, elle aura tendance à accueillir de nombreux amis. Loyauté et conscience font de vous de bons collègues de travail, même si vous ne parvenez au succès que peu à peu. Il est difficile qu'un *« six »* ait de gros coups de chance ou un flair miraculeux dans les affaires. De la même manière, c'est un patient et honnête constructeur de soi-même qui voit, bien souvent, sa peine récompensée. Ses côtés négatifs sont une modestie parfois excessive, un manque d'ambition, une tendance à se contenter de peu, qui peut même devenir de l'entêtement et une défense obstinée de principes minimalistes.

***SEPT* - 7**

[1007] Voici le nombre des studieux, des érudits et des mystiques. Le type *« sept »* a toujours, qu'il le sache ou non, de bonnes prédispositions pour l'occultisme. Vous avez tendance à vous mettre à l'écart, à fuir la foule et son vacarme. Réfléchi et méditatif, vous ne supportez ni la vacuité, ni les frivolités. Vous ne vous intéressez pas plus à l'argent qu'au confort. Votre intelligence et votre finesse d'esprit favorisent les rencontres ; vous ne passez pas inaperçu aux yeux de ceux qui font plus attention à l'essence qu'aux apparences, mais c'est ensuite à vous de savoir cultiver ces rapports en surveillant le côté inconstant de votre personnalité et en cherchant, au contraire, à encourager la fantaisie et l'originalité dont vous êtes doué.

Vous pouvez tomber dans des états de confusion intérieure, dans lesquels il vous semble difficile de vous expliquer et de vous comprendre. Le danger, pour le « *sept* », serait de plonger dans le pessimisme ou de se détacher totalement du monde dans un cynisme glacial.

HUIT - 8

[1008] Vous avez un caractère fort, solide et pratique qui vous favorise dans les questions de pouvoir et les affaires. Toutefois, ne possédant pas l'impudence de celui qui est « *né coiffé* », il vous faut souvent lutter pour atteindre vos objectifs, qui seront, de toute façon, le fruit d'un dur labeur. Grand travailleur, prudent et tenace, vous regardez toujours vers l'avant sans vous laisser décourager par les obstacles.

Vous pouvez paraître dur et matérialiste mais, sous cette écorce rugueuse bat un cœur assoiffé d'affection. Il n'est pas facile de vous comprendre à fond car vous êtes également timide et avez tendance à cacher votre personnalité profonde. Si les traits positifs l'emportent, le type « *huit* » donne d'excellents parents et des compagnons fidèles. Mais si le destin se montre défavorable, il peut se rebeller en entraînant tout avec lui ; un « *huit* » en crise peut en arriver aux issues les plus destructrices.

NEUF - 9

[1009] Vous êtes romantique, passionné, impulsif et idéaliste. Vous avez une forte pulsion vers l'humanité et vous vous réalisez idéalement en vous mettant au service d'une noble cause. Votre esprit abonde en visions grandioses, utopiques et quasi prophétiques. Tout cela vous donne beaucoup de charme ; vous savez bien comment enflammer l'imagination des autres même si, en retour, votre idéalisme vous rend tout aussi influençable. Quelque peu extrémiste, vous aimez la beauté autant que vous détestez les côtés désagréables de la vie (à moins qu'ils ne soient parés de cet héroïsme qui vous attire tant). Poussées à

l'extrême, les tendances du « *neuf* » peuvent se transformer en vanité, égoïsme, intolérance et violence.

Si votre nombre de cœur est :

UN - 1

[1010] Attention à la jalousie ! Vous avez une tendance passionnelle et possessive qui pourrait vous jouer de mauvais tours. Vous détestez par-dessus tout la vacuité, la légèreté et la superficialité, ainsi que le mauvais goût et le manque d'harmonie qui vous semblent un gaspillage d'énergies esthétiques. Pour cette raison, votre personne idéale doit, nécessairement, être belle et intelligente. Bonne chasse ! Ensuite, si vous voulez la conserver, prenez garde de ne pas l'obséder avec vos tendances monomaniaques, de ne pas l'épuiser avec l'affirmation continuelle de vos idées. Rappelez-vous que nous ne sommes pas tous égaux.

DEUX - 2

[1011] Vous êtes très sensible et avez un grand besoin de tendresse et d'affection. Vous êtes attiré par la beauté délicate, par les paysages doux, la mer, les villes d'art. Prenez garde à ne pas vous laisser charmer par les personnes qui, sous un air apparemment décidé, cachent un caractère dur : la désillusion serait cuisante et douloureuse. Essayez de voyager, d'enrichir votre culture, de cultiver vos intérêts sans agressivité, mais aussi sans vous créer trop de problèmes : si vous suivez votre véritable tendance, la douceur, vous serez récompensé.

TROIS - 3

[1012] Votre passion, c'est de vous exprimer. Vous êtes une personne créative et gare si la vie vous contraint à réprimer cette tendance ! Vous devez utiliser votre charme, jamais le mettre en réserve, sinon il éclate. En

amour, vous avez tendance à être chanceux, mais attention ! Votre imagination et votre feu intérieur vous donnent un esprit poétique qui pourrait beaucoup vous faire souffrir si la personne vivant à vos côtés se révélait ne serait-ce que légèrement en dessous de vos attentes.

QUATRE - 4

[1013] Les renoncements dus à un découragement momentané sont dangereux pour vous : par exemple, un jeune « *quatre* » qui pour quelque empêchement abandonne ses études, le regrettera toute sa vie. Essayez donc de toujours tenir bon, le plus possible, en exploitant cet esprit de patient lutteur qui est votre trait le plus profond. Négligez les modes, les attitudes extérieures, les lits trop mous : ils ne sont pas faits pour vous.

CINQ - 5

[1014] Vous devez bouger, voyager. Les gens bizarres vous sont sympathiques, même lorsque vous êtes conscient de leurs limites. Vous avez tendance à tout pardonner s'ils arrivent à vous prendre par le bon côté mais vous savez bien que ce n'est pas facile. Au fond, la chose que vous désirez le plus est de trouver quelqu'un capable de vous brider: mais, de votre côté, quelles sont vos prétentions ? D'abord, vous glissez comme une anguille, puis vous enviez celui qui possède une gentille petite famille... Dans la vie, on ne peut pas tout avoir !

SIX - 6

[1015] Profondément, vous désirez de toutes vos forces vous faire une famille. Aspiration noble et légitime que vous ne manquerez pas de concrétiser de la meilleure des façons, à condition de ne pas vous contenter de la première personne que vous rencontrerez. Si vous aimez les animaux, un chat affectueux ou un bon chien sont les meilleurs amis qui vous apporteront beaucoup de chaleur.

SEPT - 7

[1016] Il serait très malheureux que les difficultés de la vie vous empêchent d'étudier et d'approfondir les sujets qui vous intéressent : mais attention à ne pas laisser vos yeux dans les livres ! Ne vous inquiétez pas si vous apprenez que certains vous considèrent *« un peu fou »*. Au fond, vous savez qu'ils n'ont pas tout à fait tort. Cherchez-vous un compagnon ayant les pieds sur terre, ne dédaignez pas certaines joies matérielles et bonne chance !

HUIT - 8

[1017] Votre tourment secret est un certain manque d'assurance qui vous rend préoccupé même lorsqu'il n'y a pas lieu. Votre caractère présentant certaines contradictions, vous êtes souvent en conflit, même si vous essayez de ne pas le montrer. Cela vaudrait pourtant la peine de confesser, au moins à la personne aimée, vos indécisions cachées : montrer ses propres fragilités n'est pas un signe de faiblesse mais de sincérité et de confiance en l'autre.

NEUF - 9

[1018] Vos rêves héroïques propulsent votre âme à des altitudes pas toujours réalistes. Vous aimez les beautés puissantes, les émotions violentes : vous vous verriez bien dans la peau d'une rock-star ou d'un champion de Formule 1. Attention à l'impulsivité, aux instincts qui doivent être cernés et contrôlés, sinon, vous courez le risque de tout broyer dans l'étau de votre émotivité, surtout en ce qui concerne les affaires de cœur !

Si votre nombre de personnalité est :

UN - 1

[1019] Les gens vous respectent beaucoup pour votre capacité à dominer les situations, reconnaissant en vous les dons d'un chef. De votre côté, vous ne faites rien pour démentir cette impression car elle reflète ce que vous êtes réellement, au moins en partie. Vous suscitez la confiance et l'approbation dès le premier contact, surtout dans les milieux professionnels demandant beaucoup de poigne. L'unique recommandation que l'on pourrait vous faire, en ce qui concerne la sociabilité, serait de prendre garde à l'intolérance.

DEUX - 2

[1020] Auprès de votre entourage, vous suscitez souvent un sentiment de protection qui peut vous faire plaisir mais également vous être pénible, quand cela ne touche pas les bonnes cordes : essayez donc de contrôler cette tendance à vous montrer comme un petit chat effrayé, car vous n'êtes pas que cela. Grâce à votre diplomatie innée, vous savez très bien vous tirer des situations compliquées et cela vous favorise grandement dans le travail.

TROIS - 3

[1021] Vous avez le don de saisir les occasions au vol, vous plaisez et savez que vous plaisez ; votre risque est de susciter de l'envie et de blesser involontairement, avec votre brillante insouciance, ceux qui sont moins nonchalants que vous. Essayez de ne pas trop vous placer en avant, vous n'en avez pas besoin. Chaque chose a sa mesure, et même votre charme n'échappe pas à cette règle.

QUATRE - 4

[1022] Vous êtes peut-être un peu embêtant, mais qu'importe ? Veillez cependant à ne pas trop peser sur les autres : tous ne sont pas des travailleurs aussi pointilleux et précis que vous. Qui a l'occasion de vous voir à l'œuvre vous apprécie grandement : vous êtes l'efficacité en personne. Vous plaisez à ceux qui cherchent la sécurité et la fiabilité.

CINQ - 5

[1023] Vous apparaissez tel que vous êtes : inquiet et sensible, dynamique et instable. Vous êtes difficile à comprendre, mais on voit tout de suite quand quelque chose ne va pas, quand vous êtes sur le point de vous lasser et de tout lâcher. L'inconstance est une tendance qui doit être contrôlée si vous cherchez à suivre une carrière ou établir une relation sentimentale stable. Vous êtes vraiment imprévisible sous tous les aspects.

SIX - 6

[1024] Tout le monde vous aime bien, ceux qui apprécient vos dons profonds comme ceux qui, simplement, remarquent votre comportement plein de sang-froid. Honnête et loyal, vous iriez en prison plutôt que de trahir quelqu'un. Il se pourrait que des personnes sans scrupules tentent d'exploiter votre désir de clarté, mais il ne s'agit que d'éclaboussures qui doivent disparaître sans la moindre conséquence. Votre conscience immaculée vous protège et vous favorise en toute situation.

SEPT - 7

[1025] Vous n'êtes pas une personne facile et tout le monde s'en rend compte. Vous pouvez paraître lunatique, un jour brillant causeur, le jour suivant sombre et taciturne. Les professions libérales sont faites pour vous, dans lesquelles vous pouvez gérer librement vos ombres et vos lumières sans devoir rendre compte à des supérieurs ou des collègues. Le

jugement d'autrui ne vous importe nullement et vous vous comportez en conséquence.

HUIT - 8

[1026] Votre caractère complexe peut donner lieu à des malentendus : il peut arriver qu'une personne que vous aimez vous craigne ou que vous soyez estimé pour un résultat auquel vous ne tenez pas du tout. De toute façon, vous êtes fort et honnête et cela se voit. Votre comportement est clair ; ce qui peut parfois sembler dur, ce sont vos motivations profondes. Si vous trouvez la personne qui vous convient vous pouvez même complètement changer d'un jour à l'autre.

NEUF - 9

[1027] Les gens vous voient et vous classent immédiatement comme un grand rêveur, ce qui peut avoir diverses valeurs selon le contexte : au travail, surtout, la réputation d'utopiste peut avoir un effet contraire, même si ce n'est pas toujours le cas. Vous êtes de toute façon un compagnon agréable et apprécié ; le social est pour vous un domaine privilégié, dans lequel vous évoluez parfaitement à votre aise, avec de grandes capacités de communication.

Si votre nombre de naissance est :

UN - 1

[1028] Le destin vous pousse vers les découvertes, les vocations de pionnier, la science, la technique, l'exploration et le progrès. Vous êtes né pour guider et inventer.

DEUX - 2

[1029] Vous êtes favorisé dans les situations qui réclament de vous un rôle passif. Vous pouvez donner le meilleur de vous- même en suivant un maître ou un compagnon plus âgé.

TROIS - 3

[1030] Vous êtes chanceux, prédisposé au succès et aux arts. Le destin vous offre un large éventail de choix et une gloire possible.

QUATRE - 4

[1031] La route que vous montre le destin n'est pas des plus faciles : les défaites et la pauvreté sont possibles, même si vous avez en main la carte du rachat par la lutte.

CINQ - 5

[1032] Pour vous sont inscrits des voyages, de grands changements, de soudains renversements de situations, des imprévus. Une vie mouvementée où pourraient se côtoyer névroses et aventures.

SIX - 6

[1033] Un bonheur tranquille devrait vous sourire sans problèmes, récompensant votre puissant amour du foyer.

SEPT - 7

[1034] Vous êtes prédestiné à la philosophie et à l'ascétisme. Vous pouvez devenir savant, érudit, prêtre, magicien, mais aussi fou ou poète.

HUIT - 8

[1035] Dans votre destin on trouve la possibilité d'un grand succès ainsi que celle d'un revers de fortune retentissant. Les résultats de vos actions sont entre les mains du sort.

NEUF - 9

[1036] Pour vous sont inscrits des objectifs intellectuels et spirituels. Vous pouvez devenir meneur de foules, idéologue et prophète, mais aussi être condamné comme hérétique et ennemi de la société.

Couples numérologiques

De même que pour les types astrologiques, il y a, en numérologie, des couples plus ou moins gagnants, selon les affinités entre types. Examinons, une par une, toutes les combinaisons possibles.

1 + 2

[1037] Ce n'est pas une bonne combinaison car le caractère dominateur du « *un* » peut déboucher sur une dureté qui blesse la grande sensibilité du « *deux* », lequel, par amour, s'adapte autant qu'il peut, mais au prix de nombreuses souffrances. A part cela, il s'agit de toute façon de deux caractères trop différents, qui ont du mal à trouver des terrains communs.

1 + 3

[1038] Cela peut ou ne peut pas marcher : c'est l'exemple classique des « *deux coqs dans le poulailler* », étant donné le caractère positif de ces deux types qui, cependant, s'exprime de manière différente. Le savoir-vivre du « *trois* » compense remarquablement les éventuelles aspérités du « *un* ». De plus, le « *trois* » peut trouver dans le « *un* » ces certitudes et ces confirmations qu'il recherche éternellement. Si leurs intérêts sont communs, l'union s'annonce durable et riche en satisfactions.

1 + 4

[1039] Une bonne union, à condition que le « *quatre* » ne décourage pas le « *un* » par ses mélancolies injustifiées. Ils peuvent aimer affronter la vie ensemble en unissant enthousiasme, leur résistance à la fatigue et leur volonté de construire. Les meilleurs compagnons pour un projet en commun.

1 + 5

[1040] Deux caractères très différents, qui ne se comprendront peut-être jamais, le premier étant trop déterminé quand le second se montre trop instable et nerveux. Une grande passion peut s'enflammer (par fascination réciproque due justement à ces différences), mais il est rare qu'elle soit durable.

1 + 6

[1041] Une excellente union. La tendance à l'isolement du « *un* » en contraste avec la sociabilité du « *six* » pourrait créer quelque problème, que le dialogue et le respect réciproque pourrait résoudre. Si cette question devient insurmontable, c'est le signe évident que l'union ne repose pas sur des bases solides et qu'il existe des problèmes plus profonds qu'il n'y paraît.

1 + 7

[1042] Encore une union à deux facettes, qui peut se révéler aussi magnifique que dramatique. Les nombreux aspects ombrageux du « *sept* » demandent au « *un* » une patience et une souplesse qu'il n'est pas toujours disposé à apporter. Cependant, les conditions pour un lien profond et durable ne manquent pas.

1 + 8

[1043] Tous deux ambitieux et obstinés, ces deux types peuvent s'accorder très bien ensemble, surtout s'ils sont unis par un projet commun. C'est un lien qui fonctionne sur les longues distances, tandis que les coups de foudre sont rares et plutôt risqués.

1 + 9

[1044] Une union présentant d'excellentes possibilités de réussite, le *« neuf »* stimulant le *« un »* avec son imagination grandiose et son optimisme, tandis que le *« un »* apporte à son compagnon la solidité, la ténacité et la confiance en soi qui lui font parfois défaut.

2 + 3

[1045] Une bonne union, avec des qualités réciproques qui se complètent et compensent d'éventuelles carences. La douceur du *« deux »* satisfait l'expansivité du *« trois »* lequel, à son tour, aide son compagnon à dédramatiser les situations dans lesquelles il ne se sent pas à l'aise.

2 + 4

[1046] Cette combinaison ne fonctionne que si elle est soutenue par une forte attirance physique, qui exalte et amplifie les qualités de ces deux types. Sinon, les difficultés de la vie éteignent bien vite les enthousiasmes faciles, surtout du *« deux »*, trop esthétisant pour accepter de bon gré de passer son temps à essuyer la sueur d'un cheval de trait comme le *« quatre »*.

2 + 5

[1047] Voici un rapport qui peut se révéler très gratifiant pour les deux partenaires, également sensibles et attirés par les belles choses. Les qualités de compréhension du *« deux »* seront souvent mises à l'épreuve de l'inquiétude du « *cinq* », mais s'il y a une bonne entente, les difficultés devraient s'aplanir.

2 + 6

[1048] Ce peut être la formule d'un mariage parfait, tant leurs dons respectifs sont en harmonie. Une situation à risque ne pourrait se déclarer que dans le cas d'un « *deux* » très motivé par une entreprise d'intérêt économique, et contrarié par un « *six* » trop modeste et défaitiste.

2 + 7

[1049] Une union dans laquelle l'amarrage au réel est à la charge du « *deux* » lequel, cependant, est grevé de timidité et de manque d'assurance. Mieux vaut une amitié ou une affection fraternelle : les deux sont trop sujets aux sautes d'humeur et instables pour construire quelque chose en se basant exclusivement l'un sur l'autre.

2 + 8

[1050] Une bonne combinaison dans laquelle les caractéristiques de chaque type entraînent l'autre : le « *huit* » donne de la vigueur au « *deux* » lequel, de son côté, est bien heureux de combler son compagnon de toute l'affection dont il a besoin.

2 + 9

[1051] Encore une combinaison qui laisse entrevoir les meilleures possibilités de réussite. Leurs deux caractères sont positifs, projetés vers l'extérieur, influençables par tout ce qui leur semble important et élevé. S'il y a un bon projet commun, allié à une forte attirance physique qui cimente l'affection (sinon l'excès d'enthousiasme pourrait pousser à papillonner), on obtiendra un grand amour durable.

3 + 4

[1052] Deux caractères complètement opposés qui ont fort peu de choses en commun. Malgré tout, lorsqu'un *« trois »* et un *« quatre »* se remarquent et s'attirent, quelque chose de profond se déclenche, mais, typologiquement, il y a peu de chances qu'ils réussissent ensemble.

3 + 5

[1053] Un beau couple d'aventuriers ! C'est fantastique, mais gare si survenait quelque moment d'ennui : chacun en attribuerait la faute à l'autre et le rapport entrerait dans une crise sérieuse ! Il faut, de plus, s'attendre à une bonne dose d'infidélité réciproque.

3 + 6

[1054] Deux types complémentaires : chacun possède ce qui fait défaut à l'autre. Les rôles doivent cependant être clairement définis: le *« six »* doit accepter d'apparaître (sinon d'être effectivement) en position subordonnée, tandis que le *« trois »* ne doit pas prendre l'équilibre tranquille du *« six »* pour un manque d'enthousiasme à son égard.

3 + 7

[1055] La rencontre entre le plus extraverti et le plus introverti des types numérologiques peut donner les résultats les plus variés. Dès le premier regard, ce peut être le coup de foudre ou une antipathie inexplicable. Entre eux, le mot d'ordre doit être tolérance réciproque.

3 + 8

[1056] Une bonne union, grâce surtout aux aspects positifs du *« huit »* qui semblent faits exprès pour soutenir les élans du *« trois »*, toujours brillant mais ayant souvent besoin de confirmations. Il peut en naître une famille modèle.

3 + 9

[1057] Deux extraversions aux aspects très différents qui, unies dans un rapport profond, peuvent difficilement connaître une bonne issue: à force, l'altruisme apparent du « *neuf* » et cette pointe d'égocentrisme du « *trois* » se rejettent complètement, engendrant confusion et incompréhension.

4 + 5

[1058] Ces deux types n'ont pas beaucoup de possibilités de se comprendre à fond ; ce qui attire l'un repousse l'autre. Il est plus facile qu'ils trouvent un terrain d'entente dans le travail, où les différences profondes sont moins importantes qu'en amour et où, au contraire, elles peuvent aider à l'élargissement des idées.

4 + 6

[1059] De bons préalables pour une union solide car les deux souhaitent construire quelque chose par eux-mêmes et sont attachés aux valeurs traditionnelles. Le « *six* » est un peu plus sérieux quand le « *quatre* » est un peu plus « *lourd* ». Malgré quelques nuages, parfois, le ciel sera toujours clair.

4 + 7

[1060] Tous deux insouciants des flatteries de la foule, ce grand travailleur de « *quatre* » et cet intellectuel sombre de « *sept* », dans le meilleur des cas, se forgeront un monde à part, difficilement pénétrable pour les autres, mais pour eux, chaud et satisfaisant, ce qui importe le plus.

4 + 8

[1061] Ces deux caractères sont assez semblables, mais le « *huit* » est plus dominateur et mieux armé pour atteindre les positions de pouvoir

que le « *quatre* », à l'inverse, dédaigne. Il peut même y avoir une bonne entente, mais sans la moindre passion.

4 + 9

[1062] L'idéalisme du « *neuf* » trouve dans la solide constance du « *quatre* » un excellent stimulant à l'action, mais aussi un frein aux élans trop impétueux qui le distinguent. Il peut en résulter un beau couple de militants, une famille qui illumine positivement son entourage.

5 + 6

[1063] Ces deux types s'attirent, mais le « *six* » doit payer le prix de se voir frustré de son plus grand désir, celui de la paix et de la stabilité. Pourtant, une entente basée sur les fibres les plus profondes de la personnalité n'est pas rare. L'attirance érotique peut faire des étincelles.

5 + 7

[1064] Un couple d'originaux qui aiment se distinguer de tous par leurs attitudes et que l'on pourra prendre pour deux excentriques. Sinon, il s'agit d'un rapport intense et mouvementé, qui pourrait durer plus longtemps que prévu.

5 + 8

[1065] Il n'y a pas une grande communion d'esprit, mais une bonne union n'est pas exclue, à condition que le « *huit* » soit de type positif, abonné au succès et arrive à financer (dans tous les sens) la soif d'aventure du « *cinq* ».

5 + 9

[1066] Voici une combinaison extrêmement passionnée, mais il faudra ensuite prendre la réalité en compte, pas toujours aussi noble que le voudrait le « *neuf* » ou multicolore comme l'exige le « *cinq* ». De toute façon,

le bouillonnement du premier s'adapte bien aux côtés brillants du deuxième. Tant que cela dure...

6 + 7

[1067] Une excellente union, sérieuse et constante, où chacun des partenaires fait de son mieux pour comprendre l'autre et l'aider à surmonter ses faiblesses. La chaleur franche du « *six* » évite au « *sept* » de s'enfoncer dans un pessimisme glacial.

6 + 8

[1068] Croissez et multipliez : au début, ce ne sera peut-être pas facile, mais ces deux types sont patients et positifs ; le « *six* » étant plus modeste et le « *huit* », plus combatif, ils atteindront toujours les buts qu'ils se fixent. D'excellents compagnons au travail et en société.

6 + 9

[1069] Le seul problème est que le « *neuf* » est trop extrémiste par rapport au paisible « *six* », mais cette différence peut justement les attirer inexorablement l'un vers l'autre. De même, il y aura une bonne entente entre ces deux types, à la fois doux et fougueux.

7 + 8

[1070] Le mystique « *sept* » et le pratique « *huit* » ne sont pas faits l'un pour l'autre, même si le « *huit* » n'est pas ce matérialiste rigide qu'il paraît. Mais leurs intérêts sont trop différents et la distance un peu snob du « *sept* » ne facilite pas la compréhension réciproque.

7 + 9

[1071] Le « *neuf* » adore l'humanité quand le « *sept* » ne s'en soucie guère. Malgré cela, surtout si jaillit l'étincelle érotique, cette rencontre peut s'avérer très intéressante et riche en échanges intellectuels et émotifs.

8 + 9

[1072] Deux types qui ne se laissent décourager par rien. Il peut en naître un amour indestructible, à condition de trouver quelque chose à vivre qui aille au-delà de la tenace autoréalisation typique du « *huit* » et des utopies du « *neuf* ».

Tableau récapitulatif des combinaisons numériques

[1073]

	1	2	3	4	5	6	7	8	9
1	?	-	?	+	-	+	?	+	+
2	-	?	+	-	+	+	?	+	+
3	?	+	?	-	?	+	?	+	-
4	+	-	-	?	-	+	+	+	+
5	-	+	?	-	?	+	+	?	+
6	+	+	+	+	+	?	+	+	+
7	?	?	?	+	+	+	?	-	+
8	+	+	+	+	?	+	-	?	+
9	+	+	-	+	+	+	+	+	?

+ = très positif

- = très négatif

? = ouvert à diverses possibilités

Bibliographie

Sectes et sexe, Pierre Mariel, *éditions Dangles*, 1878

L'occultisme et l'amour, Émile Laurent et Paul Nagour, *Vigot*, 1935

Grand et Petit Albert

Clavicule de Salomon

Vénus magique, théories secrètes et pratiques de la Science des sexes, 1897

Curiosités des sciences occultes, P.L Jacob

Curiosités infernales, P.L Jacob

Dictionnaire infernal, Collin de Plancy

Dictionnaire des symboles, des arts divinatoires et des superstitions, Gabriel Lechevallier, *Maxilivres*

Dictionnaire des anges et des saints protecteurs, Adélaïde Morin, *Maxi-Poche*

Traité méthodique de magie pratique, Papus, *éditions Charconac,* 1937

Grande encyclopédie des sciences occultes, D Neroman, *Éditorial Argentor*, 1937

L'occultisme et l'amour, Dr Émile Laurent et Paul Nagour, *Vigot Frères*, 1935.

Anthologie de l'occultisme, Grillot de Givry, *éditions de la sirène,* 1922.

L'amour et la magie, *éditions Georges-Anquetil*, 1926.

Secrets et initiation magique de Picatrix, *éditions Trajectoire*, 1997.

Dictionnaire des rêves, Pierre Ripert, *éditions de Borée*, 2009.

Le Cul'te de l'Amour en 365 nuits, Pierre de Boyard, *éditions de Vecchi*, 2013

Index

A

B

C

D

E

F

G

H

I

J

K

L

M

N

O

P

Q

R

S

T

U

V

Y

Z

Dépôt légal : Janvier 2014
Numéro éditeur : 30017